跨境电商 Shopify独立站 运营实战

外贸麦克 著

电子工业出版社
Publishing House of Electronics Industry
北京·BEIJING

内 容 简 介

本书详细地介绍了 Shopify 独立站的相关知识和运营技巧,紧密围绕 Shopify 独立站卖家的运营工作内容,系统地讲解了 Shopify 独立站的账户注册、后台设置、完善、必备工具、选品、引流、采购和发货、订单处理、优化等内容,并用大量示例图片详细地解读了运营过程中的各种实操流程。

本书旨在帮助新卖家快速学习 Shopify 独立站的知识并熟练掌握独立站的运营技巧,针对性强、方法实用,具有易学、易懂、易落地执行的特点,是 Shopify 独立站卖家不可或缺的运营指导书。本书可供国际贸易专业学生、传统外贸企业人员、个人创业者,以及想转型做跨境电商的读者阅读参考。

未经许可,不得以任何方式复制或抄袭本书之部分或全部内容。
版权所有,侵权必究。

图书在版编目(CIP)数据

跨境电商 Shopify 独立站运营实战 / 外贸麦克著. —北京:电子工业出版社,2021.6
ISBN 978-7-121-41178-6

Ⅰ.①跨… Ⅱ.①外… Ⅲ.①电子商务—商业企业管理—加拿大 Ⅳ.①F737.114.6

中国版本图书馆 CIP 数据核字(2021)第 093795 号

责任编辑:石　悦
印　　刷:北京捷迅佳彩印刷有限公司
装　　订:北京捷迅佳彩印刷有限公司
出版发行:电子工业出版社
　　　　　北京市海淀区万寿路 173 信箱　　　邮编:100036
开　　本:720×1000　　1/16　　印张:17.5　　字数:284 千字
版　　次:2021 年 6 月第 1 版
印　　次:2025 年 5 月第 13 次印刷
定　　价:69.00 元

凡所购买电子工业出版社图书有缺损问题,请向购买书店调换。若书店售缺,请与本社发行部联系,联系及邮购电话:(010) 88254888,88258888。

质量投诉请发邮件至 zlts@phei.com.cn,盗版侵权举报请发邮件至 dbqq@phei.com.cn。
本书咨询联系方式:(010) 51260888-819,faq@phei.com.cn。

前　言

中商产业研究院发布的《2020 年中国跨境电商行业市场前景及投资研究报告》显示，2020 年中国跨境电商的交易规模有望达到 2800 亿元。随着国家和地方政策的支持与推进，跨境电商的交易规模会越来越大。艾瑞网预测，2022 年中国跨境出口 B2C 电商的市场规模可达 7479 亿元。

跨境电商发展到今天，跨境电商平台不再一家独大，以 Shopify 独立站为代表的独立站卖家越来越多。2019 年，全球电商的成交总额（Gross Merchandise Volume，GMV）大概为 3.5 万亿美元。同年，Shopify 独立站的成交总额大约为 610 亿美元，约占全球电商成交总额的 1.7%。以跨境电商最重要的一个市场——美国为例，在 2020 年 "黑五" "网一" 期间，Shopify 官方统计数据显示，Shopify 独立站的成交总额为 51 亿美元。

越来越多的平台卖家和跨境电商新卖家加入了独立站卖家的行列。这些数据都说明，随着社会发展，不管在哪个国家和地区，跨境电商行业自身都在不停地变化去满足人们的消费需求，例如，求新、求快、求异、求性价比等。

Shopify 独立站得到越来越多的追捧，在很大程度上是因为不少卖家发现与平台相比，独立站的优势越来越突出。在我看来，跨境电商平台已经成为一片 "红海" 了，反观独立站这片 "蓝海"，可以算是跨境电商的第二次掘金机会。

据我所知，很多卖家在运营 Shopify 独立站时，往往缺乏相关的运营知识；在日常的运营中，也经常有卖家因为不熟悉一些设置而造成不必要的损失；还有卖家因为违反规则而导致账户被封。所以，对于想要稳定地运营 Shopify 独立站的卖家来说，学习相关的运营知识和技能，应该是首先要做的事情。

作为一名资深的 Shopify 独立站个人卖家，我除了运营独立站，也常常利用业余时间分享 Shopify 独立站的相关知识，在知乎、雨果网、微信公众号等平台开设了自己的专栏，发表的 Shopify 独立站运营文章累计阅读量超过 100 万次。

这些文章帮助许多新卖家走上了 Shopify 独立站运营的正轨，也让我收获了不一样的成就感。因为这些文章的知识点比较碎片化，没有形成一个系统的 Shopify 独立站知识体系，所以我将这几年运营 Shopify 独立站积累的经验进行了系统的整理，形成了本书。

跨境电商的发展势头越来越猛，Shopify 独立站成为一支新秀。我相信，只要用心运营并善于钻研，就会收获属于自己的成功。

谨以此书献给我的家人，特别是我的妻子，她在我创作本书的过程中给了我巨大的支持和鼓励。

外贸麦克
2021 年 2 月

目　　录

第 1 章　带你了解 Shopify ·· 1
　1.1　什么是 Shopify ··· 1
　1.2　Shopify 的主要特点 ··· 2
　1.3　适合用 Shopify 搭建独立站的人 ··· 3

第 2 章　注册 Shopify 独立站账户 ··· 5
　2.1　注册前的准备 ··· 5
　2.2　注册流程详解 ··· 6
　2.3　Shopify 独立站套餐的选择 ··· 10
　　　2.3.1　Basic Shopify 套餐 ·· 11
　　　2.3.2　Shopify 套餐 ··· 12
　　　2.3.3　Advanced Shopify 套餐 ··· 13
　2.4　Shopify 独立站套餐的付款 ··· 13
　2.5　Shopify 的客服 ··· 15

第 3 章　Shopify 后台的设置 ·· 19
　3.1　Shopify 后台的基本介绍 ··· 19
　3.2　基础设置 ··· 25
　　　3.2.1　一般设置 ··· 26
　　　3.2.2　结账设置 ··· 29
　　　3.2.3　发货和配送设置 ··· 33

跨境电商 Shopify 独立站运营实战

	3.2.4	税费设置	38
	3.2.5	地点设置	39
	3.2.6	通知设置	39
	3.2.7	礼品卡设置	42
	3.2.8	文件设置	43
	3.2.9	销售渠道设置	44
	3.2.10	套餐和权限设置	46
	3.2.11	商店语言设置	49
	3.2.12	账单设置	51
	3.2.13	规则设置	53
3.3	产品上架		56
	3.3.1	手动上架产品	56
	3.3.2	用插件 Oberlo 上架产品	64
3.4	折扣设置		74
	3.4.1	折扣码	75
	3.4.2	自动折扣	77
3.5	应用设置		80
3.6	在线商店		80
	3.6.1	模板	80
	3.6.2	博客文章	85
	3.6.3	页面	88
	3.6.4	网站地图	91
	3.6.5	域名	95
	3.6.6	偏好设置	99

第 4 章 Shopify 独立站的完善 103

4.1	设计独立站的 Logo		103
	4.1.1	设计 Logo 的原则	104
	4.1.2	设计 Logo 的工具	106
4.2	Shopify 独立站的客服邮箱		114
4.3	自行下单测试		120

目 录

- 4.4 安装 Google 网站站长 ... 124
- 4.5 独立站的定位 ... 127
  - 4.5.1 杂货铺 ... 127
  - 4.5.2 垂直品类独立站 ... 129
  - 4.5.3 单品站 ... 132

第 5 章 Shopify 独立站的必备工具 ... 136

- 5.1 必备的收款工具——PayPal ... 136
  - 5.1.1 PayPal 的企业账户 ... 137
  - 5.1.2 注册 PayPal 的企业账户 ... 137
- 5.2 信用卡收款工具之 Stripe ... 143
- 5.3 信用卡收款工具之 2Checkout ... 145
- 5.4 Shopify Payments ... 147
- 5.5 Payoneer ... 148

第 6 章 Shopify 独立站的选品 ... 149

- 6.1 选品的六大原则 ... 149
  - 6.1.1 运输原则 ... 149
  - 6.1.2 定价原则 ... 150
  - 6.1.3 产品原则 ... 151
  - 6.1.4 规避原则 ... 151
  - 6.1.5 超市原则 ... 152
  - 6.1.6 成本价原则 ... 152
- 6.2 选品的五大方法 ... 153
  - 6.2.1 通过 Facebook 选品 ... 153
  - 6.2.2 通过 Instagram 选品 ... 156
  - 6.2.3 通过亚马逊选品 ... 158
  - 6.2.4 通过速卖通选品 ... 161
  - 6.2.5 通过 Oberlo 选品 ... 164
- 6.3 五大现象级爆款盘点 ... 167

第 7 章 Shopify 独立站的引流 171

7.1 Facebook 广告引流 171
7.1.1 "养号"建议 172
7.1.2 创建 Facebook 公共主页 173
7.1.3 设置 Facebook 的商务管理平台及开通广告账户 176
7.1.4 安装 Facebook 像素 181
7.1.5 Facebook 广告的层级划分 185
7.1.6 创建 Facebook 广告 188

7.2 Google 引流 195
7.2.1 Google 免费引流 195
7.2.2 Google 付费引流 198

7.3 "网红"引流 201

7.4 邮件营销引流 202

7.5 TikTok 引流 204
7.5.1 TikTok 免费引流 204
7.5.2 TikTok 付费引流 204

第 8 章 采购和发货 206

8.1 采购 206
8.1.1 线上采购 206
8.1.2 线下采购 211
8.1.3 第三方采购 212

8.2 发货 212
8.2.1 自发货 212
8.2.2 代发货 212

第 9 章 订单处理 214

9.1 购买订单 214

9.2 弃购订单 227
9.2.1 弃购挽回 229
9.2.2 邮件营销 231

9.3 如何退款 233

第 10 章 Shopify 独立站的优化 ... 235

10.1 首页优化 ... 236
- 10.1.1 首页布局 ... 236
- 10.1.2 首页访问体验 ... 237

10.2 落地页优化 ... 240
- 10.2.1 落地页的打开速度 ... 241
- 10.2.2 图片优化 ... 241
- 10.2.3 文字优化 ... 243
- 10.2.4 评价优化 ... 243

10.3 结账体验优化 ... 244
- 10.3.1 流程优化 ... 245
- 10.3.2 页面优化 ... 246
- 10.3.3 运费优化 ... 248
- 10.3.4 付款优化 ... 248

第 11 章 独立站的成功案例 ... 250
- 11.1 估值近千亿元的跨境电商独立站大卖家——SHEIN ... 250
- 11.2 浅析这家流水超过千万美元的独立站大卖家——Gymshark ... 254
- 11.3 工业品如何玩转 Shopify 独立站——YesWelder ... 260
- 11.4 看年轻人靠 Shopify 单品站引爆西班牙市场 ... 267

第 1 章

带你了解 Shopify

1.1 什么是Shopify

说到跨境电商，大家的第一反应就是亚马逊平台（简称亚马逊）。其实，跨境电商行业有两种运营模式：一种是卖家在第三方跨境电子商务平台（比如，亚马逊、eBay、Wish 等）上开店，另一种就是卖家在自己的电子商务网站（俗称的独立站）上出售产品或服务，其中，最热门的就是用 Shopify 搭建独立站。

Shopify 是托比亚斯·卢克创办的电子商务软件开发公司，总部位于加拿大首都渥太华，其提供的服务软件 Shopify 是一个 SaaS 领域的购物车系统，适合搭建独立站。用户支付一定的费用即可在其上利用各种主题/模板搭建自己的网店。与 Magento、SHOPYY 等相比，Shopify 是目前我用过的建站工具中对个人卖家最友好的，并且有 14 天的免费试用期。另外，2019 年，Shopify 针对中国用户推出了中文服务，如图 1-1 所示。

Shopify 属于 SaaS 模式的建站工具，用户不需要懂技术，不需要买服务器，不需要担心网站的支付安全，只需要购买 Shopify 提供的服务并安装相应的 App，就可以快速搭建自己的网店了。这可以称为一站式建站，用户只需要买插件，买模板，就可以按照自己的需求搭建网店，基本不需要程序员，并且 Shopify 官方提供 7 天×24 小时的客服支持。

图 1-1

1.2　Shopify的主要特点

Shopify 最适合新卖家和小卖家，主要特点如下：

（1）投入的成本相对更低。既有 14 天的免费试用期，又有低至 29 美元的月租套餐，抽佣比例最高为 2%。

（2）上手门槛低。只要会基本的电脑操作就可以上手，不需要具备专业的代码知识或者美工技能。

（3）可以充分利用网站的访问数据。对于访问 Shopify（要提前安装网站的分析工具）的客户，你都有方法知道他的每一个动作（如点击、浏览、加购等），这有利于针对不同的客户实施不同的营销策略。

（4）产品可以有更高的溢价。独立站上的产品定价完全自主，加上适当的包装宣传，就可以有高溢价，避免了平台上的价格战。

（5）选品依然是 Shopify 独立站卖家的第一个核心工作，虽然没有价格竞争，但是仍然有市场竞争，卖什么样的产品也是有讲究的。

（6）引流是 Shopify 独立站卖家的第二个核心工作，再好的产品、再精美的独立站，如果没有精准的客户访问，肯定就没有订单。关于独立站的引流在第 7 章中会详细介绍。总之，网站引流是很讲究方式、方法的。

1.3 适合用Shopify搭建独立站的人

前面介绍了 Shopify 的主要特点，那么到底哪些人在通过 Shopify 独立站运营店铺呢？从我了解的情况来看，目前有以下几类人。

（1）国外的个人卖家。国外的大部分卖家是个人卖家，并且很多都是创业的年轻人，当然也有很多一直在做搜索引擎优化（Search Engine Optimization，SEO）、电子营销的专业人士，不过他们之前可能没有电商运营经验，并且前期采用的可能是一件代发（Drop Shipping）模式。

（2）国外公司化运作的卖家。这类卖家的比例不高，并且公司化运作一般都是全球化运营的。比如，运营社交媒体的人在越南，下单的人在印度，选品的人在美国，在这种小而全的全球化团队中，各个成员可以发挥自身的优势，同时运营成本可以控制得更好。

（3）国内公司化运作的卖家。国内的卖家大部分是公司化运作的卖家，最开始采用的主流模式是货到付款（Cash on Delivery，COD），而现在主要采用站群模式，并且很多卖家销售的是服装、3C、家具等类目的产品，主要集中在广东、福建、浙江等地。

（4）国内的个人卖家。在国内的卖家中，个人卖家的比例很少。很多个人卖家都是之前在跨境电商平台上销售或者想转型的国内电商卖家，像我这样个人创业的非常少。

未来，国内想做 Shopify 独立站运营的人预计会有以下几类。

（1）想要创业的人。不管是外行人还是跨境电商行业的人，随着 Shopify 独立站被越来越多的人知道，会有更多的个人卖家加入 Shopify 独立站创业项目。

（2）想要做副业的人。很多人由于家庭开销日益增加，需要一些增加家庭收入的渠道，于是像 Shopify 独立站运营这样投入时间不多，收益不错的项目会在他们的考虑之中。

（3）想拓展海外市场的国内品牌。一些国内市场份额渐渐饱和的公司会开始布局海外市场，除了传统的跨境电商平台，独立站也会是其中的一个渠道。

第 2 章

注册 Shopify 独立站账户

2.1 注册前的准备

Shopify 独立站账户的注册虽然比较简单,但是新卖家可能稍微不注意就会操作失误。有些新卖家会发现自己刚注册好的账户一不留神就被封了,实在可惜!所以,我总结了自己的一些经验,建议新卖家在注册 Shopify 独立站账户前看一看以下注意要点:

(1) 在注册 Shopify 独立站账户前使用本地的 IP 地址。

(2) 建议使用 Gmail 邮箱,不建议使用 QQ 邮箱等国内邮箱注册账户。

(3) 在注册 Shopify 独立站账户时地址信息必须真实、有效。

(4) 在绑定 Shopify 套餐的付款方式时,也要使用本地的 IP 地址。

在我看来,Shopify 独立站账户被封通常来说不外乎以下两个原因:第一个是违规操作,第二个是高风险。比如,你用同一个 IP 地址注册了 3 个 Shopify 独立站账户,其中,A 账户存在违规行为被封了,那么用这个 IP 地址注册的其他 2 个 Shopify 独立站账户很可能一起被封。再如,你在用信用卡支付 Shopfiy 独立站套餐的月租时，借用了他人的信用卡，如果名字和地址等信息与银行预留的信息不符，那么也极有可能被系统识别为信用卡存在盗刷行为，从而导致账户被封。

2.2 注册流程详解

本节详细介绍如何注册一个 Shopify 独立站账户。

首先，在注册开始时要确保只使用本地 IP 地址打开 Shopify 官网。

备注：本注册流程中官网的截图时间为 2021 年 1 月，官网页面实时更新。

本书以全球官网为例。在进入官网后，输入注册邮箱，然后单击"Start free trial"（开始免费试用）按钮，如图 2-1 所示。

图 2-1

此时会打开一个弹窗，需要按要求依次输入内容，前文说过最好使用 Gmail 邮箱。需要提醒的是，在输入密码前要留意键盘是否开启了大写锁定。你在注册账户时可以任意取一个商店名称，只要简单、好记就可以。如果商店名称不可用，那么系统会在"Your store name"（你的商店名称）文本框下面用红色小字提示。

先解释一下，Shopify 独立站在上线后展示给网站访问者的商店名称是另外的商店名称，与这里输入的商店名称无关。需要提醒的是，在注册过程中，建议单独记录密码和商店名称等重要信息，以防过几天忘了。在注册好 Shopify 独立站账户后，这些信息都是可以修改的。在填写好相关信息后，单击"Create your store"（创建你的商店）按钮，如图 2-2 所示。

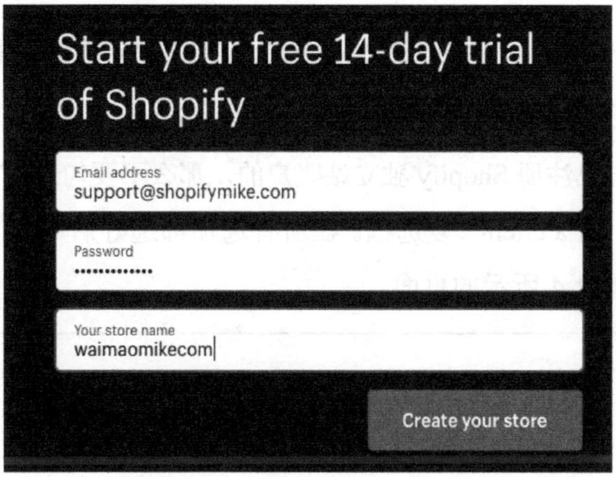

图 2-2

等待系统反应几秒后，你会看到如图 2-3 所示的页面。你要对每一个问题的答案都进行选择，我的建议是如实进行选择。如果你不想让 Shopify 官方知道你的实际情况，那么可以任意选择一个既有答案。

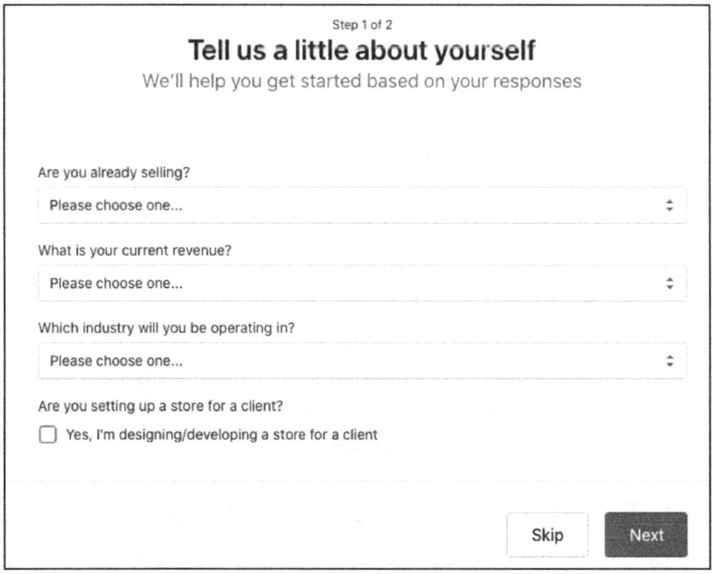

图 2-3

（1）Are you already selling？这是问你是否已经在销售产品或者在哪里销售产品。

（2）What is your current revenue？这是问你目前的收入（销售收入）是多少。

（3）Which industry will you be operating in？这是问你准备通过 Shopify 独立站销售什么类目的产品。

如果你是为自己注册 Shopify 独立站账户的，那么不要勾选"Yes, I'm designing/developing a store for a client"复选框。在所有选项都选好后单击"Next"（下一步）按钮，会出现如图 2-4 所示的页面。

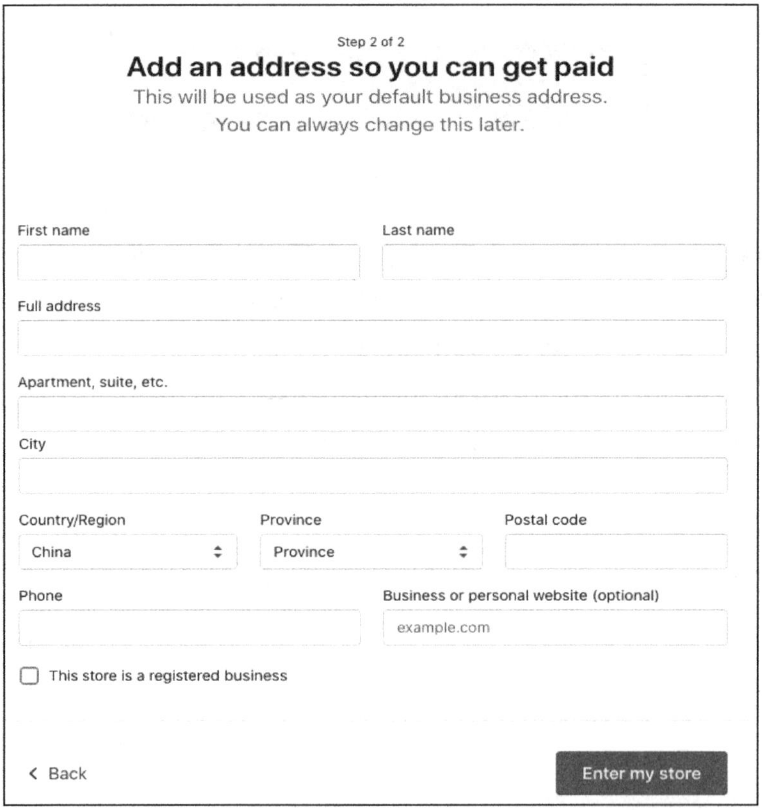

图 2-4

你需要填写基本信息，让 Shopify 系统决定你的 Shopify 独立站将适用哪个国家的法律和税制，以及独立站支持哪些收款工具等。在这个页面中，你也需要填写真实的信息。在填完这些信息后，单击"Enter my store"（进入我的商店）按钮。然后，就登录了 Shopify 独立站的后台（简称 Shopify 后台），如图 2-5 所示。

在浏览器的地址栏中找到 Shopify 后台的网址，把这个网址保存到浏览器的书签栏中，以便直接通过浏览器的书签栏登录 Shopify 后台。

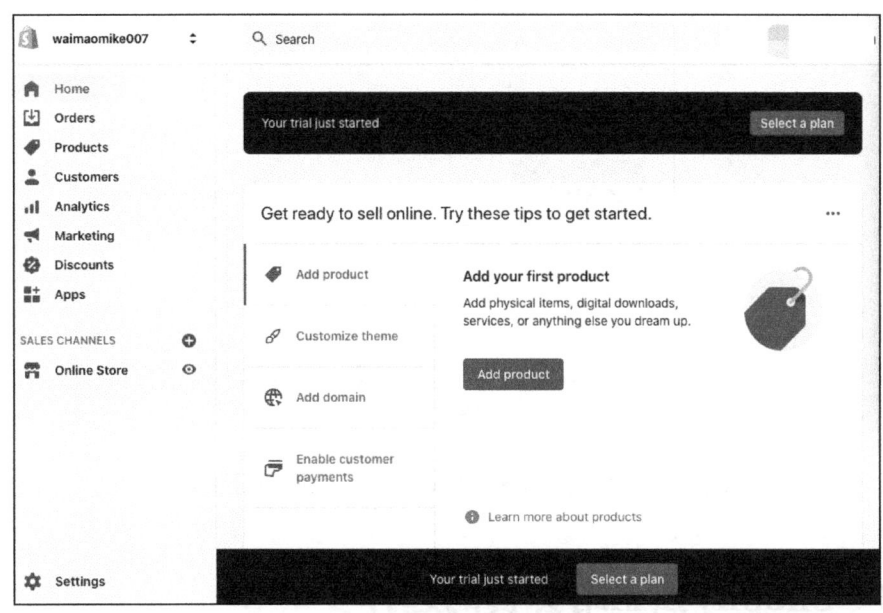

图 2-5

打开你的注册邮箱，找到 Shopify 官方发送的两封邮件。第一封邮件的标题是以"Say hello to"开头的，在这封邮件的正文中会有你刚才注册的 Shopify 独立站网址和管理后台的登录链接，如图 2-6 所示。

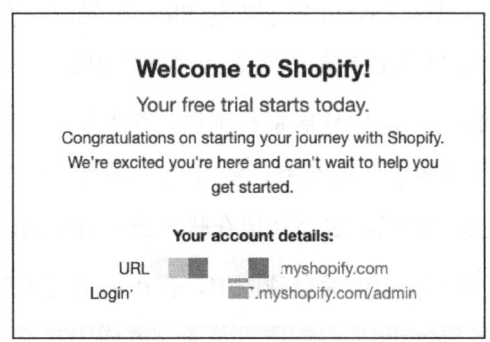

图 2-6

第二封邮箱的标题是以"Confirm your email address"开头的。请注意,这时需要单击邮件中的"Confirm email"(确认邮件)按钮,完成邮箱验证,以便保障你的Shopify独立站账户安全,如图2-7所示。

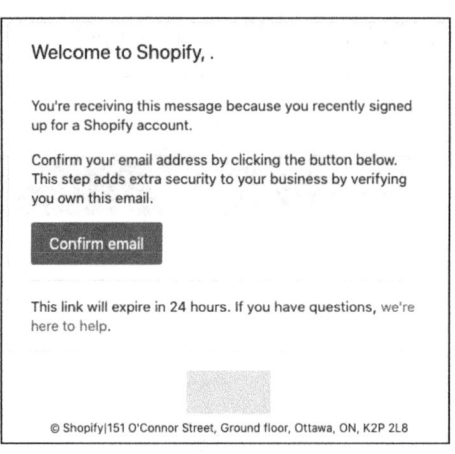

图2-7

在以上操作全部完成后,你的Shopify独立站就注册好了。

2.3 Shopify独立站套餐的选择

目前,Shopify官方为所有新用户都提供了14天的免费试用期。2020年,为了支持商家从线下转到线上,Shopify官方还一度把试用期延长到90天。2021年,试用期已经恢复为正常的14天了。换句话说,在成功注册Shopify独立站账户后,即使马上绑定了信用卡或者PayPal用于支付Shopify独立站套餐的月租,Shopify系统也将在你的账户的14天试用期结束之后才开始扣费。

如果你体验了Shopify独立站后觉得不错,想要进一步使用,就需要考虑选择一个Shopify独立站套餐了。新卖家可能对Shopify独立站套餐计划感到茫然,不知道到底哪个套餐适合自己,也不知道在哪里去查看不同的套餐。

因为在本书的很多Shopify后台截图中,使用的语言大部分是中文,所以做以下说明:如果你想把Shopify后台的语言从英文改成中文,就单击右上角的"your profile"(用户名)按钮,找到并选择"Language and region"(语言和地域)选区中的"简体中文（beta 版）"按钮。

你要知道 Shopify 独立站套餐在哪里设置，首先要登录 Shopify 后台，然后单击"设置"→"套餐和权限"按钮，如图 2-8 所示。

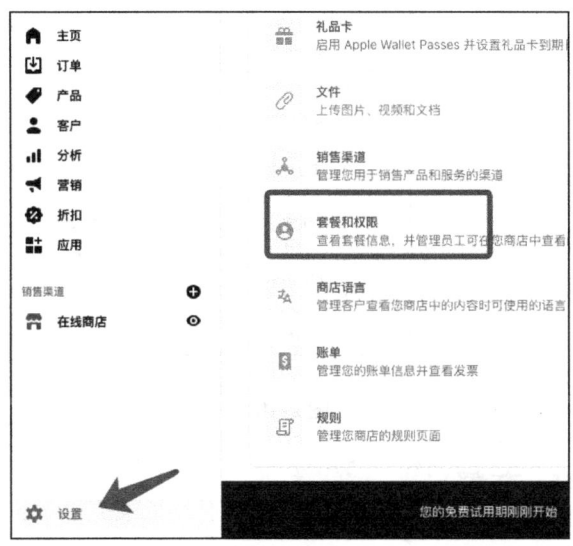

图 2-8

在新打开的页面中，单击"比较套餐"按钮，如图 2-9 所示。

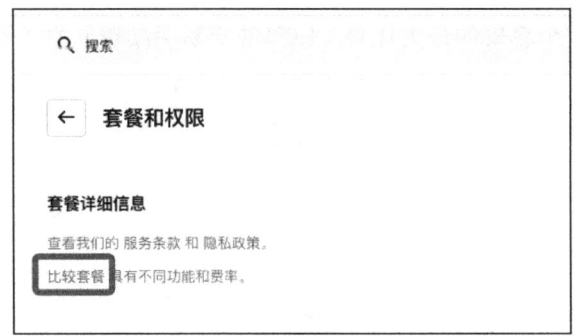

图 2-9

下面详细介绍 Shopify 独立站目前的 3 个套餐。

2.3.1　Basic Shopify 套餐

Basic Shopify 套餐如图 2-10 所示，是性价比最高的套餐。对于跨境电商新手和小卖家来说，Basic Shopify 套餐是一个很好的选择。

图 2-10

2.3.2　Shopify 套餐

从收费金额上来看，你可以把 Shopify 套餐理解为中档套餐。这个套餐是 Basic Shopify 套餐的升级版本，月租为 79 美元，如图 2-11 所示。它是 3 个 Shopify 独立站套餐中最受欢迎的。我认为这个套餐特别适合每月销售额超过 5000 美元的 Shopify 独立站。这样，这个套餐的最大优势（1.0%的交易手续费）才能得到最好的体现。

图 2-11

2.3.3　Advanced Shopify 套餐

月租为 299 美元的 Advanced Shopify 套餐是后台中最贵的套餐，如图 2-12 所示。我的经验是，这个套餐最适合每月销售额超过 44000 美元的 Shopify 独立站。这样，Shopify 系统收取 0.5%的交易手续费，可以最大限度地节省成本。

图 2-12

2.4　Shopify独立站套餐的付款

上面介绍了 3 个套餐的区别，下面介绍一下套餐付款。

首先，如果想选择 Basic Shopify 套餐，那么单击"USD $29/月"下面的"选择此套餐"按钮，如图 2-13 所示。

然后，在打开的页面中选择账单周期，如图 2-14 所示。

Shopify 独立站套餐目前支持按月付、按 1 年付、按 2 年付和按 3 年付四种账单周期。当然，按 3 年付在价格上最划算，按月付在价格上没有折扣。对于刚开始使用 Shopify 独立站的新卖家来说，我建议最好选择按月付，等独立站的销量达到更高水平时，再去考虑其他更合适的套餐。因为卖家有权随时升级或者降级套餐，Shopify 系统会自动对新套餐与原套餐的差价进行折算，不会占卖家的便宜（我亲自测试过很多次了）。成熟的卖家则根据自身独立站的情况合理进行选择就行。

图 2-13

图 2-14

最后，需要选择 Shopify 套餐的付款方式，如图 2-15 所示。目前，Shopify 系统支持用信用卡和 PayPal 付款。这两种付款方式任选其一即可。

注册 Shopify 独立站账户 / 第 2 章

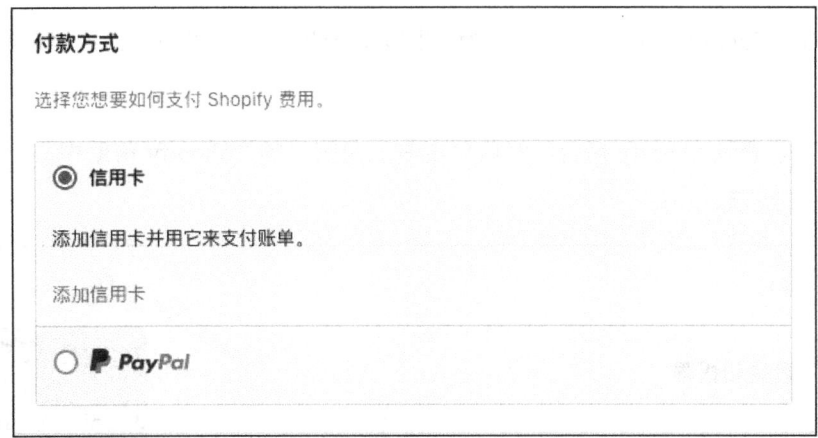

图 2-15

关于付款方式，应注意以下几点：

（1）在选择用信用卡付款前，务必保持用本地 IP 地址登录 Shopify 后台。我在前面介绍过，Shopify 独立站被封主要是违规操作和高风险导致的。如果 Shopify 系统的风控系统监测到信用卡的发卡行信息和你在付款时所用的 IP 地址差距过大，或者你使用他人的信用卡付款，那么你的信用卡付款有可能被标记为欺诈支付，从而被 Shopify 系统拒绝。

（2）用于支付 Shopify 套餐的信用卡，必须是带有 VISA、MasterCard 等标志的支持美元扣款的信用卡。

（3）如果选择用 PayPal 付款，那么需要用 PayPal 的邮箱和密码进行登录，如果之前在 PayPal 上绑定过借记卡或信用卡，那么系统会询问是不是用绑定的那张卡付款，如果你没有绑定过借记卡或信用卡，就需要马上绑定。

（4）如果需要修改付款方式，那么在 Shopify 后台中单击"设置"→"账单"按钮，然后选择新的付款方式。

2.5　Shopify 的客服

在使用 Shopify 独立站的过程中遇到问题时，Shopify 的客服就是最好的官方指导老师。应该怎么联系 Shopify 的客服呢？

目前，Shopify 在中国已经有了官方团队，所以中文客服的支持比以前给力了不少。

首先，登录 Shopify 后台，然后单击右上角账户的"Shopify 帮助中心"按钮，如图 2-16 所示。

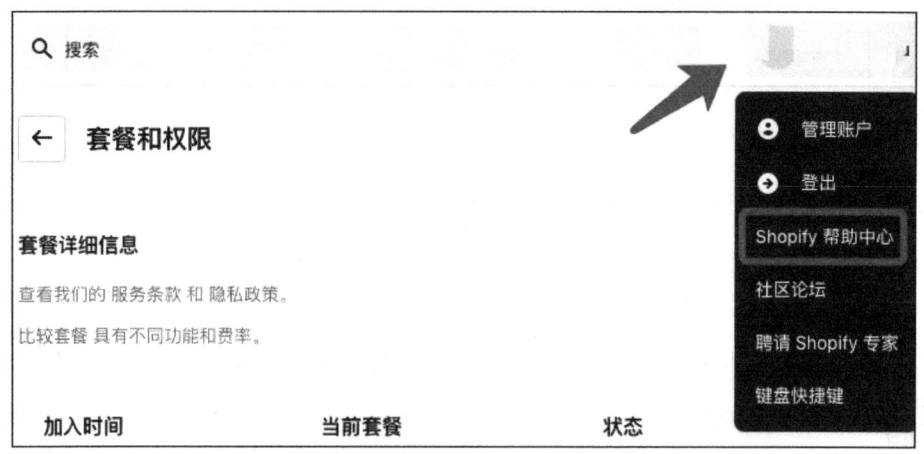

图 2-16

在新打开的页面底部，单击"全天候客服支持"按钮，如图 2-17 所示。

图 2-17

然后，按照网站提示登录你的 Shopify 商店。注意：如果你有多个 Shopify 商店，这时需要选择有问题的那个商店，如图 2-18 所示。

注册 Shopify 独立站账户 / 第 2 章

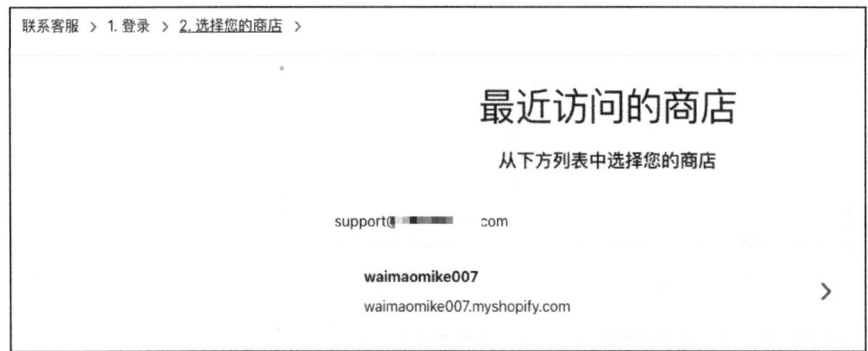

图 2-18

在页面自动跳转后将打开如图 2-19 所示的页面。目前，有两种联系中文客服的方式，一种是用电子邮件，另一种是用微信，你可以选择一种更适合自己的方式去和客服沟通。

图 2-19

如果中文客服解决不了你的问题，那么你也可以单击"查看英文客服选项"按钮，会看到如图 2-20 所示的两种方式，左边的是在线和英文客服沟通，右边的是登录 Shopify 全球论坛。

图 2-20

我更愿意联系英文客服。我感觉他们的回复速度更快、解决问题的能力更强。当然，这完全是我自己的主观感受，你可以自行选择觉得方便的方式，能解决问题是最重要的。

第 3 章

Shopify 后台的设置

3.1 Shopify后台的基本介绍

第 2 章介绍了 Shopify 独立站账户的注册和套餐，本节对 Shopify 后台的基本功能进行介绍。

图 3-1 是我在 2021 年 1 月注册的 Shopify 独立站的后台。即使你看到自己的 Shopify 后台和我的不一样，也不要惊慌失措，因为 Shopify 官方会经常对后台进行更新，所以有一些不同是很正常的。

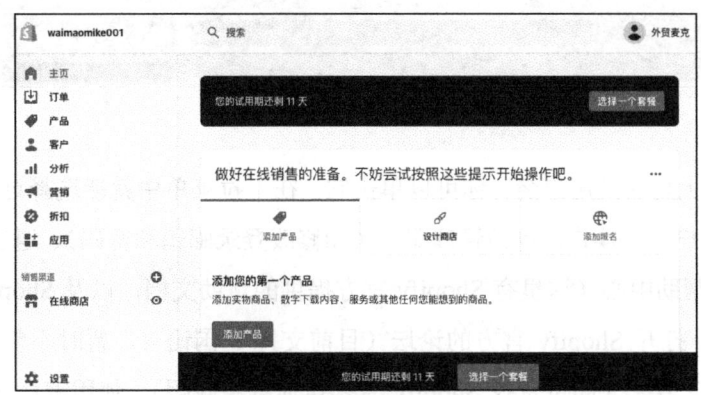

图 3-1

下面按照 Shopify 后台的按钮从左到右、从上到下的顺序依次进行介绍。

首先，Shopify 后台的顶部有三个功能，如图 3-2 所示。

图 3-2

（1）左上角的是 Shopify 独立站账户的切换功能。如果你用同一个邮箱注册了多个 Shopify 独立站账户，那么单击这里就会出现下拉菜单，你可以在这里直接单击想要切换的账户名称，一键切换到另外的 Shopify 独立站的后台，这样方便查看和管理多个 Shopify 独立站。

（2）中间的是搜索功能。Shopify 后台的搜索功能很强大，搜索范围包括你自己的 Shopify 独立站数据、Shopify 应用、Shopify 模板等，凡是和 Shopify 后台有关的都可以在这里搜索。例如，我找不到在哪里设置货币，那么直接搜索"货币"，就可以找到答案，如图 3-3 所示。我平时用得最多的就是在这里搜索订单信息，很方便。

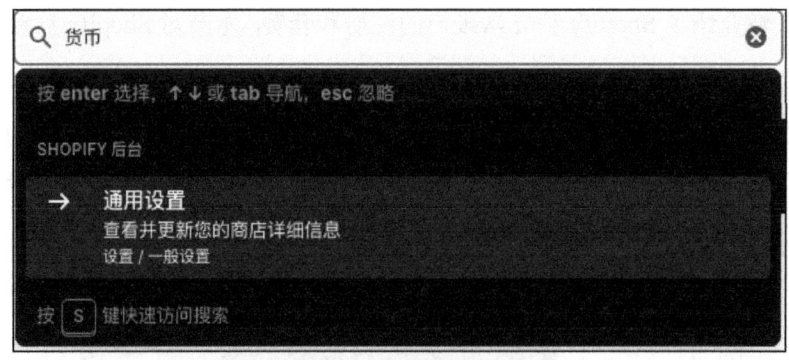

图 3-3

（3）右上角的是用户名。你可以单击它，在下拉菜单中就能选择这个 Shopify 独立站的账户管理操作，包括管理账户（如修改登录邮箱和密码）、退出登录、打开 Shopify 帮助中心（这里有 Shopify 官方提供的帮助文档，以及 Shopify 的客服中心入口）、打开 Shopify 官方的论坛（目前支持 8 国语言，暂时不包括中文）、聘请 Shopify 专家（即付费找 Shopify 专家帮你解决问题）、使用键盘快捷键（即

Shopify 后台的快捷键操作），如图 3-4 所示。

以上就是 Shopify 后台顶部的功能，接下来介绍 Shopify 后台左侧的菜单栏，如图 3-5 所示，下面按照从上到下的顺序进行简单的介绍。

图 3-4

图 3-5

（1）主页。在登录 Shopify 后台后，默认出现的页面就是"主页"页面。只要单击"主页"按钮，就会显示你的 Shopify 独立站的基本信息，如图 3-6 所示。

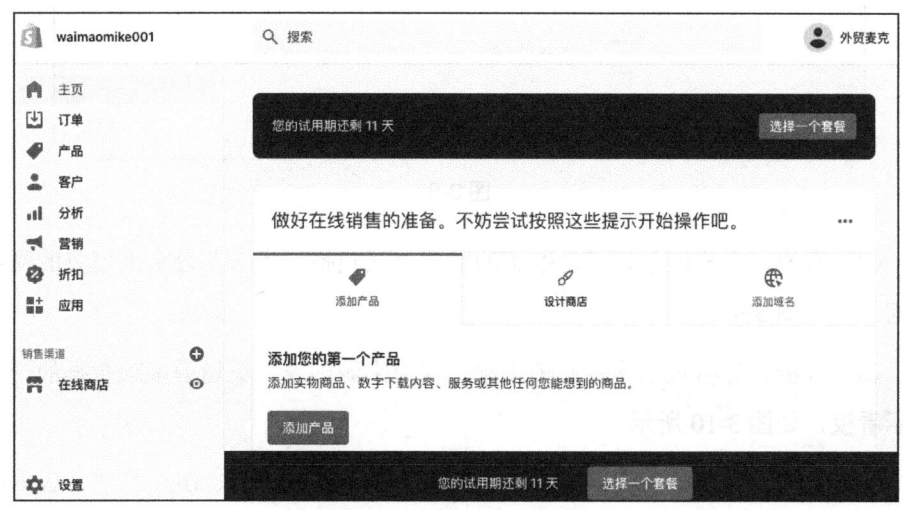

图 3-6

（2）订单。"订单"按钮有 3 个子按钮："订单"指的是付款成功的订单；"草稿"指的是你手动添加的用电子邮件发送发票收取货款的订单；"弃单"指的是网站访问者已经打开了付款页面，但是因为各种原因没有成功付款的订单，如图 3-7 所示。

图 3-7

（3）产品。"产品"按钮有"所有产品""库存""转移""产品系列""礼品卡" 5 个子按钮。其中，"所有产品"既包括状态为活跃的已经正式上架的产品，又包括草稿状态的还没有上架的产品，如图 3-8 所示。

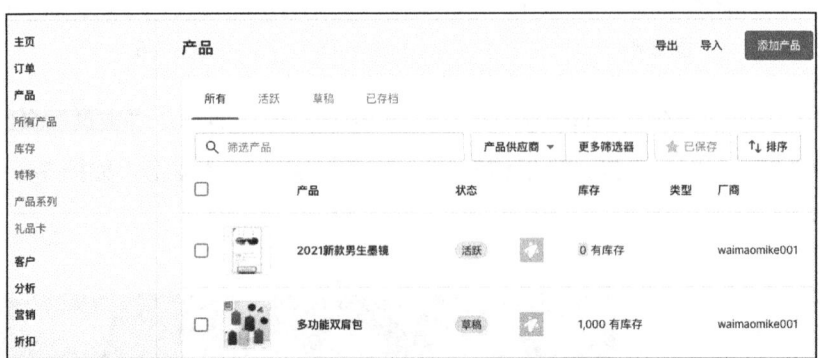

图 3-8

（4）客户。客户既包括成功购买的客户，又包括只留下部分个人信息的网站访问者，如图 3-9 所示。

（5）分析。分析页面是网站销售额、客户来源国家、渠道等多项数据的一个展示看板，如图 3-10 所示。

（6）营销。营销是指 Shopify 系统集成的 Facebook 广告、Bing 广告、Google 广告以及邮件营销等功能，如图 3-11 所示。

图 3-9

图 3-10

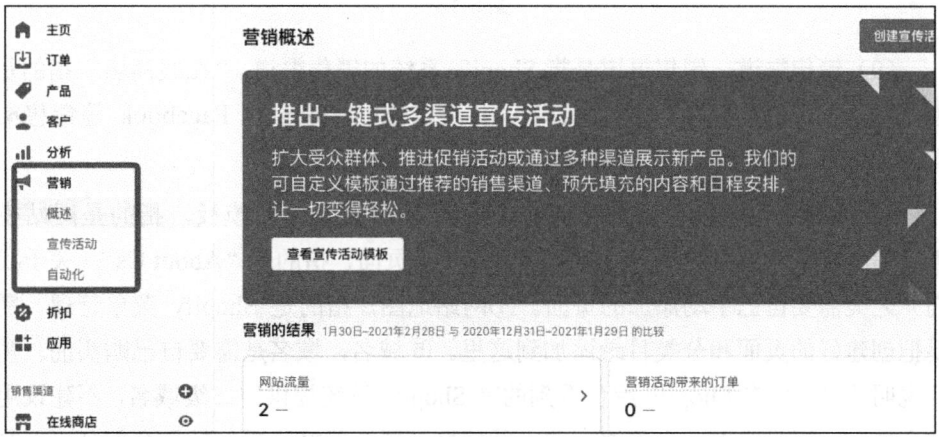

图 3-11

（7）折扣。折扣是指你创建和管理的各种折扣/促销代码，包括需要客户手动输入的"折扣码"和系统自动打折的"自动折扣"，如图3-12所示。

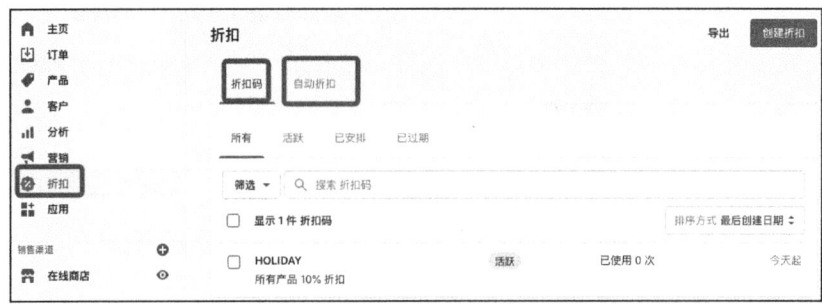

图 3-12

（8）应用。应用是指可以安装在独立站中的各种插件，类似于手机上的各种App，如图3-13所示。

图 3-13

（9）销售渠道。销售渠道是指Shopify系统的销售渠道。"在线商店"指的是独立站，这只是其中的一个销售渠道。你可以添加Google、Facebook等销售渠道，如图3-14所示。

"在线商店"包括以下几个部分，如图3-15所示。①模板，指的是网站模板。②博客文章，指的是网站的博客文章。③页面，指的是"About Us"（关于我们）之类需要自己手动添加的页面。④网站地图，指的是Shopify菜单管理，需要把创建好的页面和分类目录添加到这里。⑤域名，域名是需要自己购买的。需要说明的是，你在Shopify后台看到的是Shopify系统提供的二级域名，不建议用这个域名，因为它看起来不够专业。⑥偏好设置，偏好设置包括几个部分，下文会逐个介绍。

Shopify 后台的设置 / 第 3 章

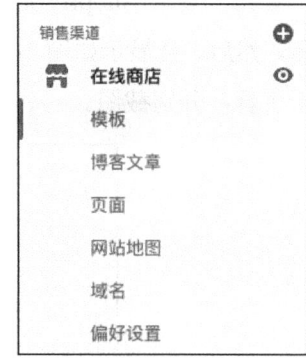

图 3-14　　　　　　　　　　　　　图 3-15

（10）设置。设置包括很多基础设置内容，具体见 3.2 节。

3.2　基础设置

Shopify 后台的基础设置包含很多内容，如图 3-16 所示。这里的内容很多，而且很重要，基础设置都在"设置"选区中设置，其中的"收款"设置会在第 5 章中专门介绍。

图 3-16

25

3.2.1 一般设置

首先，登录 Shopify 后台，单击"设置"→"一般设置"按钮，如图 3-17 所示。然后，会显示如图 3-18～图 3-21 所示的页面。这些图在一个页面中，为了便于讲解，分别截图。

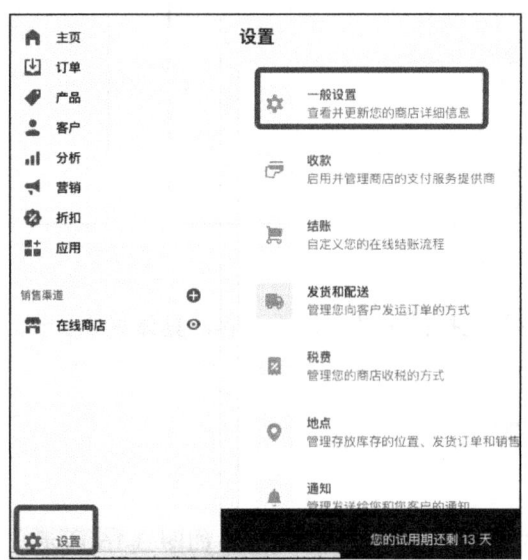

图 3-17

（1）商店详细信息，如图 3-18 所示。

图 3-18

商店名称：商店名称就是你的 Shopify 独立站的名字，如果你不上传 Logo，那么商店名称就会代替 Logo 出现。如果你上传了 Logo，Logo 就会覆盖商店名称，显示给网站访问者。一般来说，你要单独上传独立站的 Logo，所以在这里写上你购买的一级域名就行。

商店联系人电子邮件：Shopify 官方的重要信息都会发送到这个邮箱中。例如，如果你的产品侵权，那么 Shopify 官方会把邮件发送到这个邮箱中。建议你使用常用的个人邮箱。

发件人电子邮件：当你给你的客户发送邮件的时候，默认的发件人邮箱就是这个邮箱。另外，如果客户通过你的网站上的"Contact Us"（联系我们）页面联系你，那么邮件也会发送到这个邮箱中。所以建议这个邮箱用企业邮箱（邮箱后缀和域名一致）。

商店行业：列出了很多的行业，根据自己产品所属的行业来选择就行。

（2）商店地址，如图 3-19 所示。

图 3-19

法定的公司名称：如果为空，那么填上你购买的一级域名的前缀就行。

电话：真实的电话号码，并且可以联系到 Shopify 独立站的拥有人。

街道，单元、房间号等，城市，邮政编码：用英语或汉语拼音填写，同样需要真实且有效的信息。

国家/地区：这里不要轻易修改。

(3) 标准和格式，如图 3-20 所示。

图 3-20

时区：时区通常设置的就是你所在的地址的时区或者目标市场的时区。需要注意的是，在打 Facebook 广告时也要设置时区，而且 Facebook 广告的时区一旦设置，就无法修改。因此，如果你主要依靠 Facebook 引流，那么我建议你把 Shopify 后台的时区调整为和 Facebook 广告的时区一致。这样，Shopify 后台数据就和 Facebook 广告数据的时间点保持一致了。

单位制：Shopify 系统提供了两种计量单位。一种是英制单位磅（lb）/盎司（oz），另一种是公制单位千克（kg）/克（g）。如果销售的目标市场是北美，那么建议选择"英制"，这是他们习惯使用的磅（lb）/盎司（oz）。

编辑订单 ID 格式（可选）：就用默认的格式。

(4) 商店货币，如图 3-21 所示。

建议根据销售的目标市场来设置货币，例如，如果销售的目标市场是美国，那么这里的货币就选择美元，如果销售的目标市场是日本，那么就选择日元，等等。

图 3-21

3.2.2 结账设置

首先，登录 Shopify 后台，单击"设置"→"结账"按钮，如图 3-22 所示。然后，会显示如图 3-23~图 3-29 所示的页面。这些图在一个页面中，为了便于讲解，分别截图。

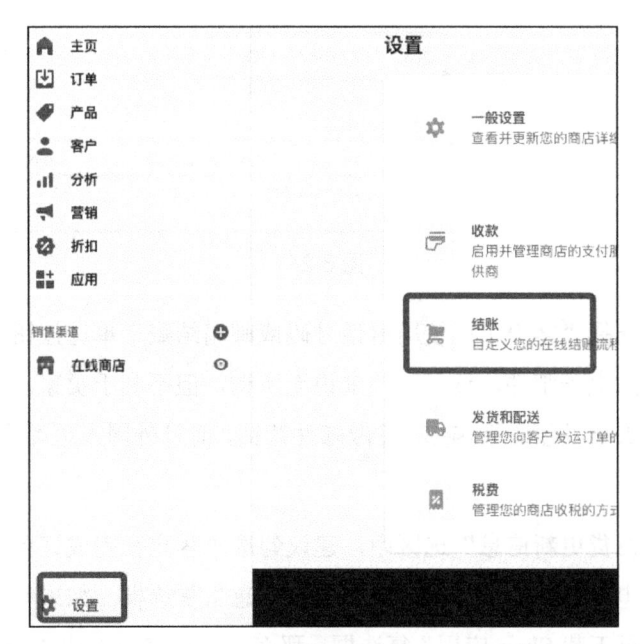

图 3-22

（1）客户账户，如图 3-23 所示。我建议选择"账户登录（可选）"单选按钮。这表示客户既可以先注册账户再购买，又可以不用注册直接购买。我的经验是，通过 Facebook 广告和 Google 广告引流来的客户，都很少注册账户，如果觉得产品看着还行就直接购买了。

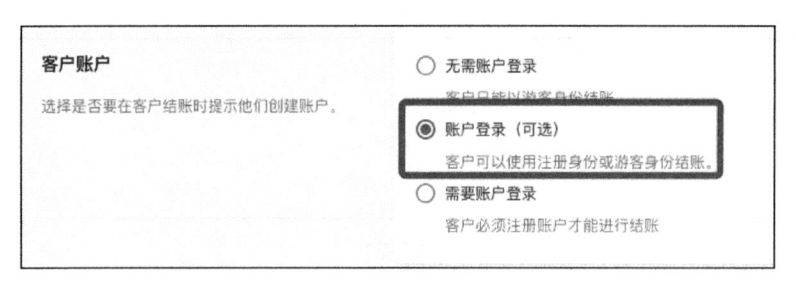

图 3-23

（2）客户联系方式，如图 3-24 所示。建议在"结账"选区中选择"客户只能通过电子邮件结账"单选按钮。

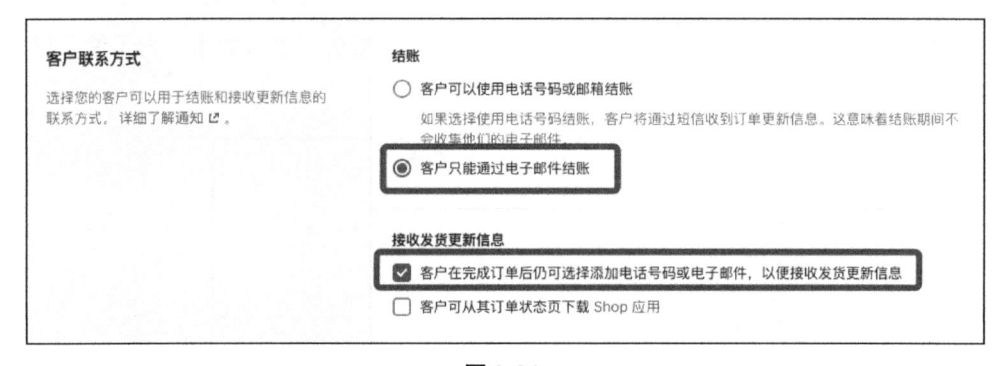

图 3-24

因为如果选择"客户可以使用电话号码或邮箱结账"单选按钮，那么你很可能得不到客户的电子邮件，这对客户来说无所谓，但不利于卖家。因为你需要得到客户的电子邮件以便联系客户，并做邮件营销，而且外国人更习惯用邮件沟通，而不是用电话。

在"接收发货更新信息"选区中，建议勾选"客户在完成订单后仍可选择添加电话号码或电子邮件，以便接收发货更新信息"复选框。如果勾选了"客户可从其订单状态页下载 Shop 应用"复选框，那么会要求客户下载 App，可能很多人嫌麻烦，这个复选框可以不勾选。

（3）表单选项，如图 3-25 所示。

在"全名"选区中，建议选择"需要姓氏和名字"单选按钮，这主要是为了规避信用卡欺诈。在"公司名称"选区中，建议选择"可选"单选按钮，这样客户可以填公司名称，也可以不填公司名称。我的经验是，绝大多数客户留的都是家庭地址，很少留公司地址。在"地址行 2（公寓、单元等）"选区中，建议选择"可选"单选按钮。因为有些客户是住在公寓的，而有些不是。这样不管属于哪种情况，都能让他们完整地填写收货地址并提交，以免地址信息不全导致派送时出现问题。在"收货地址电话号码"选区中，建议选择"必填"单选按钮，因为如果地址信息有误，那么物流供应商可能需要通过电话号码联系收件人，另外，收集到客户的电话号码，有利于在 Facebook 广告后台进行受众匹配。

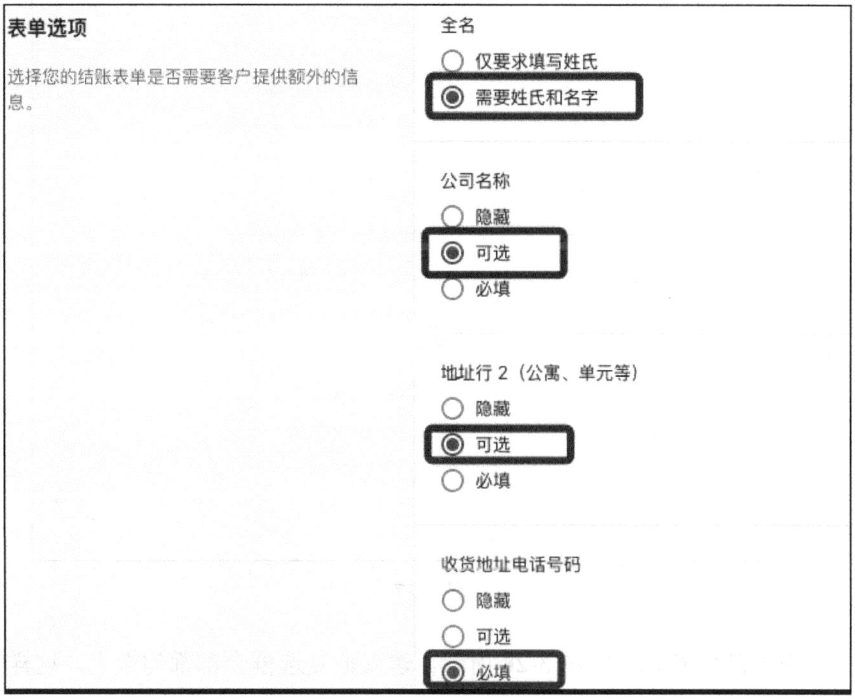

图 3-25

（4）小费，如图 3-26 所示。我建议不勾选图 3-26 中的复选框，毕竟欧美国家给小费主要针对餐馆服务员、酒店服务生等。

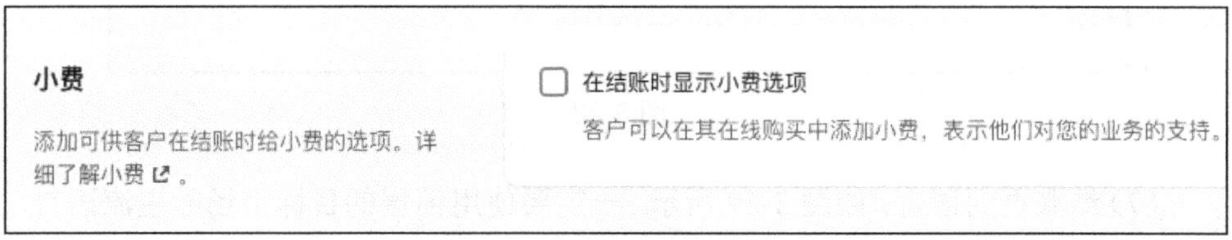

图 3-26

（5）订单处理流程，如图 3-27 所示。建议此处的所有选项都用默认选项。"客户结账时"选区的两个复选框都勾选，可以方便客户填写收货地址。在选择"支付订单后"选区中的"不自动发货订单中的任何商品"单选按钮后，如果有了订单，那么没有发货的订单全部都会用黄色显示"unfulfilled"（未完成的）。在勾选"已发货并支付订单后"选区的复选框后，你可以快速地查看还有多少订单没有发货。

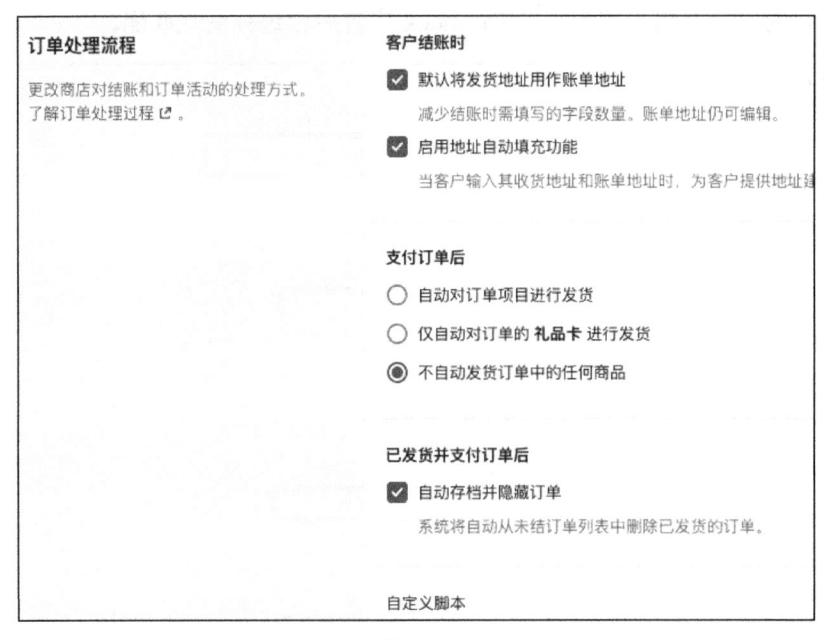

图 3-27

（6）电子邮件营销，如图 3-28 所示。建议把复选框全部都勾选上，这样客户就默认同意接收你的营销邮件。

图 3-28

（7）结账页面语言，如图 3-29 所示。一定要使用销售的目标市场的主流语言，如果你销售的目标市场是北美，就要选择英语。

[图 3-29]

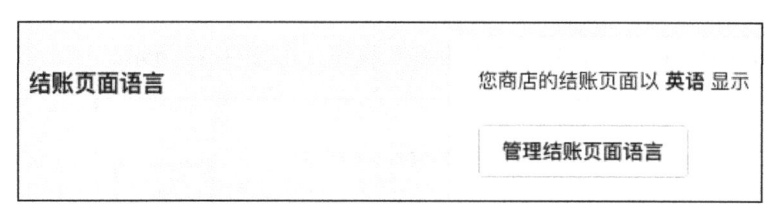

图 3-29

3.2.3 发货和配送设置

国内电商卖家采用的包邮这种做法，在欧美市场中并不普及，即使在亚马逊那样的大平台上也有满多少元才包邮的规则。另外，运费是你收取的客户的运费，而不是你发货的物流费。

在设置运费之前，要确保在 Shopify 后台中设置好了货币单位。如果主要做美国市场就要选择美元，主要做日本市场就要选择日元等。具体的设置方法参见 3.2.1 节。

发货和配送设置的具体操作如下：

登录 Shopify 后台，单击"设置"→"发货和配送"按钮，如图 3-30 所示。

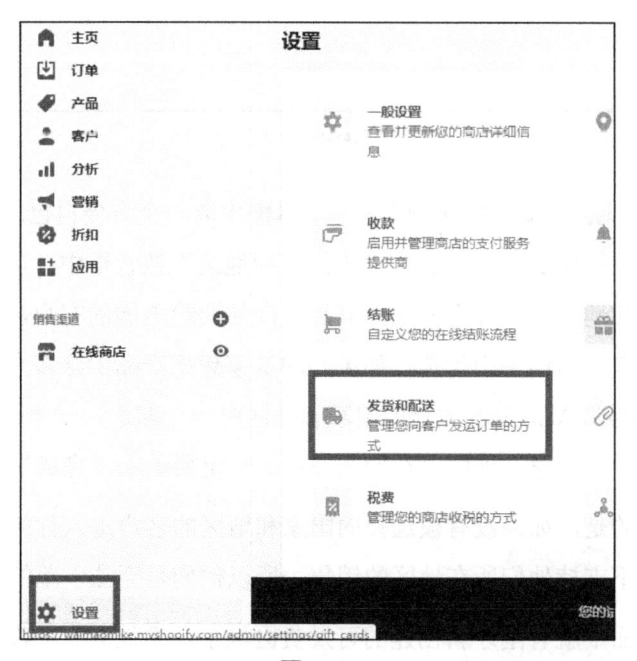

图 3-30

在打开的页面中，单击"管理费率"按钮，如图3-31所示。

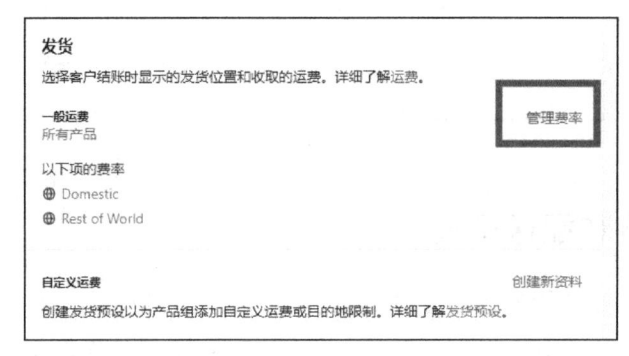

图 3-31

在打开的页面中，单击"创建可发货区域"按钮，如图3-32所示。

图 3-32

在"创建区域"选区的"区域名称"文本框中取一个方便自己理解的名字（客户看不见），如图3-33所示。在"搜索国家和地区"搜索框中，可以搜索想要销售产品的国家和地区，比如有的卖家只想把产品卖给美国的客户，那么可以在这里输入美国，在搜索结果中勾选。如果有的卖家想把产品卖给多个国家和地区的客户，那么只能在Asia等各大洲的国家和地区中一一勾选：一个一个地打开看。不管你选择多少个国家和地区，在勾选好后，一定要单击"完成"按钮。

需要提醒的是，如果没有被选择的国家和地区的客户进入你的Shopify独立站，因为系统不支持他们所在地区的销售，所以他们是无法下单的。

这时，页面中就有刚才新创建的可发货区域了，系统会有"没有费率。此区域的客户将无法完成结账"的提示。因此，你需要设置这个新区域的运费，单击

"添加运费"按钮，如图 3-34 所示。

图 3-33

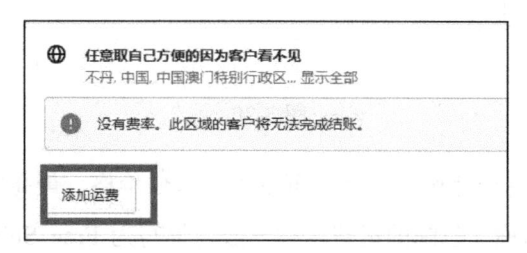

图 3-34

在打开的弹窗中，选择默认的"设置您自己的运费"单选按钮。然后，单击"添加条件"按钮，如图 3-35 所示。

图 3-35

选择"基于订单价格"单选按钮，而不选择"基于产品重量"单选按钮，如图 3-36 所示。因为按重量计算运费非常麻烦，其要求你在每个产品页面中必须提前填好准确的重量，然后设置各个重量区间对应的运费。不管是在速卖通下单还是自发货，要想获取每个产品的精确重量和包装重量都非常麻烦。因此，在实际操作过程中，一般选择基于订单价格来设置运费，自己方便，而且客户也容易理解。

图 3-36

如果你想设置完全免运费，那么可以不填最低价格、最高价格和价格（默认为 0），填好运费名称（包邮的运费名称一般习惯写为 Free Shipping），然后单击"完成"按钮，如图 3-37 所示。

图 3-37

如果你想设置单笔订单满一定金额（比如，80元，货币单位请选择目标市场的通用货币单位）才免运费，就要设置两个运费了。

第一个：最低价格填0，最高价格填80元，价格填4.99元，运费名称填Standard Shipping（Under 80），即对订单金额等于或低于80元的订单收取标准运费4.99元，然后单击"完成"按钮，如图3-38所示。

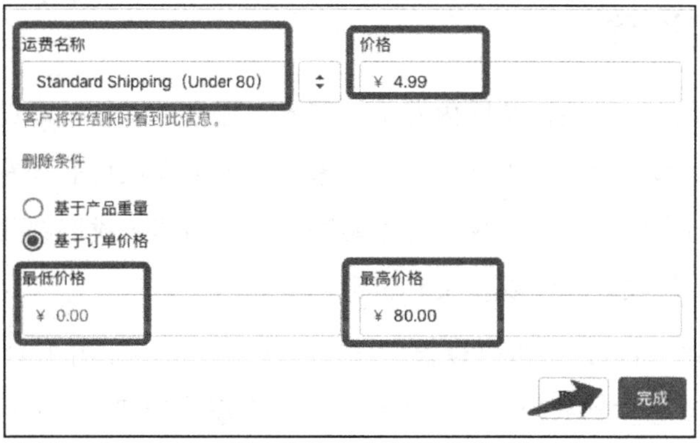

图 3-38

第二个：最低价格填80.01元，不填最高价格，价格默认为0，运费名称填Free Shipping，即对订单金额超过80元的订单免运费，然后单击"完成"按钮，如图3-39所示。

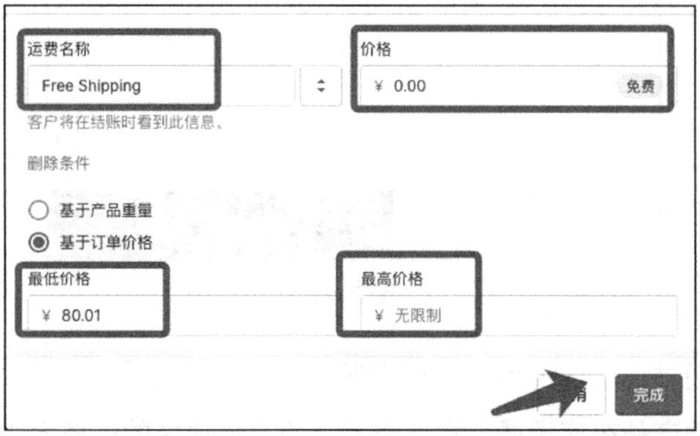

图 3-39

这样，当单笔订单金额不满80元时，运费页面就提示要4.99元运费。当单笔订单金额超过80元时，运费页面就提示免运费，如图3-40所示。

运费名称 ▲	条件	价格	
Free Shipping	¥80.01 及以上	免费	...
Standard Shipping（Under $80）	¥0.00-¥80.00	¥4.99	...

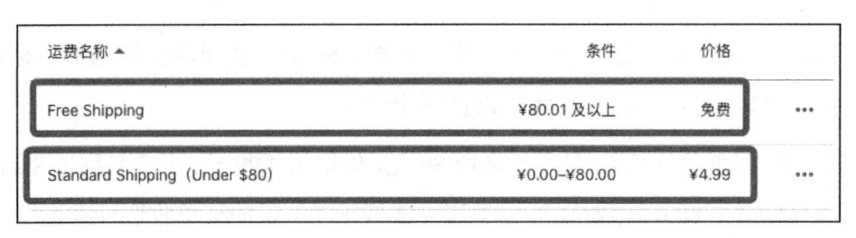

图 3-40

3.2.4 税费设置

需要说明的是，如果你从国内发货到国外，那么可以暂时不设置税费。但如果你有海外仓，那么请咨询当地的税务专家。因为至少从目前来看，跨境电商独立站在零售出口方面的税收法规，还不是特别清晰明朗。我们做跨境电商运营要时刻关注相关的税收政策，以便及时做出调整。

登录 Shopify 后台，单击"设置"→"税费"按钮，如图 3-41 所示。需要提醒的是，Shopify 独立站的税费是基于你的发货和配送设置的，所以，你可以先设置好发货和配送，然后在税费设置中才会展示出相关国家的数据。

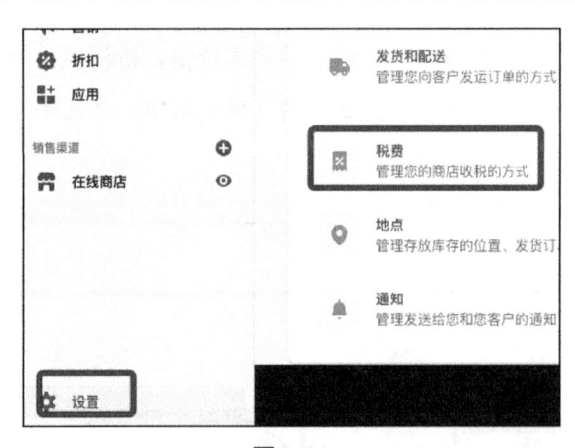

图 3-41

目前，当通过速卖通下单时，速卖通会自动根据收件人地址收取相关税费，也就是说，某件产品在速卖通上卖 5 美元，假设该地区的税率为 10%，那么对于这件产品，你需要支付 5+5×10%=5.5 美元给速卖通的卖家，多出来的 0.5 美元是速卖通代收的。在不收税费的国家和地区，速卖通就不代收，你在实际支付时就支付 5 美元。

3.2.5 地点设置

这部分同样不用修改，Shopify 系统将使用你在注册 Shopify 独立站账户时填写的地址，客户看不到这个地址。这个地址对实际运营没有影响。在登录 Shopify 后台后，单击"设置"→"地点"按钮可以看到这个设置，如图 3-42 所示。

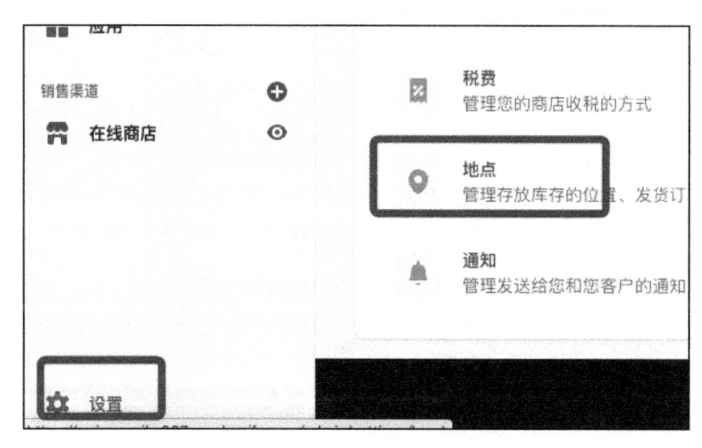

图 3-42

3.2.6 通知设置

登录 Shopify 后台，单击"设置"→"通知"按钮，如图 3-43 所示。

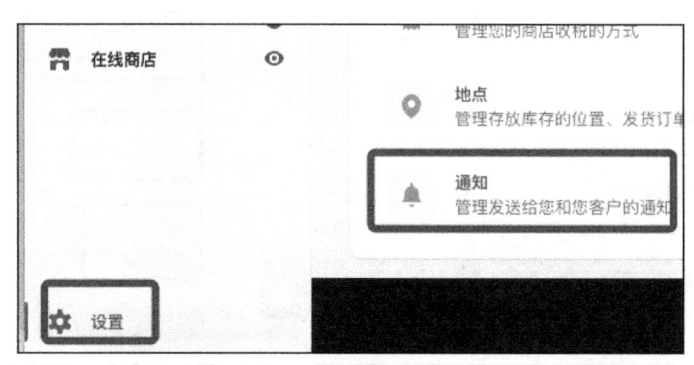

图 3-43

在打开的页面中有客户通知、电子邮件营销、员工订单通知和 Webhooks 四个选区，下面从上往下依次介绍。

（1）客户通知，如图 3-44 所示。这些是 Shopify 系统自动发送给你的客户的所有邮件通知，在不同的情况下会触发不同的系统邮件。单击"客户通知"选区的"自定义"按钮，会打开如图 3-45 所示的页面，你可以对右侧 3 个方框的内容进行修改，例如，上传 Logo 图片、设置 Logo 的宽度，以及修改邮件中按钮和链接的颜色。在修改好后，一定要单击"保存"按钮。

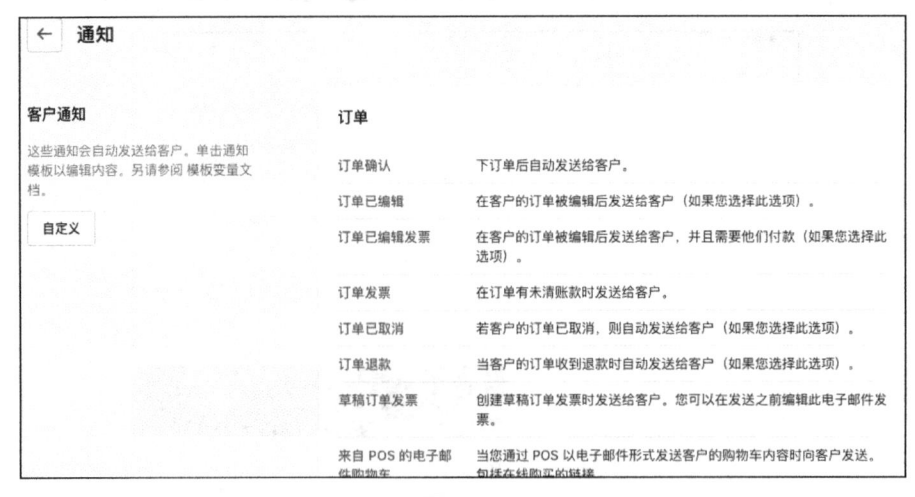

图 3-44

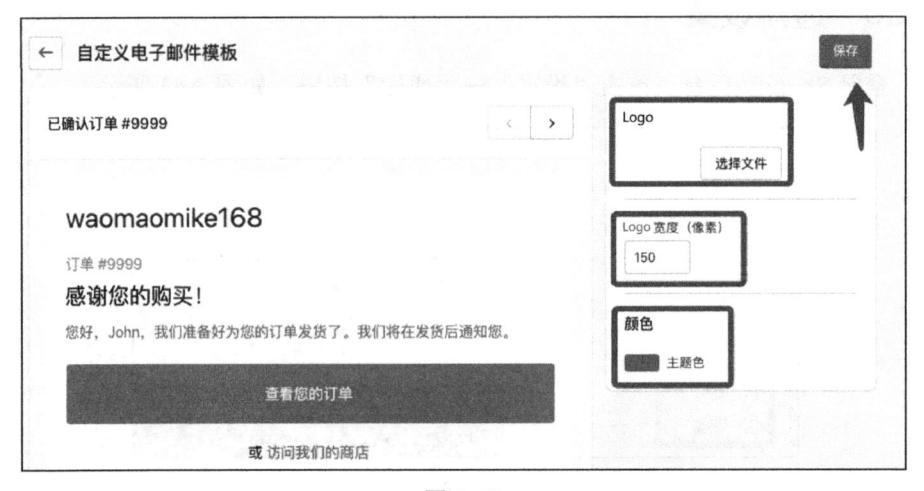

图 3-45

"客户通知"选区右侧的几个板块分别为订单、发货、本地配送、到店取货、客户、电子邮件营销、退货数量。在单击这 7 个板块触发通知的条件后，你会发现显示的全部都是代码，比如，单击"订单"中的"订单确认"条件后，页面如图 3-46 所示。我强烈建议不要修改这些代码。

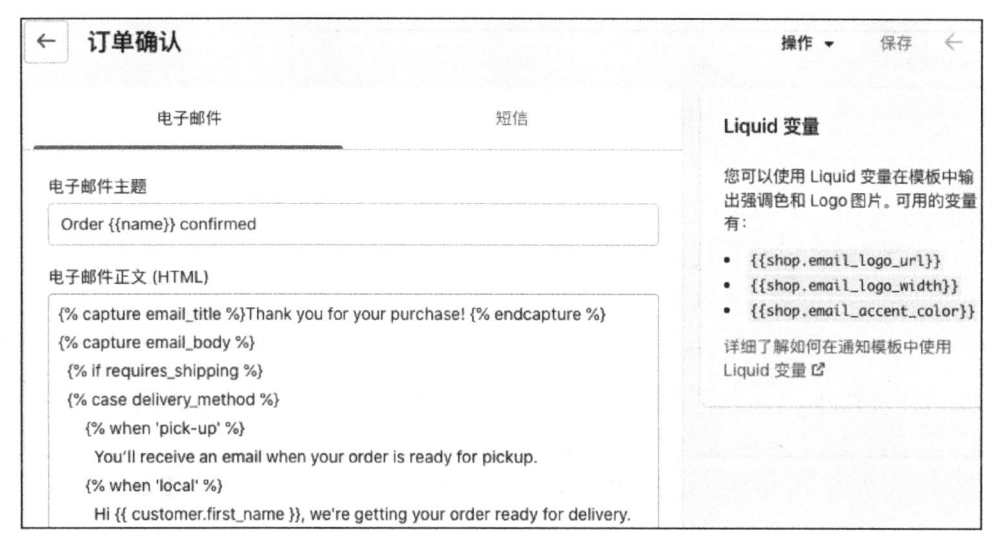

图 3-46

（2）电子邮件营销，如图 3-47 所示。建议使用默认的勾选内容。

图 3-47

（3）员工订单通知，如图 3-48 所示。你可以设置希望用哪些邮箱接收订单邮件，默认的邮箱是你在注册 Shopify 独立站账户时填写的邮箱。我建议你换成最常用的邮箱。另外，桌面通知一般来说不建议开启。

（4）Webhooks，如图 3-49 所示。我没有设置过这个部分。因为在实际运营过程中，这个部分没有太大用处。如果你感兴趣，那么可以自己研究。

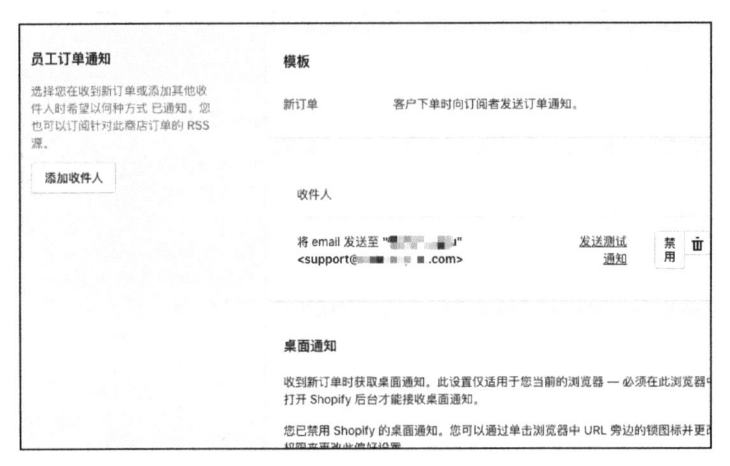

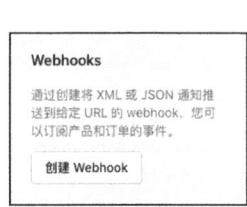

图 3-48

图 3-49

3.2.7　礼品卡设置

登录 Shopify 后台，单击"设置"→"礼品卡"按钮，如图 3-50 所示。

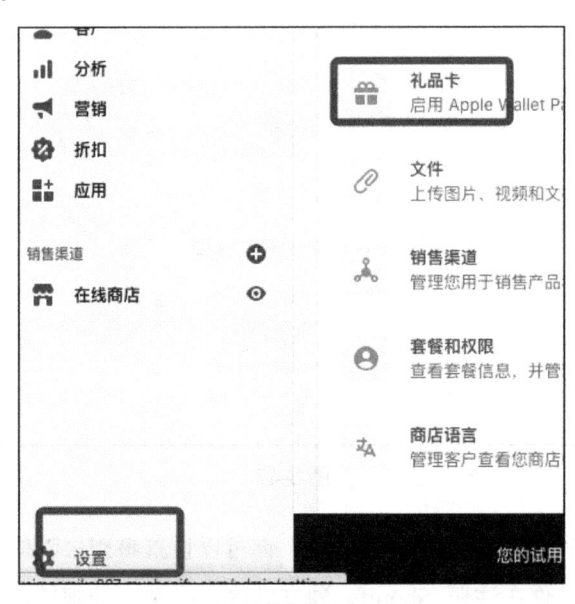

图 3-50

打开的页面如图 3-51 所示。这个功能主要针对的是大卖家，让他们提供实物或电子礼品卡给特定的客户。一般的卖家用不上这个功能。你也可以通过其他方式实现这个效果，不一定在这里设置。

图 3-51

3.2.8 文件设置

登录 Shopify 后台，单击"设置"→"文件"按钮，如图 3-52 所示。

然后，在打开的页面中，单击"上传文件"按钮后就可以上传你的电脑里的任意文件了，如图 3-53 所示。

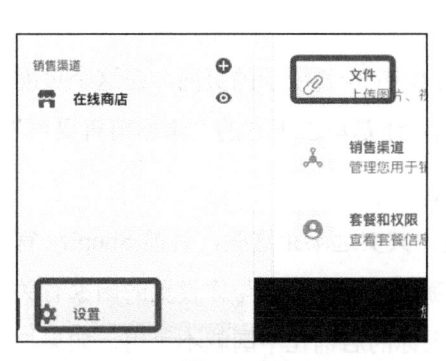

图 3-52

图 3-53

需要提醒的是，Shopify 独立站对上传的文件有以下要求：

（1）Shopify 独立站支持几乎所有类型文件的上传，例如，jpg、png、gif 等图片格式，exe、doc、pdf 等文档格式，mp4、mov 等视频格式。但是，当 Shopify 独立站账户还在试用期的时候，你是无法上传视频文件的，在试用期结束后才可以上传视频文件。

（2）不限制上传的文件数量，上传多个文件是可以的，但是 Shopify 独立站要求上传的每个文件大小都不能超过 20MB。

3.2.9 销售渠道设置

有两个地方可以设置销售渠道，一个是左侧菜单栏中间的"销售渠道"按钮，另一个是"设置"→"销售渠道"按钮，如图 3-54 所示。

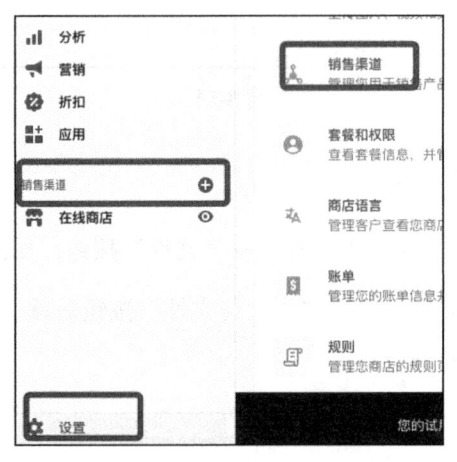

图 3-54

单击"设置"→"销售渠道"按钮，打开如图 3-55 所示的页面。在这个页面中，不论是单击上方的"添加销售渠道"按钮，还是单击下方的"添加销售渠道"按钮，都会打开如图 3-56 所示的页面。

在图 3-56 所示的页面中罗列了 6 个渠道。其实远不止这些，目前 Shopify 官方列出来的销售渠道有 24 个，哪些可以用，哪些不能用，是与你设置的国家有关系的，比如，对于 Instagram Shop 来说，如果你的店铺在中国就不可用，如果把地址改为美国，就可以添加 Instagram Shop。

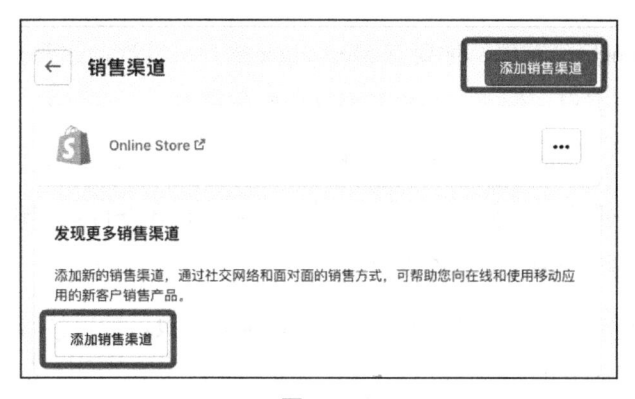

图 3-55

图 3-56

（1）POS：你需要在手机/iPad 上安装 Shopify POS 的 App，再配合 Shopify 独立站的 Credit Card Reader（信用卡读卡器），就可以用手机卖货了。实际上，这种销售场景几乎没有。

（2）Amazon：将 Shopify 独立站的产品同步到你的亚马逊店铺中，这种销售渠道适合同时运营亚马逊店铺和 Shopify 独立站的卖家。

（3）Buy Button：这其实是一个购买链接，你可以把这个购买链接发送给你的分销商或者合作的"网红"等。

（4）Messenger：首先，你要有 Messenger 账户，其次，你要有很多好友并且他们是你的潜在客户，你才有必要开通这个销售渠道。

（5）Google：需要用你的 Google 账户。如果你没有 Google 账户，就不要开通 Google 销售渠道。你要把 Shopify 独立站套餐设置好付款方式，同时注册好 Google 账户，再来开通这种销售渠道。

（6）Facebook：同样需要你有一个 Facebook 主页，所以你可以把 Facebook 主页建好之后再来开通。

对于以上销售渠道，我建议开通 Google 和 Facebook 销售渠道，是否开通其他销售渠道根据自己的情况而定。

3.2.10 套餐和权限设置

首先，登录 Shopify 后台，单击"设置"→"套餐和权限"按钮，如图 3-57 所示。

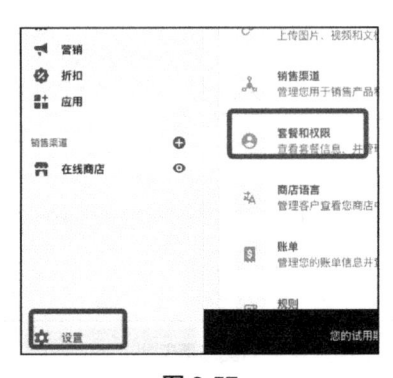

图 3-57

然后，在打开的页面中单击"比较套餐"按钮，如图 3-58 所示。

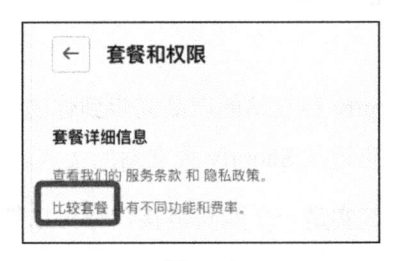

图 3-58

这时，你可以看到 Shopify 独立站目前提供的 3 个套餐，如图 3-59 所示。

图 3-59

2.3 节对这 3 个 Shopify 独立站套餐进行了详细分析，你可以结合自己的实际情况进行选择。2.4 节对 Shopify 独立站套餐的付款提出了一些建议。

关于 Shopify 独立站套餐已经介绍得比较清楚了，下面是权限部分，还是按 Shopify 后台页面从上往下的顺序依次讲解。

（1）权限，如图 3-60 所示。

图 3-60

店主：单击店主就可以打开你的 Shopify 独立站账户的编辑页面，在这个页面中可以上传账户的头像，修改名称，修改 Shopify 独立站账户的登录邮箱。这里的邮箱主要用于 Shopify 后台登录，可以随意修改。

员工账户：29 美元/月的套餐提供 2 个员工账户，79 美元/月的套餐提供 5 个员工账户，299 美元/月的套餐提供 15 个员工账户。要添加员工账户，单击"添加员工账户"按钮即可。

合作者账户：除了店主和被授权的员工，你还可以邀请其他人登录你的 Shopify 后台。这主要通过请求代码实现，共享代码的合作伙伴就可以访问你的 Shopify 后台。我建议不要轻易使用这个功能，以免造成不必要的损失。

（2）登录服务，如图 3-61 所示。这个功能对经常使用 Google Apps 的人比较友好，如果你经常使用 Google Docs 或者 Google Calendar 这类 Google Apps，同时也经常需要登录 Shopify 后台，那么赋予这个权限后可以更方便地登录 Shopify 后台。

图 3-61

（3）商店状态，如图 3-62 所示。在选择关闭商店后，客户就不能访问你的 Shopify 独立站了，同时你需要卸载那些安装过的 Shopify 应用，这样 Shopify 系统就不会继续扣钱。在商店关闭后，Shopify 系统会将你的独立站的数据自动保留 90 天，如果在 90 天之内重新激活账户，那么独立站还可以恢复到关闭之前的样子。如果超过 90 天，那么所有的数据就都没有办法恢复了。

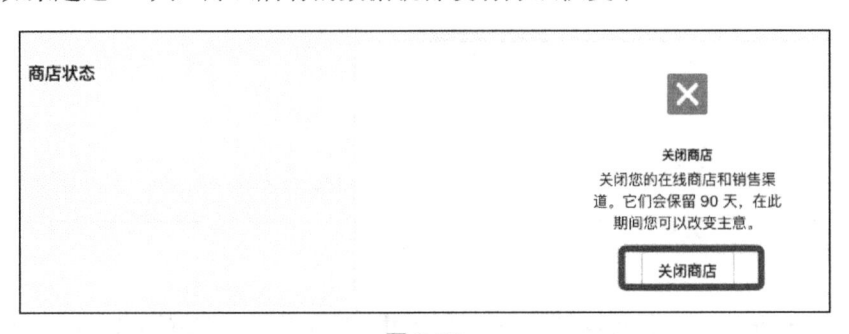

图 3-62

3.2.11 商店语言设置

首先，登录 Shopify 后台，单击"设置"→"商店语言"按钮，如图 3-63 所示。

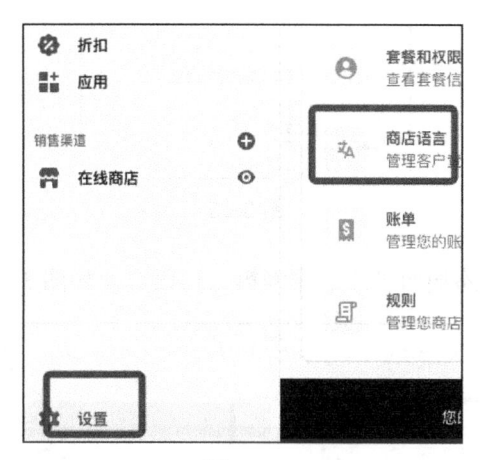

图 3-63

（1）默认语言，如图 3-64 所示，指的是 Shopify 独立站的模板和通知语言。比如，独立站的目录或者底部使用的语言。如果在图 3-64 中选择英语，那么客户来到独立站看到的目录就是英语的，要想修改这个语言，那么单击"更改模板语言"按钮，然后按提示操作即可。一般来说，这里选择的都是英语。当然，如果你要做日本市场，那么这里就要选择日语。同时，你上传的产品名称/描述等一系列文字的语言，都必须和模板语言保持一致。

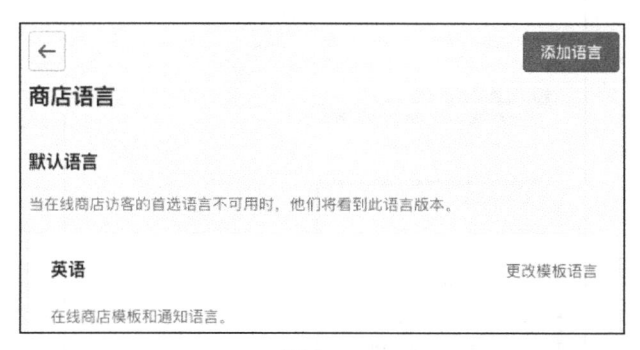

图 3-64

（2）已翻译的语言，如图 3-65 所示，指的是 Shopify 独立站可以支持多种语言。单击"添加语言"按钮，然后添加第二门语言。我建议你如果不是做很多不同语种国家的市场，就不要启用这个功能。因为语言是否足够地道，与客户对你的 Shopify 独立站有多少信任感息息相关。

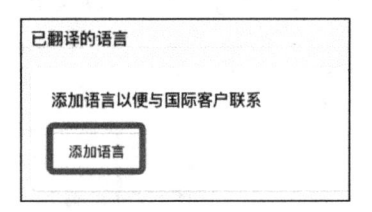

图 3-65

例如，我在这里添加西班牙语作为第二门语言，如图 3-66 所示。

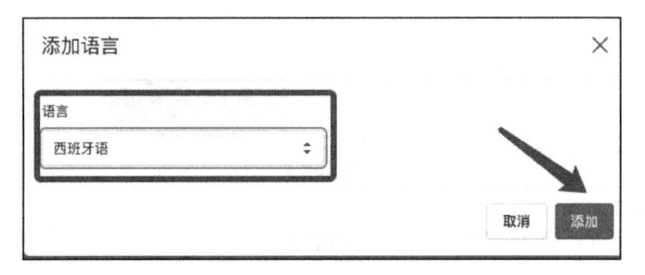

图 3-66

在添加好语言后还需要单击"发布"按钮，这样客户在访问时才能在网站前台看到相应的语言，除此之外，还要单击"访问 Shopify 应用商店"按钮，下载和安装与"以多种语言销售"兼容的翻译应用，如图 3-67 所示。

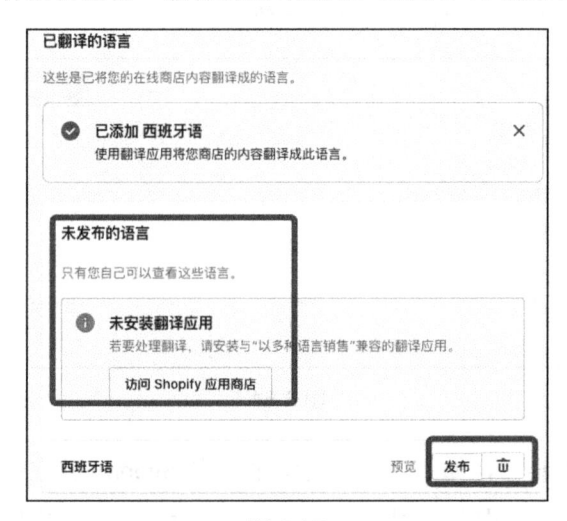

图 3-67

你可以去 Shopify App Store（Shopify 的应用商店）中搜索翻译插件，选择一些评分比较高和安装量比较大的来尝试。我没有运营过多种语言商店，所以就不推荐了。

（3）账户语言，如图 3-68 所示，指的是 Shopify 后台使用的语言。图 3-68 中显示的是简体中文，单击"更改账户语言"按钮就可以设置你想使用的语言了。这个语言可以和你的 Shopify 独立站前台的语言不同，两者之间没有关系，也就是说你的 Shopify 独立站客户是看不到这个语言的，因为他们没有权限进入你的 Shopify 后台。

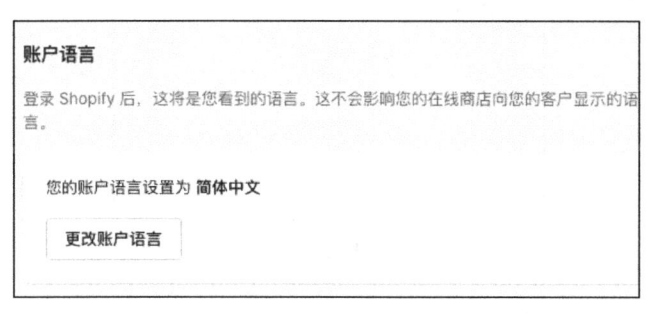

图 3-68

3.2.12 账单设置

登录 Shopify 后台，单击"设置"→"账单"按钮，如图 3-69 所示。然后，会打开如图 3-70～图 3-72 所示的页面。这些图在一个页面中，为了便于讲解，分别截图。

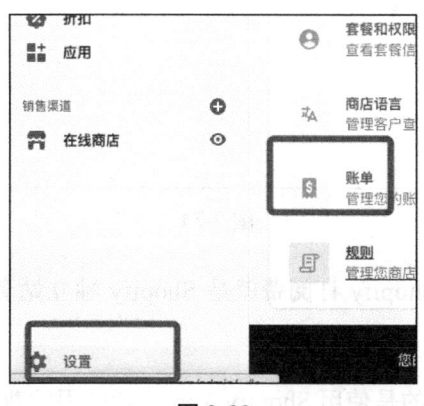

图 3-69

（1）支付方式。我在 2.4 节中详细地介绍过怎么选择支付方式。如果你在那里设置时绑定了信用卡，那么这里就会显示信用卡，如果选择了 PayPal，那么这里就会显示 PayPal，两个付款方式可以同时显示，有 Active 标记的就是当前在使用的支付方式。我没有添加任何支付方式，如图 3-70 所示，因此就没有任何显示。你可以单击"添加付款方式"按钮来选择用信用卡或者 PayPal 支付。需要提醒的是，这里说的用信用卡或 PayPal 支付，是你支付 Shopify 独立站套餐的方式，而不是你的客户在 Shopify 独立站的付款方式，你不要把两者混淆了。

图 3-70

（2）账单，如图 3-71 所示，包括下面 4 种账单。

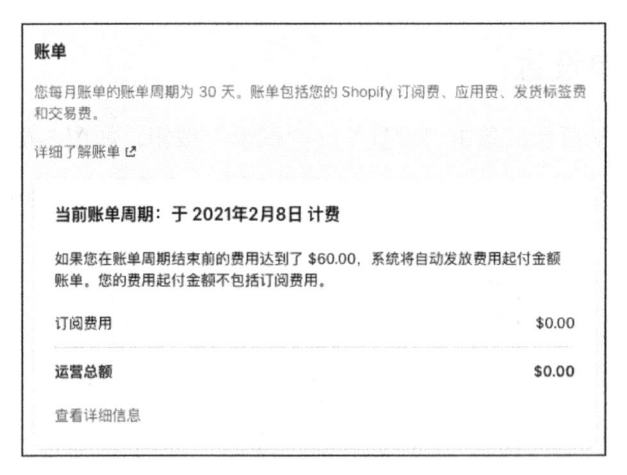

图 3-71

Shopify 订阅费：Shopify 订阅费就是 Shopify 独立站套餐，每月分别为 29、79 或 299 美元。

应用费：应用费指的是使用 Shopify App 或者应用的费用。需要提醒的是，如果你试用了一些App，但是忘记删除它们，不管有没有继续使用，只要把它们安装在Shopify后台，就会一直被扣钱。所以，你一定要及时删除不用的App，防止不必要的损失。

发货标签费：发货标签费只对通过Shopify Shipping，也就是通过Shopify独立站购买发货标签的用户收取，中国卖家一般用不到。

交易费：按照你选择的Shopify独立站套餐或月租方案，Shopify系统会帮你计算出过去30天的总销售额，然后乘以对应的交易手续费率，就是你要缴纳的费用总额。在过去30天产生的退款订单，不会计算进总销售额中，也就是说对于退款的订单不用缴纳交易手续费。

（3）财务概述，如图3-72所示。你可以在这里看到所有与Shopify独立站有关的扣款，如果发现异样的款项，那么一定要第一时间联系Shopify官方客服核对。

图3-72

3.2.13 规则设置

登录Shopify后台，单击"设置"→"规则"按钮，如图3-73所示。然后，会打开如图3-74、图3-76～图3-78所示的页面。这些图在一个页面中，为了便于讲解，分别截图。

（1）退款政策，如图3-74所示。你可以单击"从模板创建"按钮，填写退款政策。

这时，你可以看到空白文本框中出现了文字，如图3-75所示，这是Shopify系统自动生成的退款政策模板。请注意：这个模板中的邮箱调取的是你在注册Shopify独立站账户时填写的邮箱，你需要把它修改为你的客服邮箱。另外，你可以自行修改模板中的很多内容，比如，模板默认的退款限期为 30 天，你可以修改为 60 天或者其他符合目标市场习惯的天数等。

图 3-73

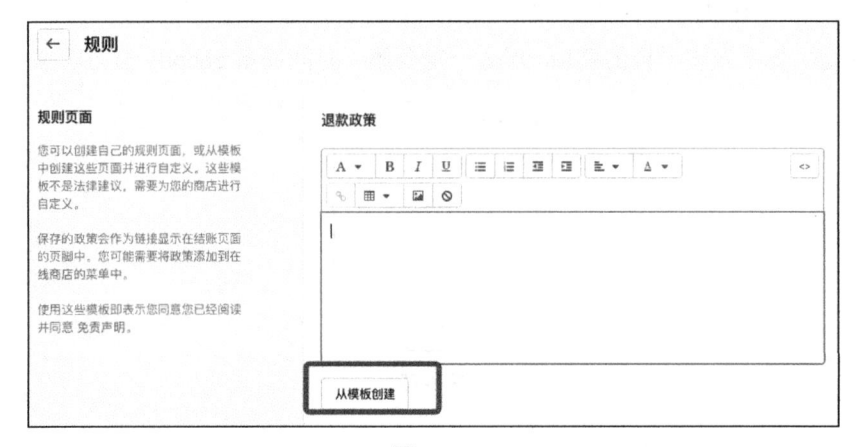

图 3-74

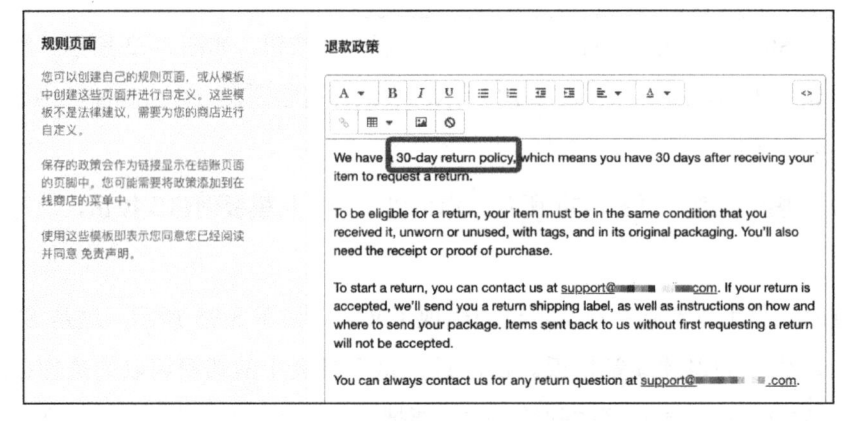

图 3-75

（2）隐私政策，如图 3-76 所示。同样，可以单击"从模板创建"按钮填写隐私政策。需要提醒的是，如果看到"[[INSERT ××××××××]]"字样，那么表示你可以插入你自己的隐私条款内容，如果你没有要补充的，那么可以直接删除这些内容。

图 3-76

（3）服务条款，如图 3-77 所示。同样也可以从模板创建，这个条款基本没有需要修改的内容。

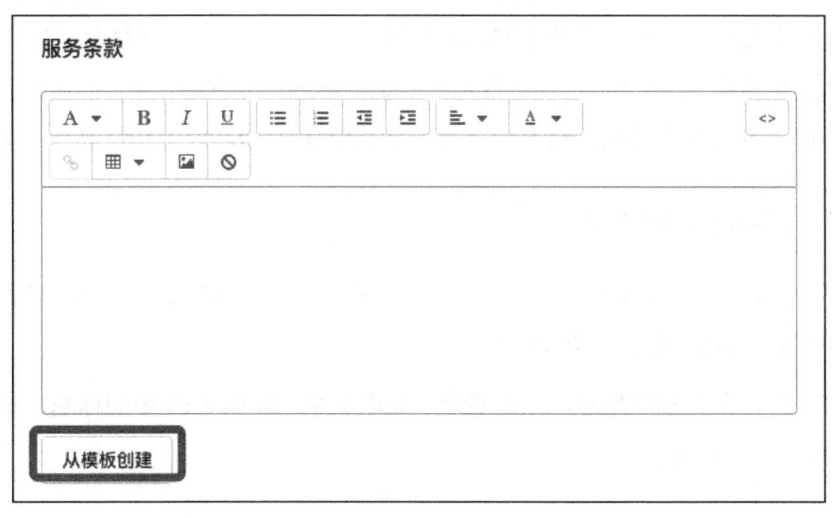

图 3-77

（4）物流政策，如图 3-78 所示。物流政策没有模板可以使用，我建议你先借鉴竞争对手或者一些知名品牌独立站的物流政策来制定自己的。需要提醒的是，不管采用哪种方式，我都建议你根据自身情况进行修改。注意：一定要修改，不能照搬。

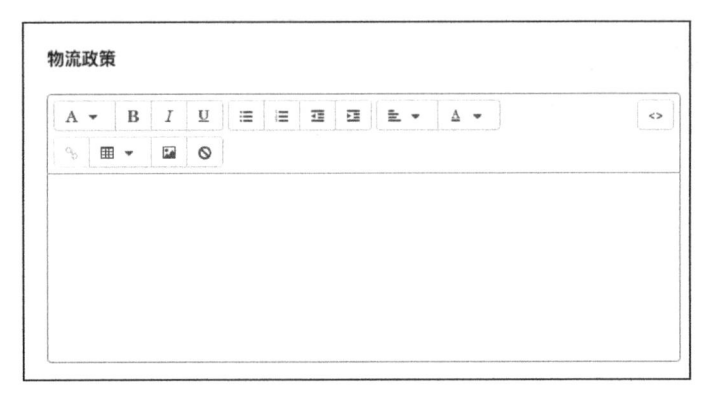

图 3-78

3.3 产品上架

对于 Shopify 独立站运营来说，选品既是重心，又是难点，在第 6 章中会专门讲解，这里只讲解上架产品的设置，但是我发现越简单的内容往往越容易出错。特别是很多做惯了平台运营的卖家，想当然地把平台上架产品的方式，往 Shopify 独立站上生搬硬套，殊不知往往适得其反，因为 Shopify 独立站和平台的运营方法完全不一样。下面分别详细介绍手动上架产品和用插件 Oberlo 上架产品两个方式。

3.3.1 手动上架产品

第一步，登录 Shopify 后台，单击"产品"→"所有产品"按钮，然后单击"添加产品"按钮，如图 3-79 所示。

第二步，在上架产品时，首先要给产品取名字，即图 3-80 中的标题，然后要填写对这个产品的描述。

图 3-79

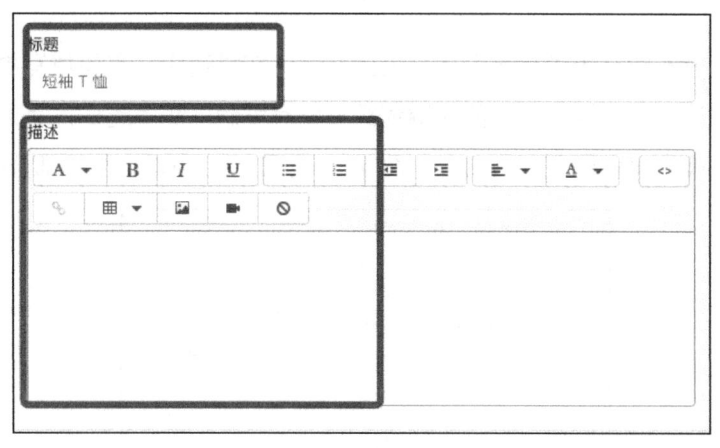

图 3-80

需要注意的是，在做 Shopify 独立站运营时，要把产品的一两个核心关键词体现在标题和描述中，这样有益于搜索引擎优化。我推荐新卖家先用 Google Keyword Planner 研究关键词。除此之外，标题也需要体现出产品的最大特色或者卖点，同样最好写一两点，不能写太多点，也不能写得太平庸。

另外，还要控制标题的长度，尤其是用一件代发模式的卖家，切记不要直接"搬运"亚马逊和速卖通等平台的产品标题放到 Shopify 独立站上。平台店铺的运营方法和独立站运营完全不一样。简单来说，Shopify 独立站的标题需要精炼、简短，如图 3-81 所示。

图 3-81

同时，也不能直接"搬运"平台上的描述。在描述中，需要填写更多的相关关键词。与标题不一样，描述的关键词数量没有限制，越多越好，目的是提高该产品落地页被搜索引擎发现的机会。图 3-82 是图 3-81 中雪地靴的部分描述。

图 3-82

除此之外，你还可以插入一些增强信任感的图标、安全认证等，如图 3-83 所示。Guaranteed safe checkout 是保证安全支付的图标。

需要提醒的是，标题和描述编辑好之后，一定要在手机端反复预览，确认客户看到的实际效果。因为在 Shopify 独立站购物的客户大部分都是在手机端完成的，所以手机端的用户体验非常重要。

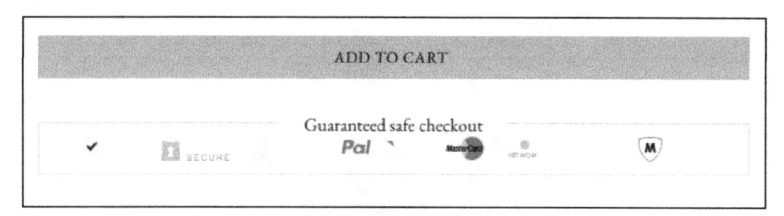

图 3-83

第三步，上传产品图片。在"媒体"选区单击"添加文件"按钮可以上传本地制作好的产品图片，如图 3-84 所示。

需要强调的是，一定要给每张图片添加替代文本（ALT），帮助搜索引擎优化，如图 3-85 所示。

图 3-84

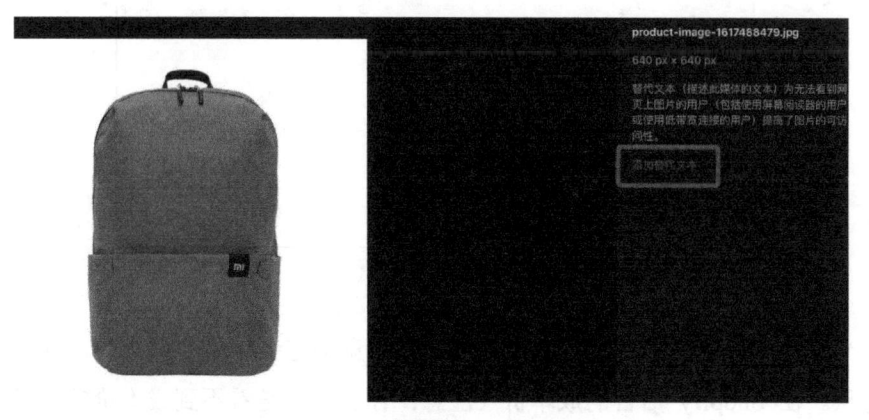

图 3-85

还有一个注意事项，就是在图片上不要出现其他品牌或者店铺名。有些卖家直接"搬运"平台上的产品图片。图片是有著作权的，不能使用别人的 Logo，新卖家一定要注意这点，如图 3-86 所示。

图 3-86

另外，上传的产品图片最好是 jpg 格式的，jpg 格式和高质量的图片给客户的体验更好。单张图片文件的大小建议控制在 50KB 以内，数量控制在 10 张以内。我推荐一个图片无损压缩的工具——TinyPNG。

第四步，设置产品定价。如图 3-87 所示，在一般情况下，我建议成本价是价格的 1/3，原价（打折前的价格）是销售价格（打折价，即图中的价格）的 1.5 倍，不收税。也就是说，如果某个产品的成本价是 5 美元（自身成本加上物流费），那么价格（打折价）就定为 15 美元，原价就定为 22.5 美元，并且不收税。

图 3-87

当然，产品价格需要考虑各种因素，比如竞争态势、推广成本等，你需要综合考量。在 Shopify 后台的成本价（注意：你的客户是看不到成本价的，只有在 Shopify 后台才看得到）中，你可以填写产品自身成本和物流费之和，比如产品自身成本为 5 美元，物流费为 5 美元，那么这里就填写 10 美元。说明一下：成本价不是必填，也就是说可以不填。如果填了成本价，那么好处是 Shopify 后台会自动计算这个产品的利润率和利润分别是多少。

需要提醒的是，很多新卖家在用 Facebook 广告引流时，就在广告中说产品打 3 折或者打 1 折等过大力度的折扣。由于 Facebook 广告政策总体上来说在收紧，该广告很可能被 Facebook 判定为欺诈客户的广告，导致广告账户和商务管理平台（BM）账户被封号。

第五步，设置库存，如图 3-88 所示。只需要在"数量"选区的"可用"文本框中填写一个数即可，我一般填写 1000 或者 10 000，原则上只要比 0 大的整数都可以，这样 Shopify 系统才知道这个产品是有库存的。

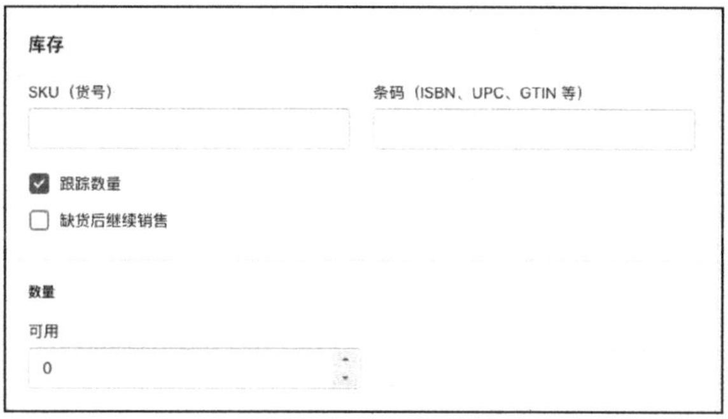

图 3-88

第六步，设置发货，如图 3-89 所示。这个板块基本不用改动和填写。这里需要提醒的是，建议不写"重量"文本框的内容，把运费设置为根据订单金额收取运费的效果更好。关于运费的设置详见 3.2 节。

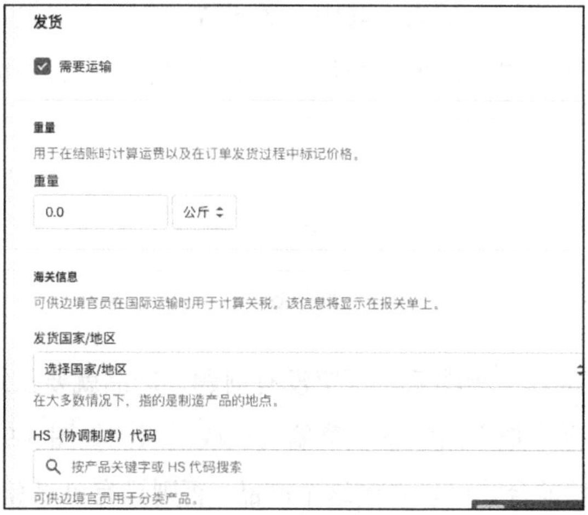

图 3-89

第七步，设置多属性，如图 3-90 所示。一旦勾选了"此产品有多个选项，例如不同的尺寸或颜色"复选框，那么 Shopify 系统就会要求你填写具体的选项，可以是 Size（尺寸）、Color（颜色），还可以是自定义的任意选项。比如，对于一款大理石纹路的 iPhone 手机壳来说，你就可以把 iPhone 12、iPhone 11、iPhone XR 等型号设置为选项。

图 3-90

第八步，搜索引擎优化，如图 3-91 所示。单击"编辑网站搜索引擎优化"按钮后，就可以看到系统要求再次填写产品标题和描述，与上面的产品标题和描述不同的是，这里的标题和描述有了字数限制，并且这里出现的内容会是这个产品落地页在搜索引擎排名中的内容。有以下两种方式填写这个内容：一种是把上面的产品标题和描述"搬运"过来，其中，关于描述部分，只摘取文字并且把字数精简到限制的 320 个字以内；另一种是可以通过安装搜索引擎优化插件填写。

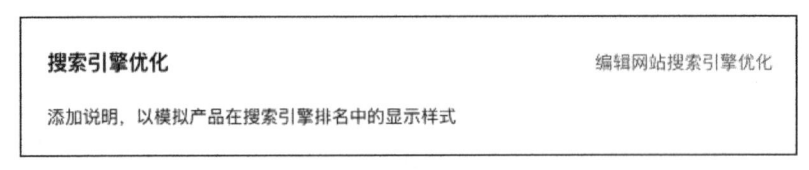

图 3-91

第九步，在完成以上步骤后，预览没有问题，产品就要正式上架了。你需要在"产品状态"选区中把产品状态从草稿切换成活跃，如图 3-92 所示。这样，客户在 Shopify 独立站前台才可以看到这个产品，否则只有可以登录 Shopify 后台的人（卖家自己）才能看到这个产品。

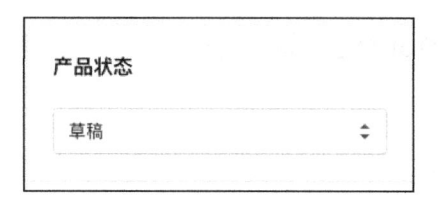

图 3-92

最后，介绍一下批量上传产品的操作。一种是复制，在某个产品编辑页面的右上角单击"复制"按钮，如图 3-93 所示。这种复制方式非常适合同类产品的批量上传，只需要简单改动就可以。

图 3-93

另一种是单击"产品"选区的"导入"和"导出"按钮，如图 3-94 所示。"导入"按钮目前只支持批量上传 CSV 格式的文件。简单来说，如果想把 Shopify 独立站 1 的产品复制到 Shopify 独立站 2，那么可以先把 Shopify 独立站 1 的产品全部导出为 CSV 格式的文件，然后再在 Shopify 独立站 2 中将从 Shopify 独立站 1 中导出的 CSV 格式的文件导入。

图 3-94

3.3.2 用插件 Oberlo 上架产品

首先，要给 Shopify 独立站安装插件 Oberlo。登录 Shopify 后台，单击"应用"→"请访问 Shopify 应用商店"按钮，如图 3-95 所示。

图 3-95

在新打开的页面的搜索框中输入"Oberlo"，单击搜索按钮，如图 3-96 所示。

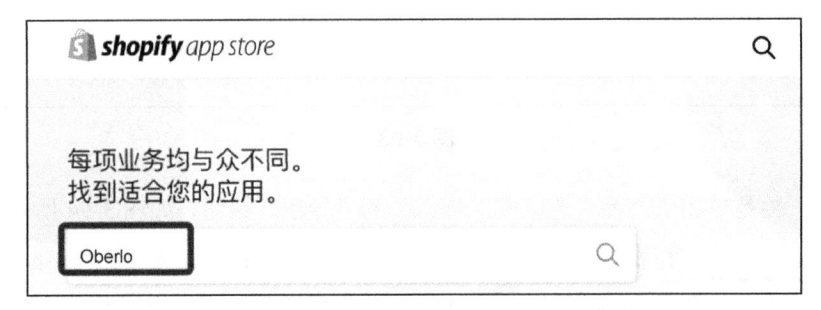

图 3-96

在搜索结果中单击如图 3-97 所示的图标。

图 3-97

单击"Add app"按钮，如图 3-98 所示，即把这个插件装在你的 Shopify 独立站中。

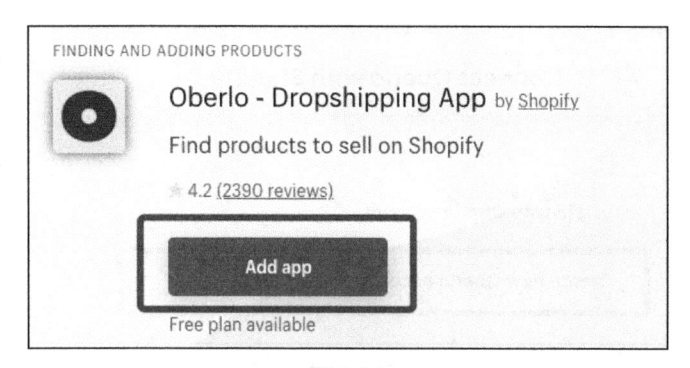

图 3-98

这时，打开 Shopify 后台安装插件的确认页面，下拉页面找到"安装应用"按钮，单击这个按钮，如图 3-99 所示。

图 3-99

Oberlo 要求用已有账户登录或者创建一个账户。下面以创建新账户为例，单击图 3-100 中方框所示的按钮。

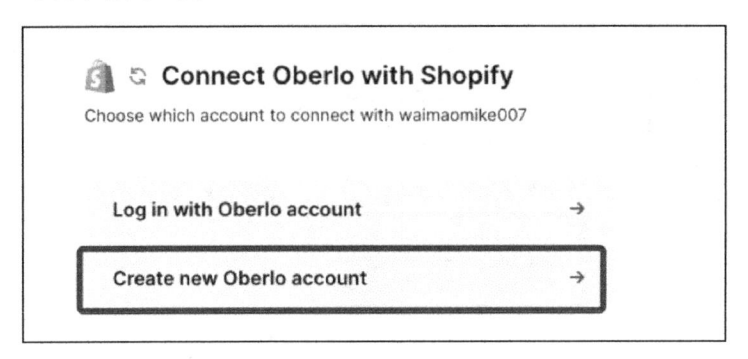

图 3-100

新创建 Oberlo 账户需要输入一个邮箱地址和密码。需要提醒的是，密码至少需要 8 个字符并且有 1 个字符是数字，然后单击"CREATE FREE ACCOUNT"（创建免费账户）按钮，如图 3-101 所示。这里的账户和密码最好也单独记录下来。

图 3-101

然后，会出现图 3-102 所示的一些问题。你可以按照图中所示的选项来选择，也可以根据自身情况来选择，还可以单击"SKIP"（跳过）按钮跳过这些问题，不论怎么选择，最后都需要单击"ENTER OBERLO"（进入 Oberlo）按钮。

图 3-102

最后，如果你看到如图 3-103 所示的页面，就可以开始使用 Oberlo 了。

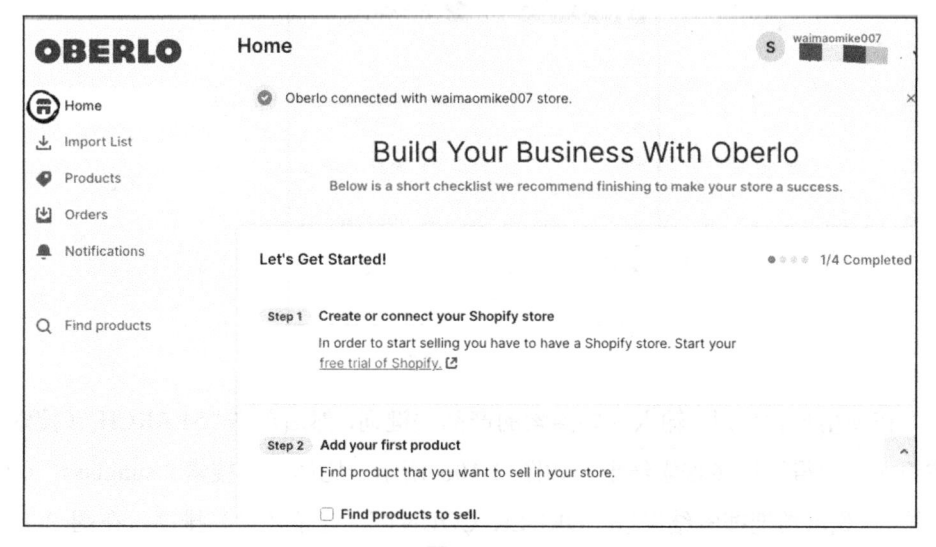

图 3-103

另外，需要提醒的是，你可以看到如图 3-104 所示的"A Quick Overview"（快速导览）板块，这里都是 Oberlo 官方制作的 Oberlo 使用教程，你可以看一看，不过这些视频都是纯英文的。

图 3-104

上面演示了如何安装 Oberlo 插件，下面介绍如何用 Oberlo 上架产品，有以下两种方式。

1. 第一种方式

打开 Oberlo 的控制面板，单击"Find products"（寻找产品）按钮，如图 3-105 所示。

图 3-105

在使用搜索栏时，输入你要搜索的产品关键词，然后单击"SEARCH"（搜索）按钮，就会得到很多搜索结果，如图 3-106 所示。比如，我搜索"sunglass"（太阳镜）。我习惯把搜索结果按"ORDER COUNT"（订单数量）排序。在图 3-106 中，第一个搜索结果中的"☆☆☆☆☆（7931）"表示这个产品在速卖通上有 7931

条好评,"Imports 2489"表示有 2489 个 Shopify 独立站通过 Oberlo 把这个产品上架到自己的独立站中,"Orders 20733"表示这个产品通过 Oberlo 下单的数量有 20 733 个。

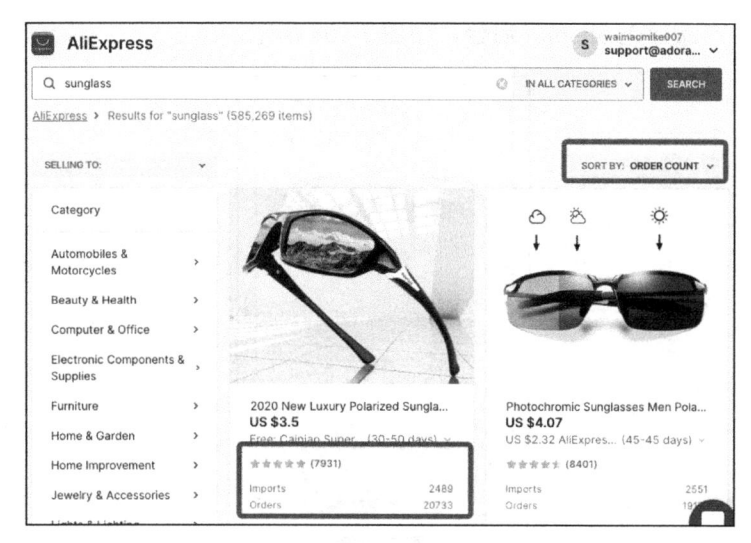

图 3-106

你可以在搜索结果中寻找自己满意的产品,我建议可以找五星好评、订单至少有 200 单以上、有高质量图片,并且有真实使用场景图片的产品。在找到要添加的产品后,将光标移到产品上,单击"ADD TO IMPORT LIST"(把产品添加到导入列表)按钮,如图 3-107 所示。

图 3-107

这时，这个产品就已经添加到你的 Oberlo 账户里了，但是需要导入 Shopify 独立站账户，于是你可以看到该产品页面出现了一个左上方有绿色小勾的对话框，并且下方有"EDIT ON IMPORT LIST"（在导入列表中编辑）按钮。单击这个按钮，把这个产品导入 Shopify 后台，如图 3-108 所示。

图 3-108

这时，Oberlo 就把速卖通上的这个产品的所有信息都抓取出来了，你可以在这里进行编辑，如图 3-109 所示。我建议先导入 Shopify 后台，单击"IMPORT TO STORE"（导入 Shopify 独立站）按钮，再在 Shopify 后台慢慢编辑，以防中途出现问题，如果页面内容没有保存，那么还要重新操作。

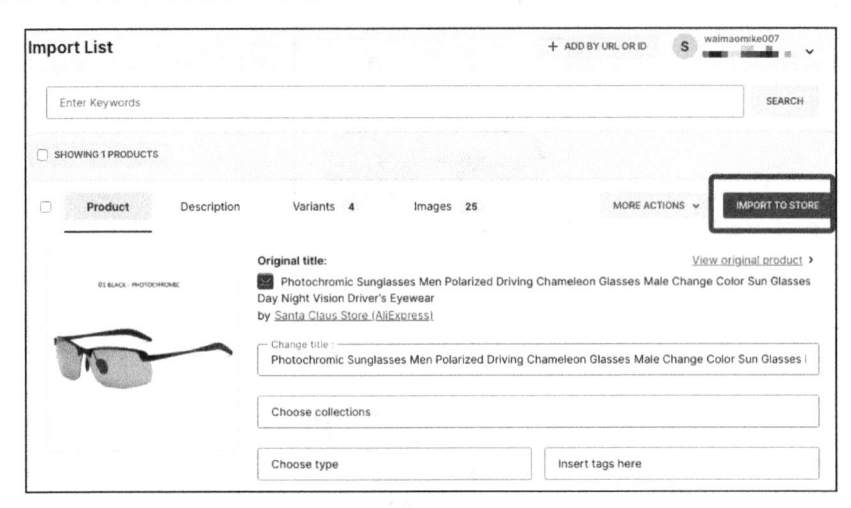

图 3-109

在产品导入后出现如图 3-110 所示的页面，单击"EDIT PRODUCT ON SHOPIFY"（在 Shopify 后台编辑产品）按钮。

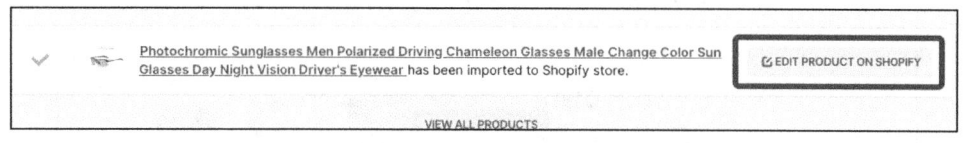

图 3-110

在页面跳转以后，你可以发现这个产品已经出现在 Shopify 后台，并且和手动上架产品的页面一样。这时，你可以参考手动上架产品的原则，对该产品的各个部分进行相应的编辑，如图 3-111 所示。

图 3-111

需要提醒的是，在编辑好这个产品之前，你可以先把产品状态切换为草稿状态，等编辑和预览都没有问题后，再切换成活跃状态。

2. 第二种方式

在电脑上访问速卖通的官网，如图 3-112 所示。

搜索要找的产品，以 backpack（背包）为例，如图 3-113 所示。我习惯按照 Orders（订单销量）对搜索结果排序，道理和上面类似，优先考虑有一定销量并且评价在 4.6 分以上的产品。

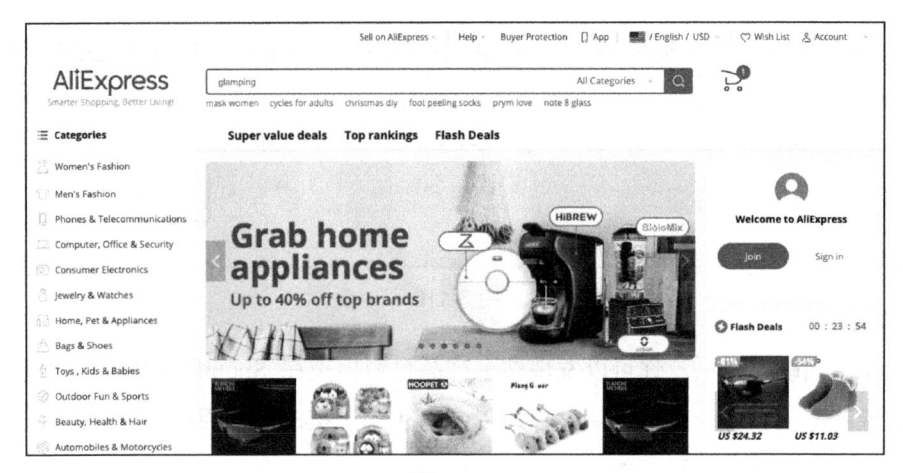

图 3-112

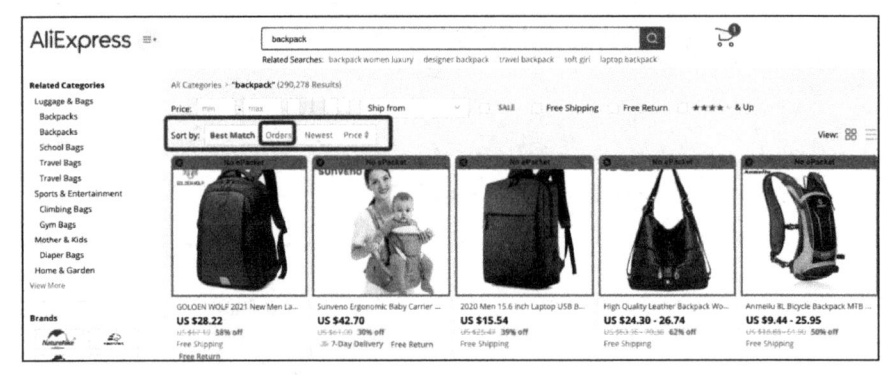

图 3-113

找到比较满意的产品,然后把光标放到该产品的图标上,这时会出现"ADD TO OBERLO"(添加到 Oberlo 账户)按钮,单击这个按钮,如图 3-114 所示。

图 3-114

Shopify 后台的设置 / 第 3 章

这时，你的电脑屏幕右侧会出现如图 3-115 所示的页面，如果出现绿色小勾，那么代表产品已经被导入 Oberlo 账户了。单击"OPEN IMPORT LIST"（打开导入列表）按钮，就可以打开 Oberlo 的导入页面。

图 3-115

这时，又出现了在第一种方式中出现过的页面，仍然单击"IMPORT TO STORE"按钮，把这个产品从 Oberlo 账户导入 Shopify 独立站账户，如图 3-116 所示。

图 3-116

在如图 3-117 所示的页面中，单击"EDIT PRODUCT ON SHOPIFY"按钮，然后去 Shopify 后台编辑这个产品的页面。

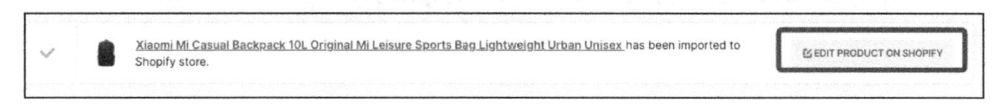

图 3-117

同样，你会看到这个产品也被导入 Shopify 独立站账户了，你需要对该产品进行编辑。需要提醒的是，在没有编辑好之前，要把产品状态切换为草稿状态，如图 3-118 所示。

图 3-118

3.4 折扣设置

与平台不同，Shopify 独立站的折扣完全由卖家决定，包括什么时候给折扣、给谁折扣、给多少折扣等。

充分合理地利用折扣，对 Shopify 独立站的卖家来说非常重要。折扣是和 Shopify 独立站的购物转化紧密相关的，在设计好 Shopify 独立站不同阶段的转化目标之后，就要合理地使用折扣来刺激客户，尽量让 Shopify 独立站的流量变成订单。在使用折扣的时候，你要注意在使用过程中的用户体验，以及可能造成潜在损失和客户取消订单的"坑"。

Shopify 独立站的折扣分为折扣码和自动折扣两种，下面分别介绍。

3.4.1 折扣码

首先，登录 Shopify 后台，单击"折扣"按钮，如图 3-119 所示。

然后，在"折扣码"选项卡中，单击"创建折扣代码"按钮，如图 3-120 所示。

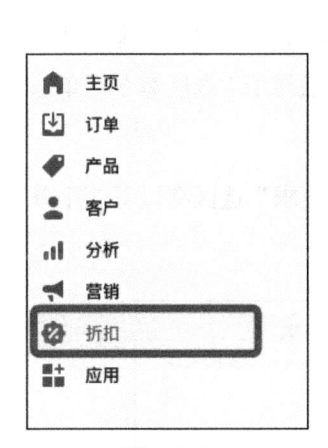

图 3-119

图 3-120

最后，进入创建折扣代码的页面，如图 3-121～图 3-125 所示。这些图在一个页面中，为了便于讲解，分别截图。

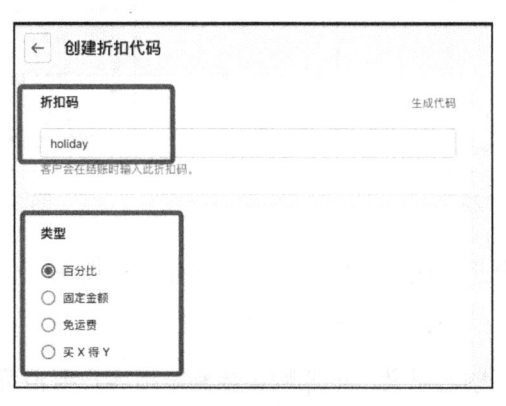

图 3-121

（1）折扣码和类型，如图 3-121 所示。你的客户能看到这里设置的折扣码，并且在结账时需要手动输入。这个折扣码要尽量设置得简单、好记，比如，你在目标市场的节假日做促销活动，给老客户发邮件宣传这个活动，就可以把折扣码写入邮件中。假设折扣码是"holiday"，那么客户需要在结账时手动输入"holiday"，订单才会进行折扣计算，否则就没有任何折扣。我做过很多不同的折扣码活动，认为最简单、最好操作的折扣类型就是百分比折扣。当然，你也可以尝试使用其他类型的折扣。

（2）值和适用于，如图 3-122 所示。如果选择的"类型"是"百分比"，那么在"折扣额"文本框中，你需要对打多少折进行设置。如果填写 10%，那么就是打九折，如果填写 20%，那么就是打八折，以此类推。"适用于"选区有 3 个单选按钮，你可以根据需要选择其一。

（3）最低要求和客户资格，如图 3-123 所示。"最低要求"选区有以下 3 个单选按钮。

图 3-122

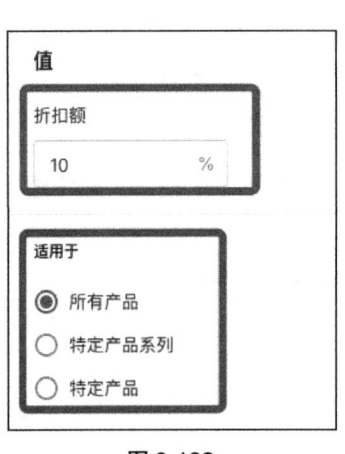

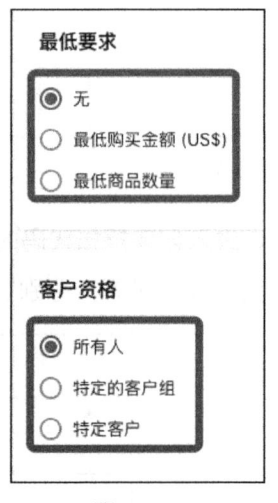

图 3-123

无：无是指没有折扣码使用的金额或者产品数量要求，也就是说不管客户买哪个产品或者买几个产品都可以使用这个折扣码。

最低购买金额：顾名思义，最低购买金额是指客户要消费多少钱才有资格使用这个折扣码。

最低商品数量：最低商品数量是指客户要买多少个达到要求的商品，才有资格使用这个折扣码。

在"客户资格"选区中也有3个单选按钮，除了"所有人"单选按钮，其他两个单选按钮都需要单独设置。

（4）使用限制和生效日期，如图3-124所示。"使用限制"选区有两个复选框。一般来说，勾选"每位客户限使用一次"复选框。在"生效日期"选区中，你可以根据使用折扣码的实际情况来选择。

在保存设置之前，需要核对摘要有没有问题。如果没有问题，就单击"保存折扣码"按钮，这样这个折扣码才会生效，如图3-125所示。

图 3-124

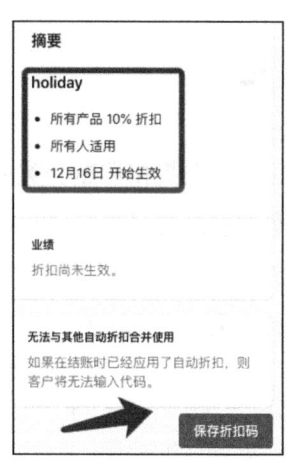

图 3-125

3.4.2 自动折扣

与折扣码不同的是，在设置了自动折扣之后，Shopify系统会依据设置的条件来判断要不要在Checkout页面（结账页面）给客户打折。只要满足设置的条件，系统就会自动打折。因此，与折扣码需要客户手动输入相比，自动折扣给客户的购物体验要好得多。我的总结是，自动折扣特别适合给第一次购买的客户使用。对于复购客户（老客户），我更推荐折扣码。

首先，在Shopify后台，单击"折扣"→"自动折扣"按钮，单击"创建自动折扣"按钮，如图3-126所示。这时，会打开如图3-127～图3-130所示的页面。这些图在一个页面中，为了便于讲解，分别截图。

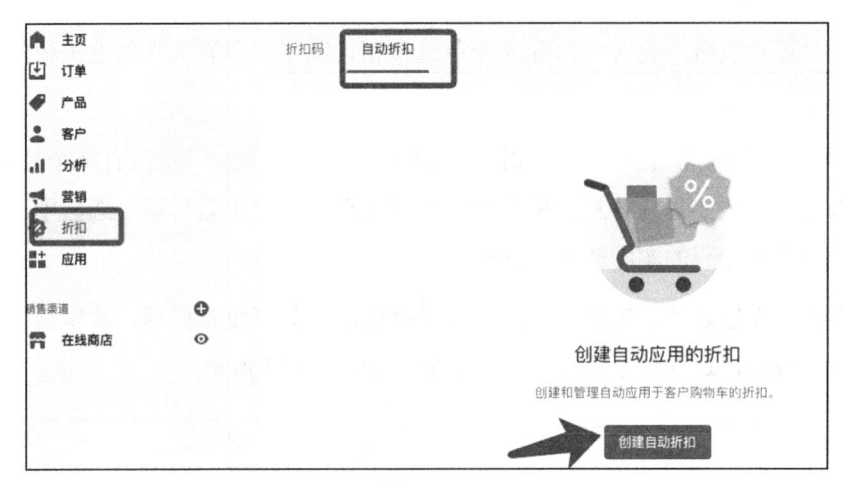

图 3-126

（1）自动折扣标题和类型，如图 3-127 所示。对于自动折扣来说，客户会在结账页面看到这里填写的标题，但是他们不需要手动输入折扣码。这里的标题要么全部大写，要么首字母大写，比如，HOLIDAY SALE 或者 Holiday Sale（假期打折）。"类型"选区有 3 个单选按钮，推荐选择简单、好实现的"百分比"。

图 3-127

（2）值和适用于，如图 3-128 所示。与折扣码一样，这里的值也填写数字，填写 30%，即打七折，然后选择适用于什么产品。我选择了特定产品，单击"浏览"按钮可以选择特定产品。你希望哪个产品享受这个自动折扣，就按如图 3-128 所示选择，表明购买你选中的特定产品的客户都可以享受七折优惠。

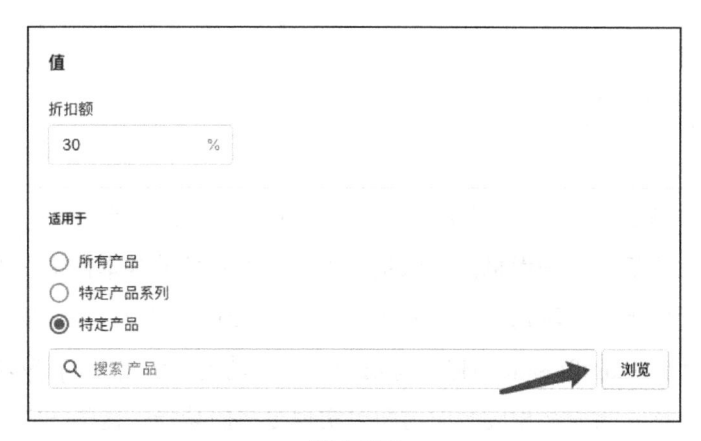

图 3-128

（3）最低要求和生效日期，如图 3-129 所示。如果有最低购买金额要求就填，如果没有最低购买金额要求就不填。对于我来说，自动折扣都要求购买金额至少达到 50 美元，你要计算一下能否承受这个折扣力度。生效日期同样要设置好。

需要核对摘要有没有问题。如果没有问题，就单击"保存折扣"按钮，如图 3-130 所示。这个自动折扣就设置好了。

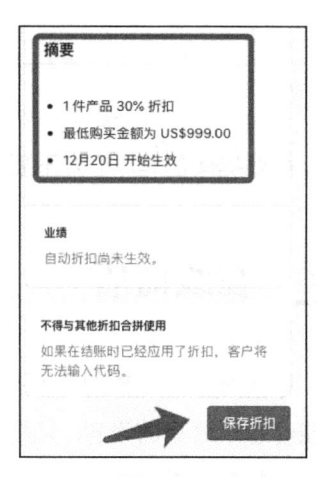

图 3-129   图 3-130

需要提醒的是，自动折扣是系统自己实现的。你一定要在正式发布前，多次检查是否有误，特别要注意检查最低购买金额和生效日期。如果你发现设置错了，但是有客户下单，那么你就要做出选择，要么正常发货，要么告诉客户缺货，让他取消订单，然后及时修改折扣设置。

3.5 应用设置

很多不熟悉 Shopify 独立站的卖家，不理解什么是 Shopify 应用。简单打个比方，你有一部手机，但是手机只能满足打电话、发短信的基本需求，如果你想用手机看新闻、刷视频、购物等，就要下载不同的 App。同样，在注册 Shopify 独立站账户之后，Shopify 独立站也只有基础的购物功能，但是 Shopify 独立站的兼容性非常好，你只需安装相应的应用即可实现更多的功能。这些 Shopify 应用和 Shopify 独立站提供的购物功能可以无缝融合。

登录 Shopify 后台，单击"应用"→"请访问 Shopify 应用商店"按钮即可查看 Shopify 独立站的所有应用，如图 3-131 所示。

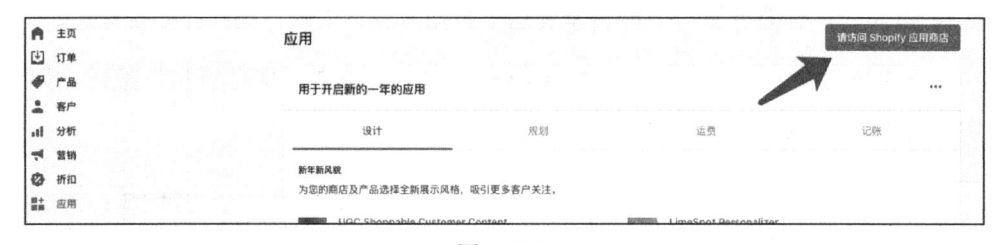

图 3-131

需要提醒的是，千万不要一次性安装过多的应用，否则影响页面的打开速度。

3.6 在线商店

在线商店这个板块也有很多重要的设置，比如，模板、域名等。很多新卖家可能会忽略这里的设置，只是奇怪为什么自己的 Shopify 独立站和别人的不一样。下面一起看一看。

3.6.1 模板

当注册了 Shopify 独立站账户后，你还有很多工作需要做，使用 Shopify 模板是其中非常重要的一项。我在刚开始做 Shopify 独立站运营的时候，苦恼了很长一段时间：哪个 Shopify 模板好用呢？一定要用付费模板吗？

（1）使用 Shopify 官方提供的免费模板或者付费模板。

首先，登录 Shopify 后台，单击"在线商店"→"模板"按钮，如图 3-132 所示。

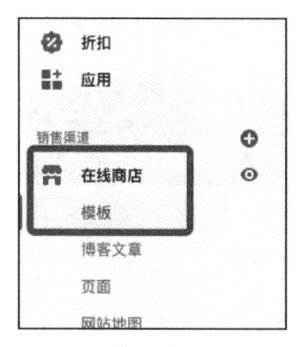

图 3-132

把打开的页面下拉到最下方，如图 3-133 所示。

图 3-133

如果单击"浏览免费模板"按钮，那么会打开如图 3-134 所示的页面，可以看到目前官方提供了 9 个免费的模板（图中只显示了 6 个）。我非常推荐新卖家使用"Debut"和"Brooklyn"。特别是 Brooklyn 模板，这是官方提供的免费模板中卖家使用数量最多的模板。

如果单击"访问模板商店"按钮，那么会打开 Shopify 官方的模板商店页面，单击目录中的"All themes"（所有模板）按钮，如图 3-135 所示，可以看到这里既有免费模板，又有付费模板。当然，付费模板的价格不菲，最便宜的也需要 160 美元。Prestige 是官方提供的付费模板中用户使用数量最多的模板，需要 180 美元。

图 3-134

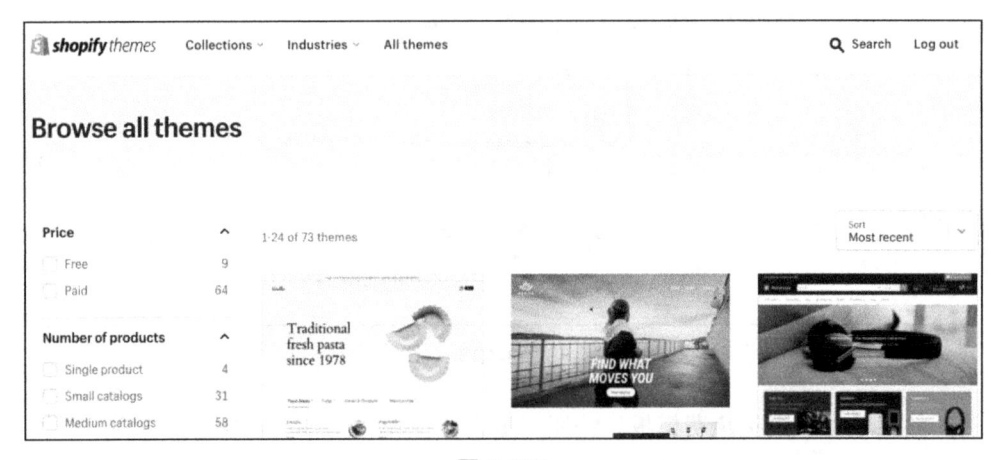

图 3-135

（2）使用第三方提供的模板，它们基本都是收费的模板。

其中，最知名的第三方模板提供方是主题森林，如图 3-136 所示。它的 Shopify 模板比 Shopify 官方提供的模板的价格便宜不少。进入它的网站后在顶部搜索框中输入"Shopify"进行搜索，就会看到所有的 Shopify 模板。

单击"Best sellers"（最畅销产品）按钮就可以看到安装量最多的几个模板，比如 Ella、Wokiee、Fastor，价格分别如图 3-137 所示。

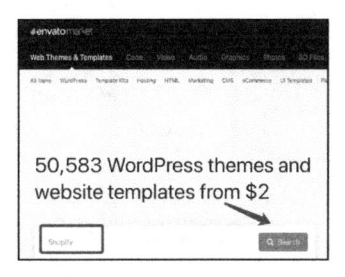

图 3-136 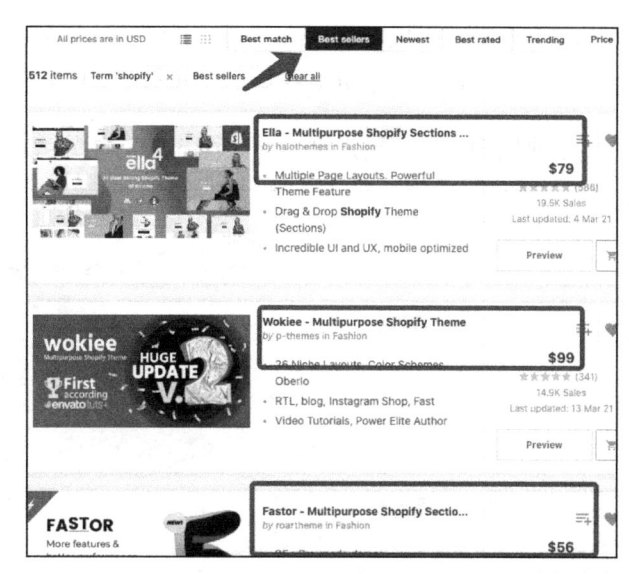　　　　　　　　　　　　　　图 3-137

需要提醒的是，你下载的第三方提供的模板是压缩文件，在压缩文件中会有很多与该模板有关的文件，例如 Documentation、Licensing 等不需要上传的文件。因此，首先需要解压缩，找到需要上传的模板文件，然后在 Shopify 后台上传。在模板上传成功后，默认为未激活的状态，需要单击模板对应的"Actions"（激活）按钮，在下拉菜单中选择"Publish"（发布）按钮来发布模板。

不管你通过什么渠道购买主题模板，在选择的过程中，以下几点需要特别注意。

（1）要从正规渠道购买，千万不要盲目地使用那些所谓的免费赠送的"付费模板"。模板本身的稳定性和安全性是最重要的，如果模板代码存在 Bug（漏洞），你找不到人修复，是根本没法用的。

（2）根据自己独立站的定位和产品类目等选择合适的模板，不要风格不搭，那样会看起来非常别扭，显得不够专业。

（3）不要在模板中添加过多的元素，那样会降低网站的打开速度，影响客户的购物体验。

（4）认真查看模板的购买评价，特别是优点、缺点，在全面权衡之后再决定是否购买。

（5）要考虑模板是否具有自适应性。因为购物越来越趋向于移动端化，独立站能否在不同型号的手机上完美展现是非常重要的。

下面以 Debut 模板为例，介绍图 3-138 中圈起来的这些按钮。

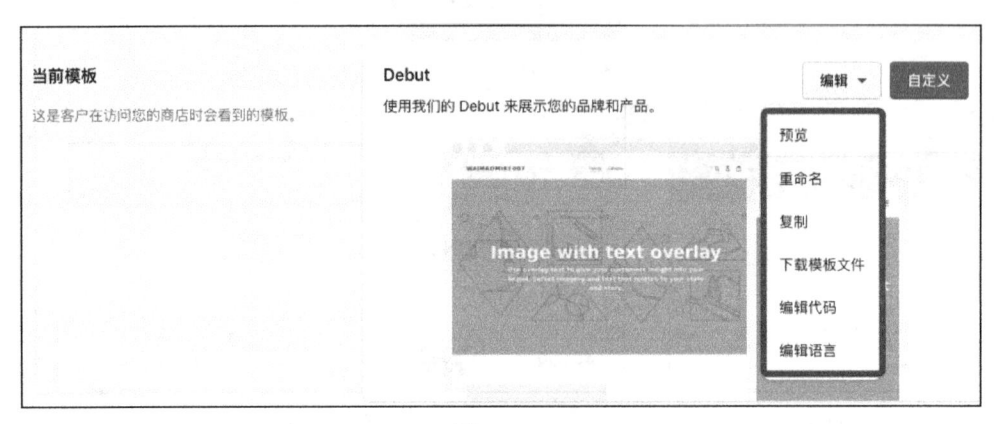

图 3-138

预览：单击这个按钮后，你可以在独立站前台预览 Debut 模板的显示效果，也就是在 Shopify 独立站前台访客看到的独立站的样子。

重命名：单击这个按钮后，你可以把这个模板名字从 Debut 改为任意名字。

复制：单击这个按钮后，你的 Shopify 后台会生成一个 Debut 主题的副本文件。这个按钮的作用通常是对你的 Shopify 独立站进行排版。在修改代码之前，你需要做一个当前模板的备份，如果出现问题，那么可以尽快地激活备份的模板文件使独立站恢复正常。

下载模板文件：单击这个按钮后，你可以快速地复制当前的 Shopify 独立站样式到你的 Shopify 独立站，以免重新设置。

编辑代码：所有对 Shopify 模板的代码修改都是单击这个按钮后进行的。建议在修改代码之前先使用复制功能备份，然后再进行修改，以免出现不必要的麻烦。另外，新卖家不要轻易尝试使用这个功能。

编辑语言：单击这个按钮后，你可以修改 Shopify 独立站的语言以及框架的文字内容。一个 Shopify 独立站的文字内容由两个部分组成，一个是你可以在 Shopify 后台直接添加和修改的，例如产品标题、描述、价格、页面内容等，另一个是你无法直接在 Shopify 后台直接修改的，如购物车按钮上的"Add to Cart"文字等。

最后，需要提醒的是，一个 Shopify 独立站一次性最多可以安装 20 个模板，即 1 个发布的模板和 19 个未发布的模板。所以，建议你多安装几个模板，都分别配置一下，然后选择最合适自己的模板来发布。

3.6.2 博客文章

目前，国内的 Shopify 独立站卖家，基本都不使用 Shopify 独立站中的博客功能。一个原因是 Shopify 独立站本身更适合卖货，而不是做博客，另一个原因是不擅长和不习惯写博客。

其实，对于欧美市场来说，写博客一直都是很好的引流方式之一，而且外国人也一直有看博客的习惯。在我看来，Shopify 独立站中最直接相关的博客内容是产品 Review（评论）。当然，Review 不是随便写的，是需要事先做好关键词调研的，并且字数至少在 1000 字以上，图文并茂，最好还有视频。另外，还需要研究和独立站产品密切相关的热门话题或者痛点，针对话题或者痛点来写博客。不管是产品 Review 还是话题博客，都必须在里面嵌入产品购买链接，以便客户在看了博客后可以直接购买。

怎么使用博客文章这个功能？先登录 Shopify 后台，单击"在线商店"→"博客文章"按钮，如图 3-139 所示。

图 3-139

然后，单击"创建博客文章"按钮，如图 3-140 所示。这时，会打开如图 3-141～图 3-145 所示的页面。这些图在一个页面中，为了便于讲解，分别截图。

图 3-140

（1）标题和内容，如图 3-141 所示。在新打开的页面中，输入你的博客文章的标题和内容（正文）。我建议你用 Word 先写好博客文章，然后再将其复制到文本框中。写标题和内容也与上传产品一样，需要研究关键词。

图 3-141

（2）摘录和搜索引擎优化，如图 3-142 所示。摘录其实就是博客文章的大纲或者中心思想，单击"添加摘录"按钮进行录入。搜索引擎优化和之前上传产品一样，对标题和描述都有字数限制。

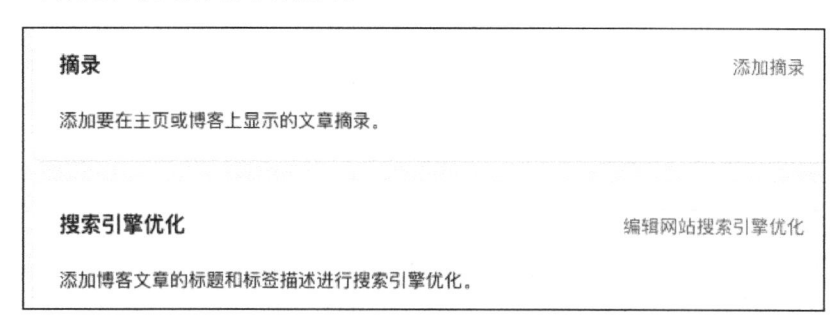

图 3-142

（3）可见性，如图 3-143 所示。可见性是指是否对独立站的访客公开，我建议在没有编辑好博客文章和预览确认前，要把博客文章的可见性设置为隐藏。

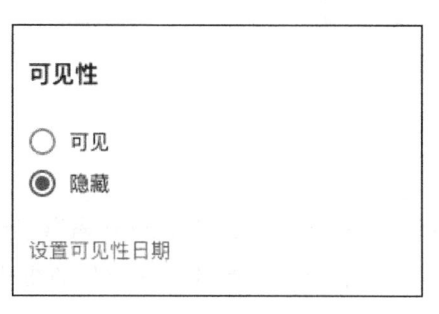

图 3-143

（4）配图，如图 3-144 所示。需要提前做好配图，然后单击"添加图片"按钮上传图片，同样建议用高质量和 jpg 格式的图片。还有一点必须说明，图片的内容要与博客文章强相关。

（5）组织，如图 3-145 所示。"作者"默认为 Shopify 独立站的注册人，可以换成任意的人名或者品牌名，在"博客"文本框中可以创建自己命名的新类别，"标签"文本框的内容也是可以任意写的。

最后，要记得单击右上方或下方的"保存"按钮来保存以上设置。

图 3-144　　　　　　　　　　　　　图 3-145

3.6.3　页面

在前面的章节中说过，与平台相比，独立站在赢得客户信任方面比较吃亏。独立站卖家需要做一些可以增加客户对独立站信任的事情，页面就是其中的一项。这里的页面指的是网站的 about us（关于我们）、contact us（联系我们）页面等。

1. 添加about us页面

登录 Shopify 后台，单击"在线商店"→"页面"按钮，如图 3-146 所示。

单击"添加页面"按钮，如图 3-147 所示。这时，会打开如图 3-148～图 3-151 所示的页面。这些图在一个页面中，为了便于讲解，分别截图。

（1）标题和内容，如图 3-148 所示。当然，内容需要提前用 Word 文档写好。可以根据自己的独立站的情况，选择纯文字类型、文字+图片类型、文字+视频类型等。我一般使用默认字体。

图 3-146

图 3-147

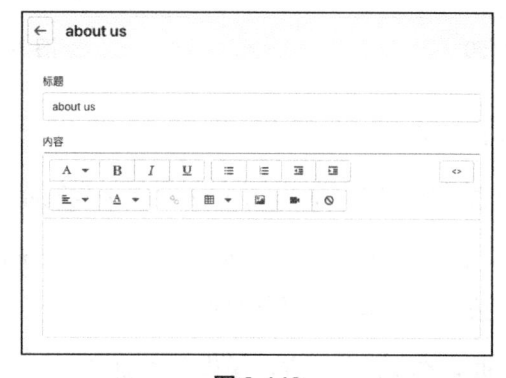

图 3-148

（2）搜索引擎优化，如图 3-149 所示。和所有搜索引擎优化的原则一样，先做好关键词调研，然后再填写。

图 3-149

（3）可见性，如图 3-150 所示。建议在编辑和预览没问题后再把可见性设置为可见，即访客在独立站前台可以看到页面。

（4）模板，如图 3-151 所示。"模板后缀"选择"page"。

图 3-150

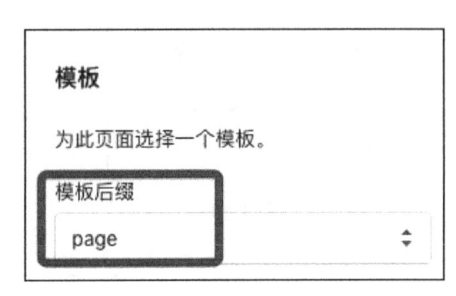

图 3-151

2. 添加 contact us 页面

如果客户遇到问题，那么可以从 contact us 页面中找到联系方式。

添加 contact us 页面与添加 about us 页面类似，登录 Shopify 后台，单击"在线商店"→"页面"按钮，再单击"添加页面"按钮。

输入 contact us 页面的标题和内容，操作和添加 about us 页面类似。在创建 contact us 页面时，要使用 Shopify 官方提供的供独立站访客联系你的表格，这个表格的设计很实用。独立站访客可以在这个表格中填写自己的邮箱、姓名和文字内容，Shopify 系统会直接把这些内容发送到你的客服邮箱。这个表格是通过选择模板后缀"page.contact"来实现的，如图 3-152 所示。

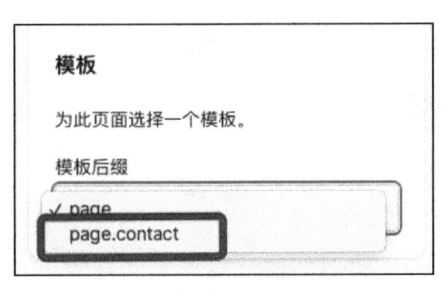

图 3-152

独立站访客看到的 contact us 页面如图 3-153 所示。

图 3-153

3.6.4 网站地图

在开始介绍如何设置网站地图之前,我觉得有必要让你先了解一下默认菜单。什么是默认菜单?Shopify 独立站拥有两个显示在每个页面上的默认菜单:主菜单和页脚菜单。

1. 主菜单

主菜单显示在 Shopify 独立站每个页面的最上方。一般来说,主菜单有两个默认的菜单项,如图 3-154 所示。

图 3-154

Home(主页):Shopify 独立站的主页。

Catalog(目录):所有产品的目录。

2. 页脚菜单

页脚菜单显示在网页的最下方。比如,Shipping Policy、FAQ 等。图 3-155 中的 Quick links 就可以包括 Shipping Policy、FAQ 等。

下面介绍如何设置网站地图。

首先，登录 Shopify 后台，单击"在线商店"→"网站地图"按钮，如图 3-156 所示。

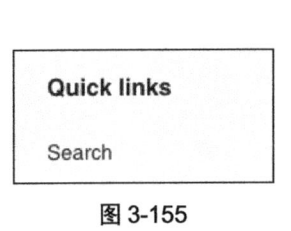

图 3-155

图 3-156

这时，你可以看到 Shopify 系统的默认菜单，如图 3-157 所示。Main menu 就是主菜单，Footer menu 就是页脚菜单。

图 3-157

然后，你需要让这个菜单看起来更专业、更值得客户信任，需要对其进行编辑。以 about us 和 contact us 页面为例，一般习惯把 contact us 页面放在主菜单中，把 about us 页面放在页脚菜单中。先介绍怎么放 contact us 页面：单击"Main menu"按钮后打开编辑页面，然后单击新页面中的"添加菜单项"按钮，如图 3-158 所示。

在对话弹窗中输入 contact us 页面的名称。需要注意：要么全部字母都大写，要么首字母大写，如图 3-159 所示。

图 3-158

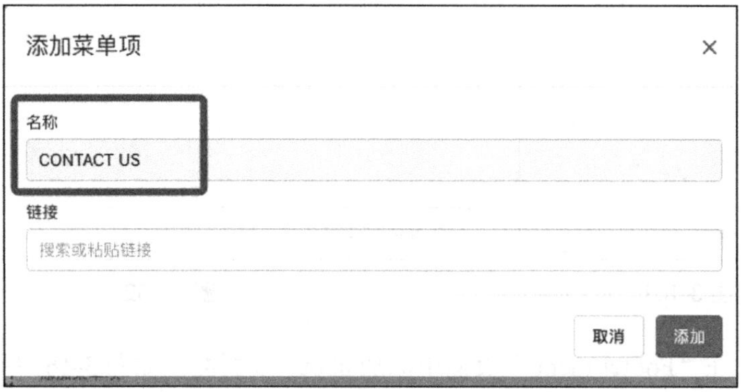

图 3-159

单击"链接"文本框，会出现如图 3-160 所示的按钮，选择"页面"按钮，并且找到已经创建好的 contact us 页面，然后单击"添加"按钮。

这时，你会发现"Main menu"页面中已经增加了一个菜单，即刚才添加的 contact us 页面，如图 3-161 所示。

这时，预览访客看到的首页效果，就会发现主菜单上增加了"CONTACT US"按钮，如图 3-162 所示。

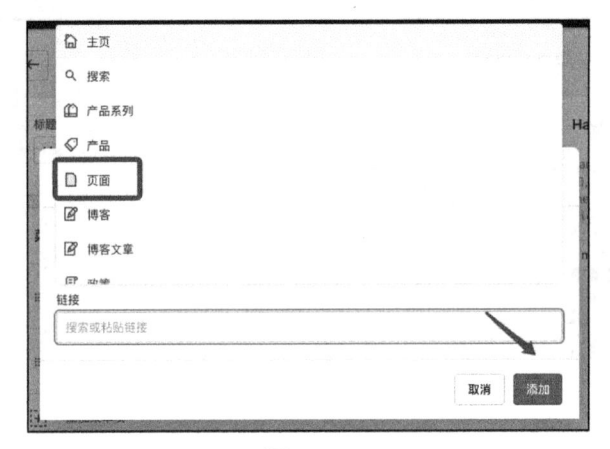

图 3-160

图 3-161

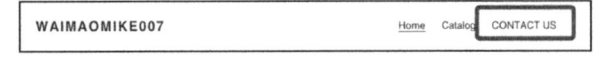

图 3-162

最后，在"Footer menu"页面中添加 about us 页面，如图 3-163 所示。

同样，在独立站首页预览一下效果，如图 3-164 所示。

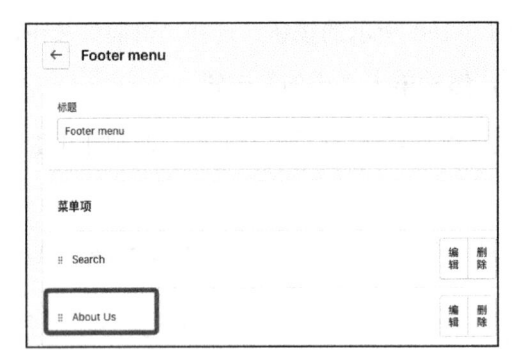

图 3-163

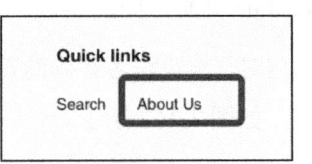

图 3-164

3.6.5 域名

用 Shopify 建独立站，Shopify 官方会免费送你一个二级域名，即你的商店名称。比如，我演示的这个独立站 waimaomike.myshopify.com，就是 Shopify 官方提供的免费二级域名。但是，不建议在独立站正式上线后使用这个二级域名，你需要自己购买一个一级域名，也就是独立站访客会看到的××.com。我的经验是一级域名首选.com，因为在大部分独立站盛行的国家和地区.com 域名是最主流的，也是使用得最广泛的。

下面简单介绍 Shopify 域名的购买方式。

1. 通过Shopify购买

首先，登录 Shopify 后台，单击"在线商店"→"域名"按钮，如图 3-165 所示。

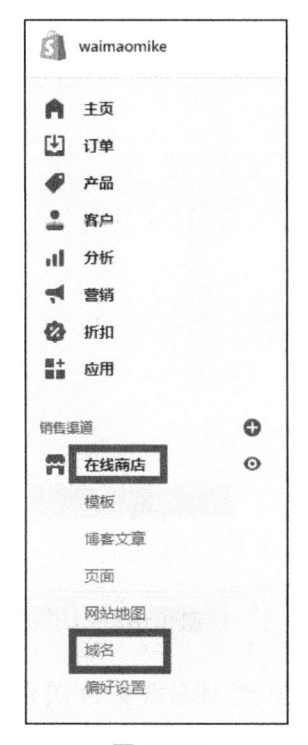

图 3-165

然后，在打开的"域名"页面中单击"购买新域名"按钮，如图 3-166 所示。

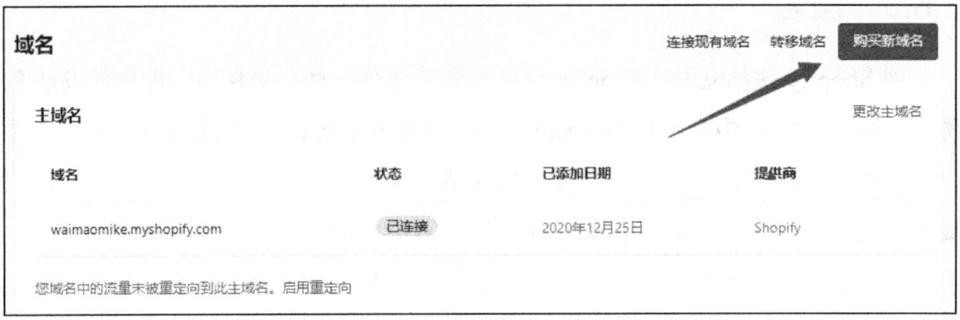

图 3-166

在跳转的页面中输入你想要客户看到的网站名字，比如我选的是独立站 mike，那么我就输入"dulizhanmike"，如图 3-167 所示，这时 Shopify 系统会自动根据域名报价。

图 3-167

可以看到，以 .com 结尾的一级域名需要 14 美元/年，然后单击"购买"按钮就进入这个域名的购买流程了。

通过 Shopify 购买一级域名的最大的优点是在域名注册成功之后，Shopify 系统会自动给该域名添加解析记录，将域名绑定到你的 Shopify 独立站上，你不用进行任何操作。缺点有两个：一个是域名的价格贵；另一个是 Shopify 本身不是域名提供商，它是先从域名提供商那里购买，然后再卖给你，一旦 Shopify 独立站关闭了，你的域名也就不能用了。

2. 通过阿里云等国内域名提供商购买

你可以用搜索引擎查找购买流程，非常简单。

3. 在GoDaddy或者Namecheap上购买

在 GoDaddy 或者 Namecheap 上购买域名比通过国内域名提供商购买更简单，价格更便宜。

购买 Shopify 域名的原则如下。

（1）简单、好记。最好使用 3 个单词以内的域名。比如，人们熟知的 facebook.com、qq.com 等。

（2）体现独立站的定位。域名最好让访客第一眼就知道你的独立站卖什么类型的产品，比如你的独立站是美妆店铺，域名可以是××makeup.com 或者××beauty.com 等。

（3）研究竞争对手。我一直强调不管是做垂直品类站、通用品站，还是做单品站，一定要找到竞争对手。你可以从他们的身上学到很多东西，也包括怎么给域名取名。你可以将行业前三的名字拆开，自己进行组合和联想，想出适合自己的域名。

最后，介绍一下 Shopify 域名如何绑定。凡是通过第三方购买的域名都需要自己来绑定。

登录 Shopify 后台，单击"在线商店"→"域名"按钮，如图 3-168 所示。

可以看到，Shopify 系统已经为你的独立站绑定了一个后缀为 myshopify.com 的二级域名，而且是目前的主域名，如图 3-169 所示。然后，单击"更改主域名"按钮。

在新打开的页面中单击"连接现有域名"按钮，如图 3-170 所示。

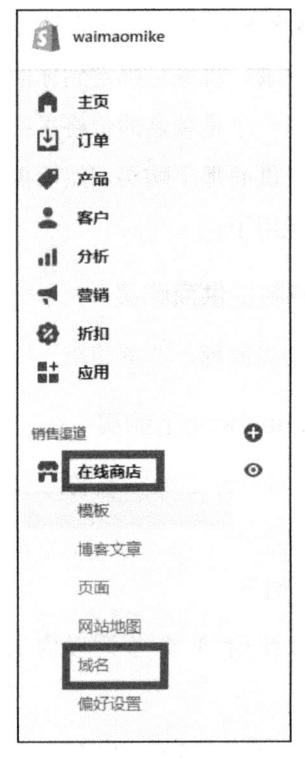

图 3-168

图 3-169

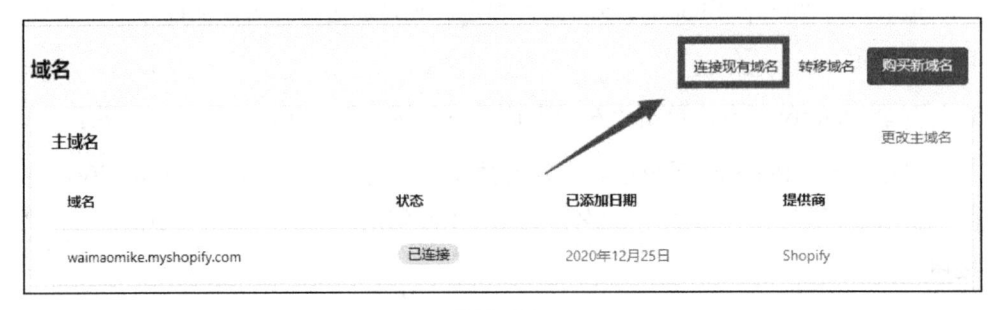

图 3-170

在"连接现有域名"页面输入在第三方购买的域名，然后单击"下一步"按钮，如图 3-171 所示。

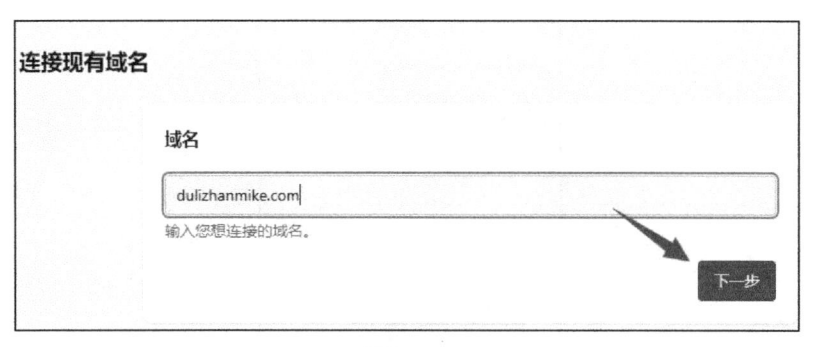

图 3-171

这时，Shopify 系统会提示是手动连接还是自动连接，一般都选自动连接（如果只有手动连接图标，没有自动连接图标，那么你就要去域名提供商后台，手动添加可以解析域名的记录），如图 3-172 所示。

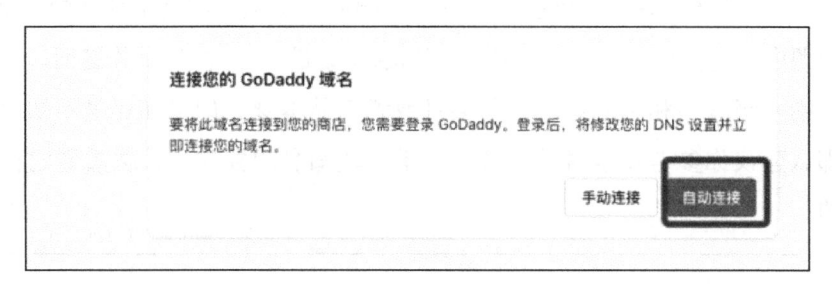

图 3-172

这时，页面会跳转到购买域名的第三方平台登录页面。在输入账户和密码后，第三方平台会自动对你购买的域名进行解析，单击"连接"按钮。

Shopify 后台自动配置刚才选择的第三方域名，并且自动将其设置为主域名，这样你购买的域名就绑定好了。

如果需要更改域名，那么按照上面的步骤操作，单击"更改主域名"按钮来设置。

3.6.6 偏好设置

首先，登录 Shopify 后台，单击"在线商店"→"偏好设置"按钮，如图 3-173

所示。这时，会打开如图 3-174～图 3-180 所示的页面。这些图在一个页面中，为了便于讲解，分别截图。

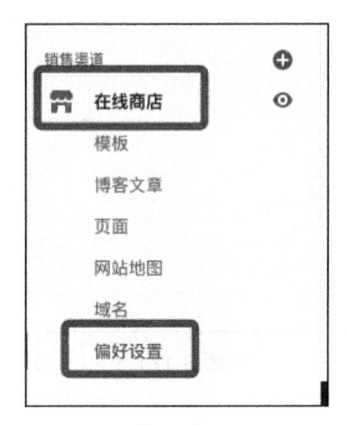

图 3-173

（1）标题和元描述，如图 3-174 所示。标题可以被理解成独立站在搜索引擎中的代号，元描述就是在搜索引擎中进一步解释这个独立站是干什么的。我的建议是标题中一定要包括购买的一级域名和独立站最核心的 1 个关键词，元描述则要包括一级域名和独立站的产品类目或者产品本身。如果你还是不知道怎么写，那么建议你参考竞争对手或者行业里比较知名的独立站，去看看它们是怎么写的。

图 3-174

（2）社交分享图片，如图 3-175 所示。这张图片是当 Shopify 独立站首页被分享到一些社交网站（比如 Facebook）上时要显示的图片。请注意：图片尺寸为 1200px×628px。

（3）Google Analytics，如图 3-176 所示。需要提前注册一个 Google 分析工具的账户，然后把 Google 分析工具中生成的代码复制下来粘贴到 "Google Analytics 账户" 文本框中。这样做的好处是借助 Google 分析工具来获取商店的数据，生成营销报告和更好地优化商店。

图 3-175

图 3-176

（4）Facebook Pixel，如图 3-177 所示。与 Google Analytics 类似，也需要提前注册一个 Facebook 广告账户，然后把生成的 Pixel ID 复制到 "Facebook Pixel ID" 文本框中。这样做的目的是更好地追踪通过 Facebook 广告进入商店的客户的各种数据，以便分析 Facebook 广告营销的效果。

图 3-177

（5）客户隐私，如图 3-178 所示。这里的两个选项可以根据你的目标市场酌情选择。

图 3-178

（6）密码保护，如图 3-179 所示。在一般情况下，建议你准备正式做 Shopify 独立站运营了，再选择 Shopify 独立站套餐的支付方式，继而取消独立站的访问密码。

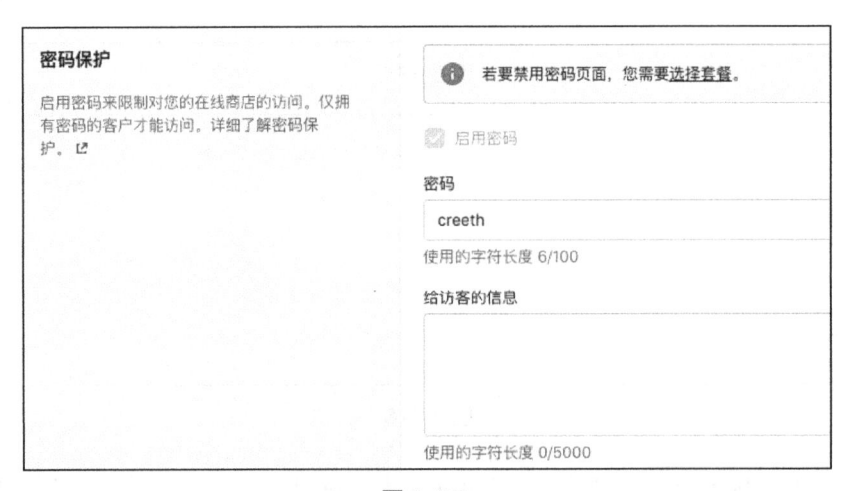

图 3-179

（7）垃圾邮件保护，如图 3-180 所示。对于新卖家和小卖家来说，独立站的流量很少，我建议不要勾选这个复选框。流量很大的卖家，可以考虑使用垃圾邮件保护功能。在勾选"在联系表上启用 Google reCAPTCHA"复选框后，系统会自动监测。如果系统认为访客有必要做验证，就会提供一些问题要访客回答，目的是鉴定访客是不是机器人。

图 3-180

第 4 章
Shopify 独立站的完善

经过前面几章的准备，Shopify 独立站已经初步建成了，这时的独立站就像毛坯房一样，没有自己的装修风格。你需要对它进一步装修完善，让它看起来别具一格，这就是本章会讲到的内容。

4.1 设计独立站的Logo

好的独立站 Logo 可以给客户留下深刻的印象，并且和竞争对手区别开。你看到的很棒的 Logo，其实都经过了更新换代。比如，苹果公司的 Logo 的变化过程如图 4-1 所示。

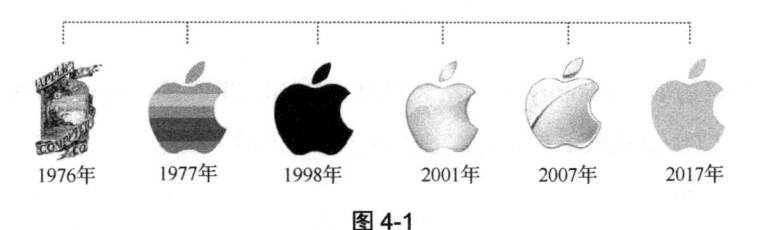

1976年　1977年　1998年　2001年　2007年　2017年

图 4-1

所以，你不要有太大的心理压力，不要觉得自己不懂设计就做不好 Logo。你要知道，并不是要去和苹果这样的公司较量，而是和很多中小卖家竞争，所以首先要打消设计 Logo 专业性要求太高，自己肯定做不好的念头。其次，可以找第三方来设计 Shopify 独立站的 Logo，只是很多时候找人设计的效果不一定好。所以，我更建议卖家自己设计 Shopify 独立站的 Logo。

4.1.1　设计 Logo 的原则

我在运营了几十个 Shopify 独立站后，总结出设计 Shopify 独立站 Logo 的两大原则。

（1）契合你的产品类目，找到行业规律。比如，你的独立站销售的是美妆类产品，那么需要参考同样也是美妆独立站的竞争对手的 Logo。当然，你也可以自己发挥想象力，但是如果你不是设计类专业毕业的，那么难度会非常大。赫赫有名的美妆 Shopify 独立站 COLOURPOP 的 Logo 如图 4-2 所示，Logo 的颜色是黑色，采用了比较随性、流行的字体。

图 4-2

同样知名的美妆 Shopify 独立站 KYLIE COSMETICS 的 Logo 全部采用黑色，只是字体和 COLOURPOP 的 Logo 完全不一样，采用了较粗、全大写的中规中矩的字体，如图 4-3 所示。

由此可见，如果你也要做美妆类目，那么你在设计 Logo 时可以参考的原则就是全部使用黑色文字，可以选择上面两类中的任意一个或者其他自己喜欢的字体。

图 4-3

（2）简单易懂，同时还能让客户印象深刻。

比如，Trysnow 的 Logo，左边是一个雪花，右边是白色英文单词 SNOW，很容易让客户联想到用了这家的产品之后牙齿像雪一样洁白，如图 4-4 所示。

图 4-4

再比如，美牙类 Shopify 独立站 GO SMILE，它的 Logo 是简单的英文词组 GO SMILE，使用蓝色文字，全用大写粗体。这个 Logo 给客户用了产品更愿意笑和不怕露出牙齿的心理暗示，如图 4-5 所示。

图 4-5

由此可见，如果你的独立站也准备销售美牙类产品，就可以参考上面两家独立站的 Logo，Trysnow 强调牙齿雪白，GO SMILE 强调笑容更灿烂，并且两个 Logo 的文字都很少，也很简单。

4.1.2 设计 Logo 的工具

有了设计 Logo 的原则,下面介绍如何设计,我推荐两个工具。

第一个是可以在线设计 Logo 的工具,比如,Shopify 官方推荐的 hatchful,它是一款从零基础开始构建视觉形象的免费应用程序。你只需要回答几个关于业务的问题,hatchful 就可以提供量身定制的推荐示例。从推荐示例中,你可以自定义品牌的颜色、字体,并下载所需的所有品牌素材,其中包括适用于所有社交媒体平台尺寸的图片。这个工具支持中文,下面演示一下整个流程。

第一步,单击"GET STARTED"(开始)按钮,如图 4-6 所示。

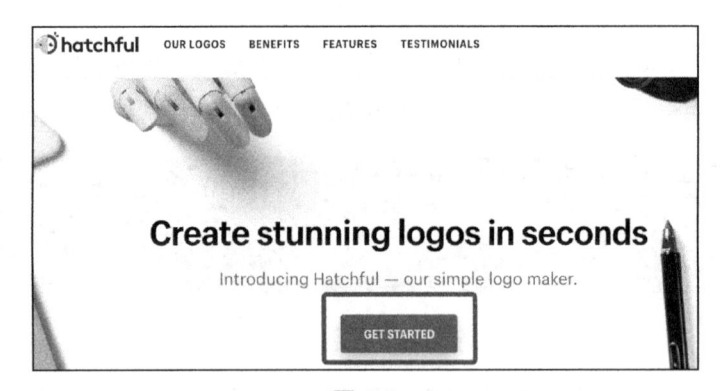

图 4-6

第二步,选择你的业务空间,假设你的独立站卖美妆类目的产品,你就选择"健康和美容"选项,单击"下一步"按钮,如图 4-7 所示。

图 4-7

第三步，选择一个你觉得契合独立站产品的视觉风格，比如你的独立站卖美妆类目的产品，你喜欢 KYLIE COSMETICS（美国"网红"Kylie Jenner 的彩妆品牌）的 Logo 风格，那么就选择"粗体"的风格来试试，如果设计出来的 Logo 你都不喜欢，那么你可以退回这步重新选择，如图 4-8 所示。

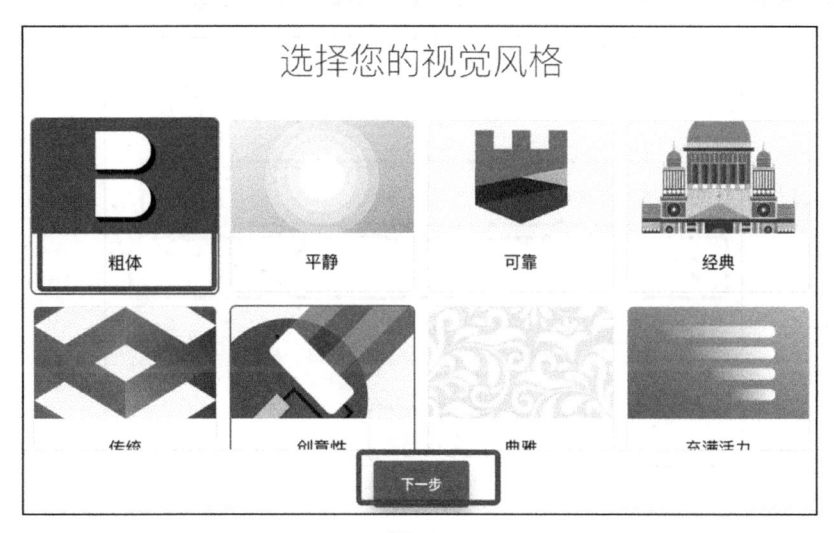

图 4-8

第四步，在"企业名称"文本框中输入你的 Shopify 独立站的名称。注意：这里的名称最好和你的一级域名一致或者是首字母缩写，抑或有部分重合。假设美妆独立站叫"rainbowmakeup"。我建议不知道怎么写"标语"文本框的内容就不写，然后单击"下一步"按钮，如图 4-9 所示。

图 4-9

第五步，做 Shopify 独立站运营，一般选择"在线商店或网站"和"社交媒体"两个选项就可以了，如图 4-10 所示，然后单击"下一步"按钮[①]。

第六步，这里就是网站给你自动设计出来的各种各样的 Logo，你可以选择一个觉得合适的，然后单击"下一步"按钮，如图 4-11 所示。

图 4-10

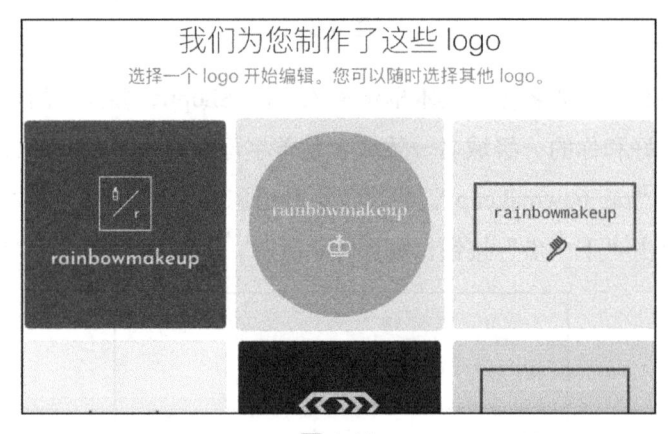

图 4-11

第七步，如图 4-12 所示，你可以对第六步选好的 Logo 进行修改，可以修改名称、字体和颜色，直到修改到满意为止，就可以单击"下一步"按钮。如果没有满意的，那么单击"返回"按钮返回上一步。

---

① 图中"logo"的正确写法应为"Logo"。

图 4-12

第八步，在系统生成修改好的 Logo 后，就可以下载它了，如图 4-13 所示。

图 4-13

第九步，要想下载这些 Logo，你还需要注册这个网站的账户，只要输入电子邮件和密码就可以了，比较简单，如图 4-14 所示。

图 4-14

还有其他类似的工具，操作方式都和 hatchful 大同小异。

第二个是一个强大的在线图片编辑工具 Canva，单击"Logo"按钮，如图 4-15 所示。

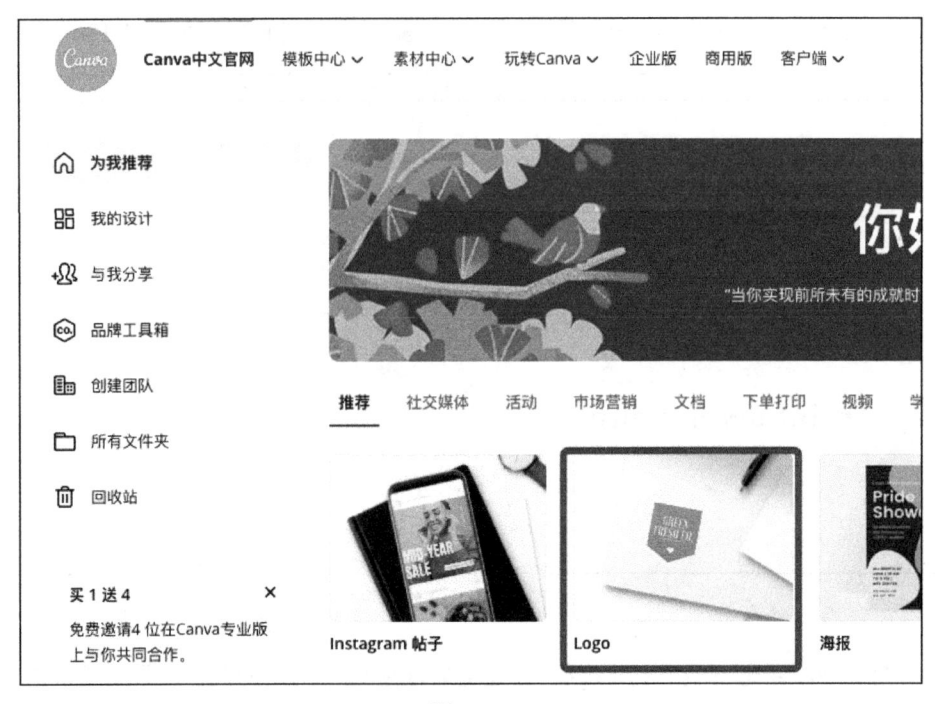

图 4-15

然后，可以看到页面左侧有很多功能栏，如图 4-16 所示。

图 4-16

我建议没有设计基础的卖家选择模板，页面右侧就会出现很多 Logo 模板，如图 4-17 所示。

图 4-17

比如，我在选择了"XOXO COSMETICS"模板后，在右边的创作图中就会出现这个模板，如图4-18所示。

图 4-18

在这个模板的基础上按照商店名称进行修改，每当选择一个部分时，页面上方就会出现可供修改的按钮，如图4-19所示。

图 4-19

比如，字体库中有很多字体供我选择，如图4-20所示。

然后，我修改自己想要的Logo，做好之后，可以下载，如图4-21所示。如果你需要透明背景等，那么需要加入会员，也就是要额外付费。

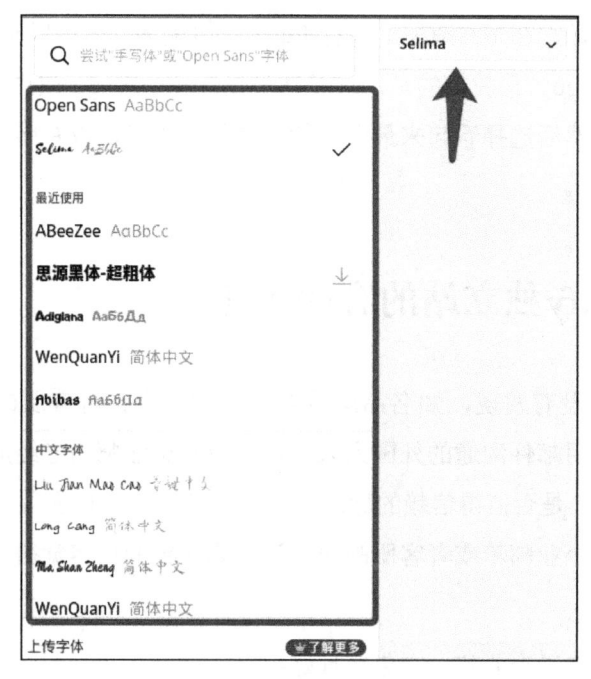

图 4-20

图 4-21

总之，Canva 有很多模板和各种素材供你选择，一般说来，用那些免费的素材就够了。

需要提醒的是，在不知道怎么设计 Logo 的情况下，你可以研究 3～5 家竞争对手的独立站 Logo。最关键的是，你要动手设计几个 Logo 放进 Shopify 独立站看看实际效果，然后选择看起来最顺眼的一个就可以了，没有必要纠结，也不用对 Logo 精益求精。

4.2　Shopify 独立站的客服邮箱

不知道你有没有发现，知名品牌或企业的官网上都有客服邮箱或者联系邮箱。对于更习惯用邮件沟通的外国人来说，有没有企业邮箱已经成为他们判断一个企业是否正规、是否值得信赖的标志之一。所以，Shopify 独立站尽管是网上店铺，也需要一个企业邮箱或者客服邮箱，让进到店铺的访客觉得这是一个正规、可以信任的店铺。

我推荐使用腾讯企业邮，它免费且好用。

第一步，打开腾讯企业邮的注册链接，然后单击"开通基础版"按钮，如图 4-22 所示。

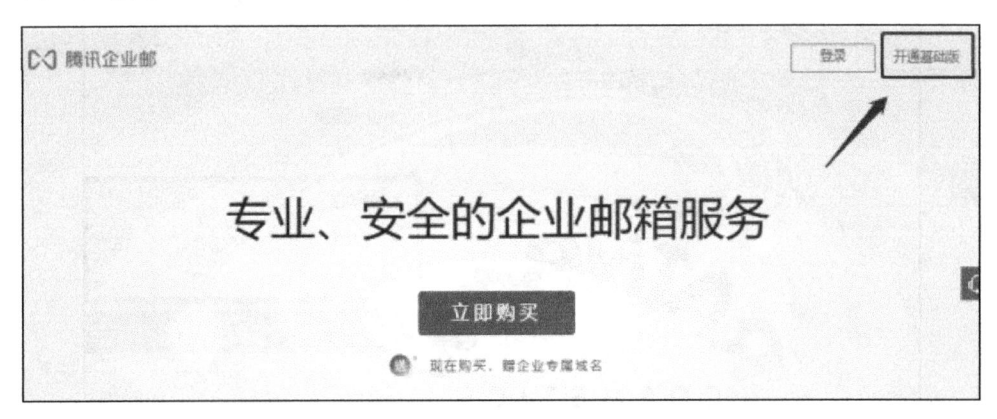

图 4-22

第二步，把打开的页面拉到最下方，单击"开通基础版"按钮，如图 4-23 所示。

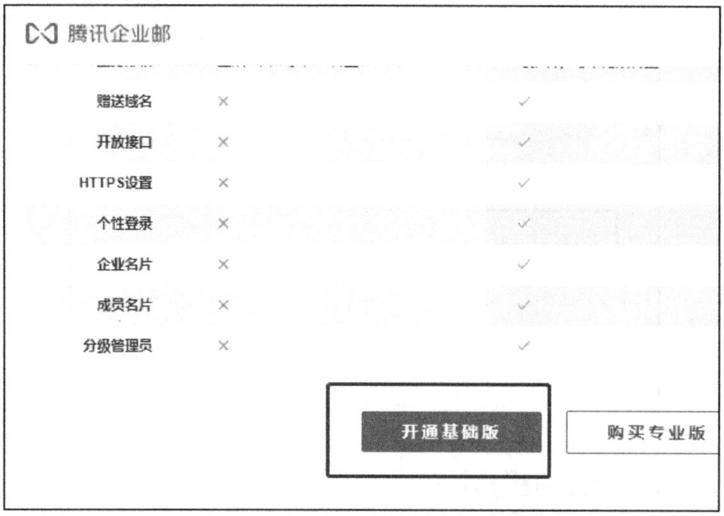

图 4-23

第三步，如图 4-24 所示，如果你有企业微信，就扫描二维码。我觉得大多数卖家都没有企业微信，所以下面按没有企业微信的情况来讲，先单击"开通"按钮。

图 4-24

第四步，如图 4-25 所示，单击"下一步"按钮。目前，腾讯强制开通企业邮箱要开通企业微信了。

图 4-25

第五步，如图 4-26 所示，填写真实的信息。在"人员规模"文本框中也要按照实际情况选择，这里只做演示。

图 4-26

第六步，建议绑定管理员微信，这样企业邮箱在收到邮件时会有微信提示，同时需要勾选"我同意并遵守《腾讯企业微信服务协议》《隐私政策》《红包使用授权协议》"复选框，然后单击"注册"按钮，如图4-27所示。

图 4-27

第七步，在提交注册信息后，就进入腾讯企业邮的后台了。腾讯企业邮默认会给你分配一个免费的域名，不过这个域名用的是 onexmail.com 的二级域名。你需要单击"立即前往"按钮，或者单击"我的企业"→"域名管理"按钮，添加企业域名，如图4-28所示[1]。

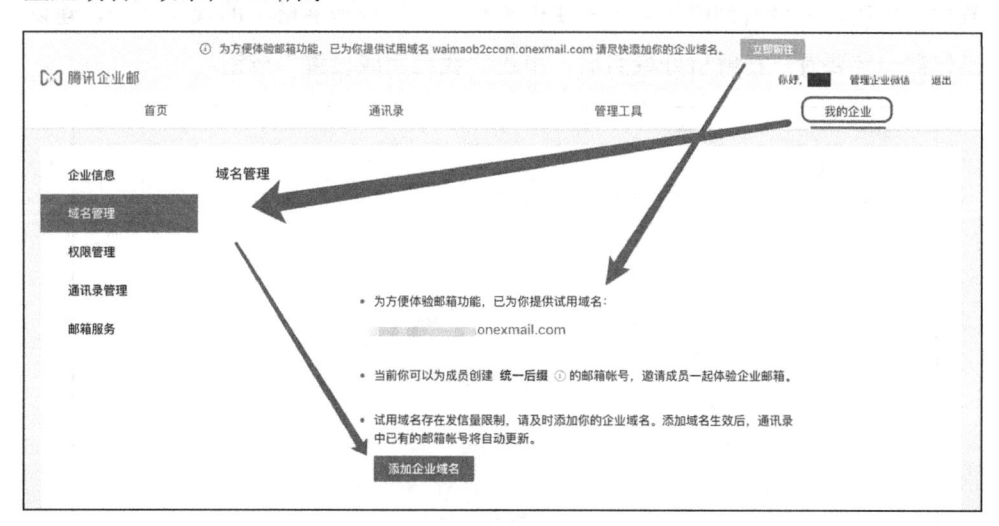

图 4-28

---

[1] 截图中"帐号"的正确写法应为"账号"。

第八步，单击"添加企业域名"按钮，然后选择"使用已有域名"单选按钮，并将已经购买的一级域名填写到"使用已有域名"的文本框中，然后单击"下一步"按钮，如图 4-29 所示。

图 4-29

第九步，这时来到"设置邮箱解析"教程页面。如图 4-30 所示，单击"查看教程"按钮，你会看到腾讯官方提供的教你如何完成域名解析的视频教程，建议操作前一定要看。在解析好域名后，单击"我已完成设置"按钮。

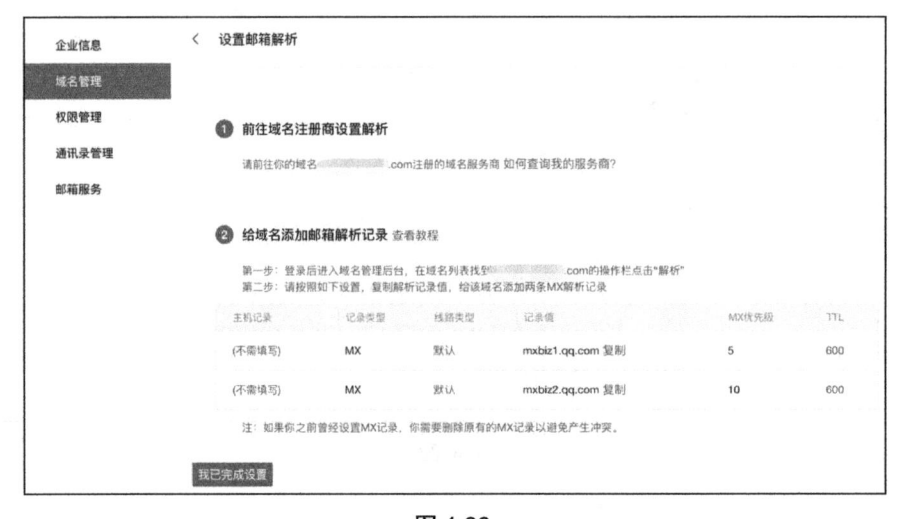

图 4-30

第十步，如果跳转到如图 4-31 所示的页面，你就完成了整个解析设置，2 小时后再看看是否解析成功。

图 4-31

第十一步，进入你的腾讯企业邮后台，单击"通讯录"→"新增成员"，把你的 Shopify 独立站的客服邮箱添加进去。一般来说，国外的客服邮箱都是 support@××.com 形式的，你需要把×culture×换成你的 Shopify 独立站的一级域名，如图 4-32 所示。

图 4-32

第十二步，进入你的客服邮箱，单击"登录"按钮，用微信扫描二维码就可以进入你的邮箱后台了，如图 4-33 所示。

另外，你也可以在微信上绑定这个企业邮箱，这样当收到新邮件时微信里就会有提示，你可以在微信里查看和简单回复邮件。

图 4-33

4.3　自行下单测试

在 Shopify 独立站正式上线之前，我建议查看购物流程和支付是否正常，最好的办法就是你或找人到你的 Shopify 独立站去下单。这样做的目的是从客户的角度来体验和检查整个购物环节中还有哪些没有设置好的地方。具体来说，需要检查的地方如下：

首先，查看首页。比如，查看主目录和页脚目录是否都设置好了。要打开每一个页面查看是否正常显示，图 4-34 所示为 KYLIE COSMETICS 的主目录。

图 4-34

KYLIE COSMETICS 的页脚目录如图 4-35 所示。

图 4-35

其次，查看产品落地页，如图 4-36 所示。你在这里主要查看产品页面的每个部分是否都正常显示，包括字体、字号、颜色、图片、视频。如果插入了 GIF 图片或者视频等,那么要看网站能否正常打开,以及打开的速度。如果 GIF 图片打开得太慢,那么说明 GIF 图片太大,需要压缩,如果视频不能打开,那么说明嵌入的代码有问题。

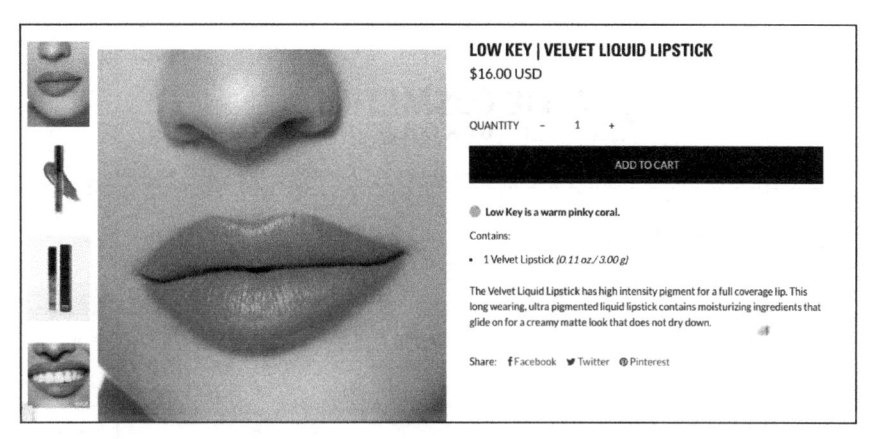

图 4-36

你需要单击"ADD TO CART"(加入购物车)按钮,查看页面跳转的速度、页面会显示什么样的内容,以及有没有影响客户的体验等,如图 4-37 所示。

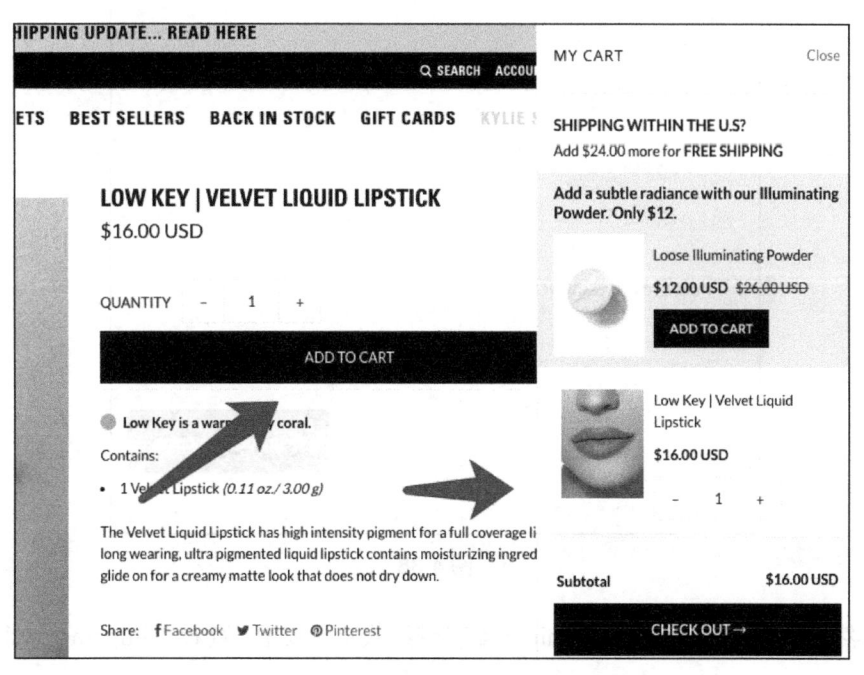

图 4-37

你还需要单击"CHECK OUT"（结账）按钮打开结账页面，主要查看是否要求客户输入邮箱地址、"Shipping address"（收货地址）文本框是否自动填充，如图 4-38 所示。

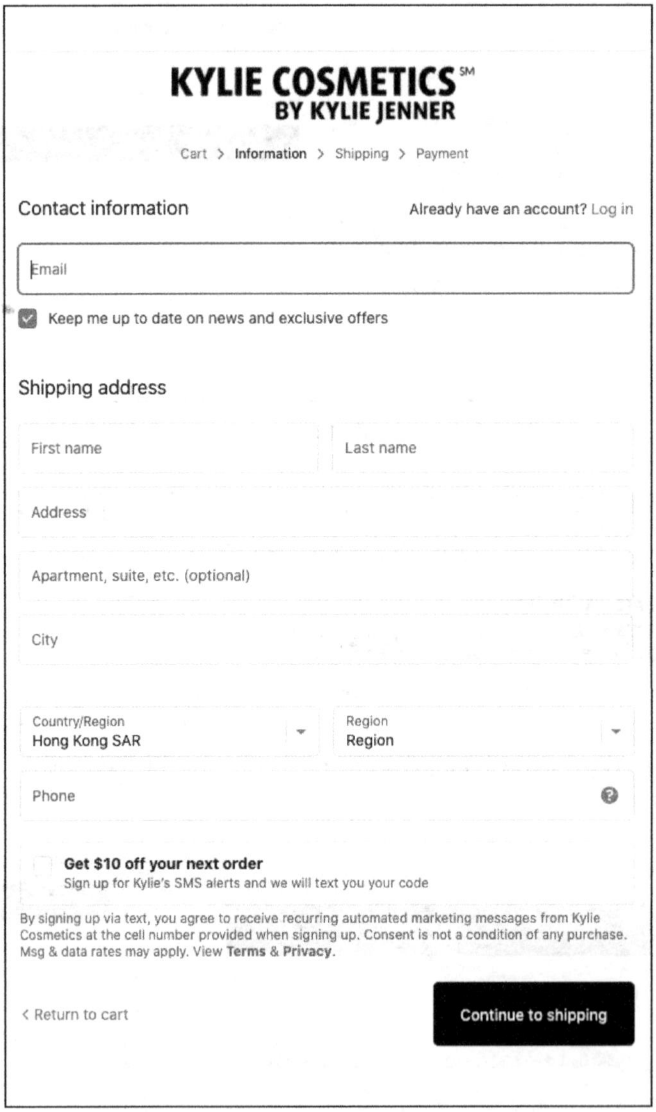

图 4-38

然后，单击"Continue to shipping"（继续收货）按钮，查看"Shipping method"（运输方式）是否显示完全、运费金额设置得是否正确，如图 4-39 所示。

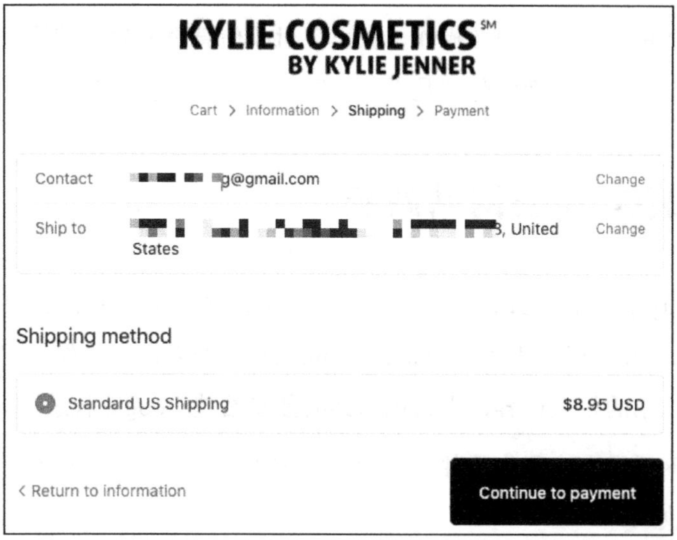

图 4-39

单击"Continue to payment"(继续付款)按钮，查看是否所有付款工具都正常显示，如图 4-40 所示。

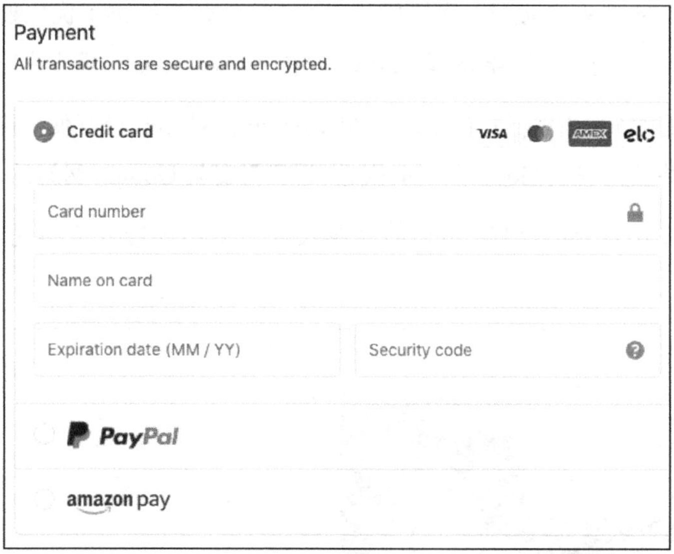

图 4-40

需要提醒的是，可以用国内银行发行的外币或双币信用卡测试信用卡收款工具，但是要找中国以外的 PayPal 账户测试 PayPal。

你还需要进行一次不付款操作，在出现付款信息页面时关掉这个页面，然后查看提前设置好的弃购挽回邮件是否正常发送、邮件内容是否正常显示。

4.4 安装Google网站站长

在 Shopify 独立站上线之后，你需要尽快让独立站显示在 Google 的搜索结果中。打开 Google，然后用"site:yourdomain.com"搜索，如果你能在搜索结果中看到你的独立站的相关内容，那么说明你的独立站被 Google 收录了。

如果搜索后没有出现你的独立站，就说明你的 Shopify 独立站还没有被 Google 爬虫发现和收录。

那么应该怎么办呢？

你可以通过安装 Google 网站站长来实现，同时，Google 网站站长还可以帮你详细了解你的独立站在搜索引擎中的表现，比如，过去一段时间的点击数据、用户通过搜索哪些关键词进入你的独立站等。这些数据提供了优化独立站的重要的参考依据，因此我建议 Shopify 独立站卖家也安装 Google 网站站长。

需要提醒的是，Google Analytics 和 Google 网站站长最好使用同一个 Gmail 邮箱注册，并且先安装 Google Analytics，然后再安装 Google 网站站长。

首先，打开 Google 网站站长的登录页面，单击"登录"按钮，如图 4-41 所示。

图 4-41

其次，登录 Google 网站站长后台，选择你的资源类型。对于大部分 Shopify 独立站卖家来说，选择"网址前缀"的方式就可以了。将你的主域名的完整地址填写到如图 4-42 所示的文本框中。

图 4-42

之前已经把 Google Analytics 生成的代码粘贴到了 Shopify 后台，Google 网站站长自动通过代码完成所有权的验证。这时，单击"完成"按钮，如图 4-43 所示。

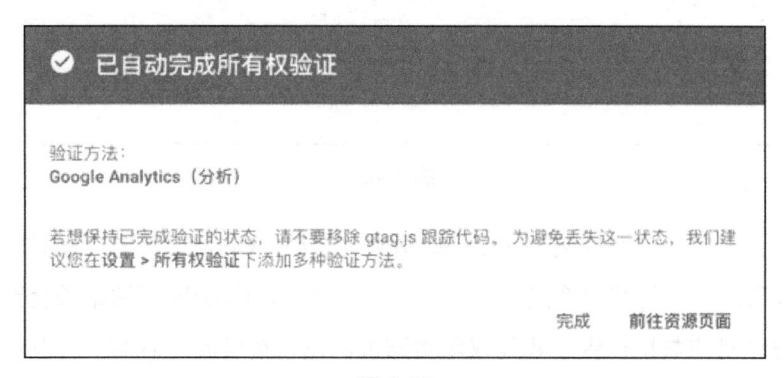

图 4-43

最后，关闭弹窗，页面就会跳转到 Google 网站站长的后台，提示 Google 正在处理数据，可以一天之后再来查看。这时，你再次登录 Google 网站站长后台，单击"站点地图"按钮,然后在"添加新的站点地图"文本框中,输入你的 Shopify 独立站的站点地图地址,单击"提交"按钮,如图 4-44 所示。

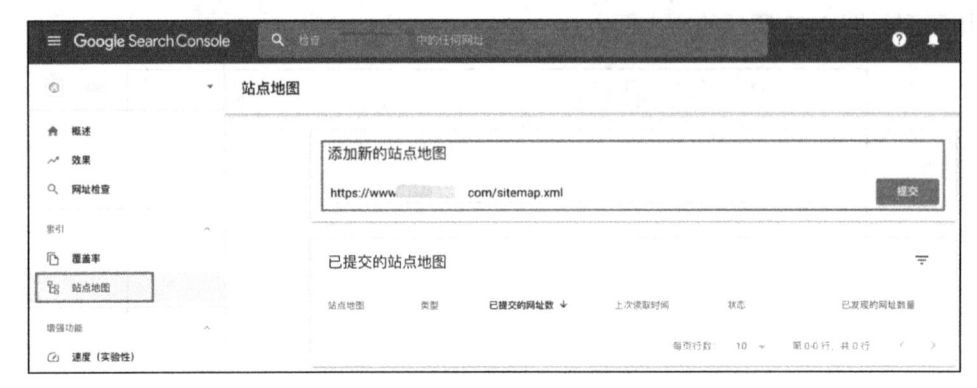

图 4-44

这时,在页面下方的"已提交的站点地图"选区中,就可以看到已经提交的站点地图的基本信息。如果"状态"显示为成功,就说明安装好了,如图 4-45 所示。

图 4-45

需要说明的是,在安装好 Google 网站站长后,Google 需要一些时间抓取内容,你需要耐心地等待这个过程。在安装完毕之后,Google 网站站长会给你的邮箱发送每个月的数据报告。我建议新卖家可以在付费引流之后的一周左右,主动进入 Google 网站站长后台查看数据,以便及时发现问题和优化独立站设置。免费引流的卖家,可以等每个月报告出来之后再去查看。总之,Shopify 独立站卖家要善于利用 Google 网站站长提高运营分析能力。

4.5 独立站的定位

在前面的章节中强调过，Shopify 独立站的运营方法和平台的运营方法完全不一样，很重要的一点就是你需要给独立站定位。也就是说，作为卖家，你要思考独立站是属于哪个类型的，这有助于运营独立站取得更好的效果。按照目前行业比较通行的标准，Shopify 独立站目前有以下 3 种类型：

（1）杂货铺，指的是什么品类都卖的独立站。

（2）垂直品类独立站，指的是只卖某一个细分垂直领域产品的独立站。

（3）单品站，指的是只卖一个产品的独立站。

下面对这 3 类独立站分别进行介绍，你可以根据自身情况合理定位。

4.5.1 杂货铺

早在 2016 年，大多数 Shopify 独立站卖家采用的都是杂货铺模式，如图 4-46 所示。

图 4-46

从图 4-46 中可以看到，这家独立站的产品类目跨度很大，从厨房用品到园艺用品，从宠物用品到汽车用品。通常来说，杂货铺最适合使用跟卖策略，跟卖比较"火"的产品，这家独立站的主要产品类目如图 4-47 所示。

图 4-47

对于杂货铺来说，运营难度低，独立站的装修不用太讲究，如图 4-48 所示。

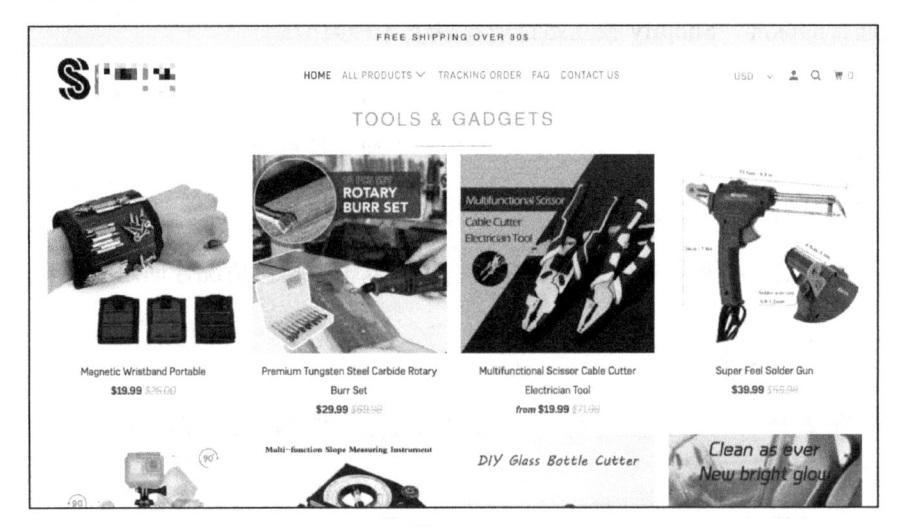

图 4-48

杂货铺的选品范围很广，所以可以上架很多产品，不用费心去想，如图 4-49 所示。

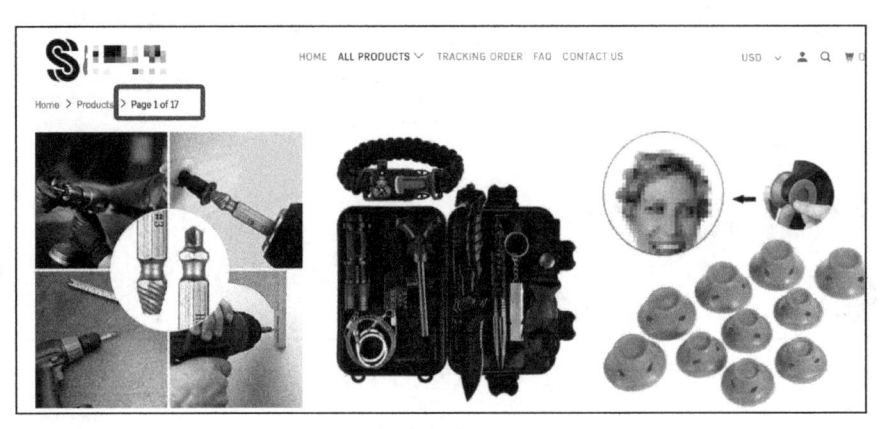

图 4-49

但是，杂货铺的缺点很明显，没有细分的定位，客户的忠诚度不高。这导致回头客少，独立站要严重依赖于广告引流。另外，东西卖得杂，与垂直品类独立站相比，杂货铺更难获取 SEO 的免费流量，如图 4-50 所示。

图 4-50

由于卖的产品五花八门，所以客户基本都一次性购买，很难有回头客，如图 4-51 所示。

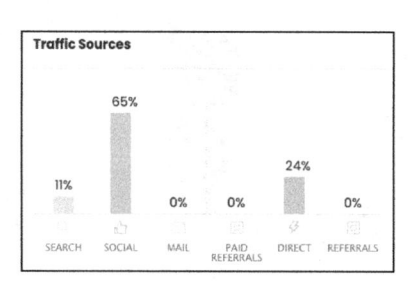

图 4-51

对于新卖家来说，杂货铺是一个不错的尝试，因为难度最低，在选品上也没有限制。

4.5.2 垂直品类独立站

垂直品类独立站专注于某一个细分品类，也可以说是做利基（英文是 niche）

市场的。比如，化妆品是一个很大的品类，包含有彩妆、护肤品、美妆工具等，如果你的独立站只卖美妆工具，就属于垂直品类独立站。

垂直品类独立站在装修上比杂货铺更讲究，如图4-52所示。这个独立站只卖牛仔裤，但有不同于其他品牌的风格。

图 4-52

垂直品类独立站的选品范围很局限，比如上面提到的卖牛仔裤的独立站，它的产品只局限于牛仔裤，最多只是款式、颜色和材质有区别，如图4-53所示。

图 4-53

垂直品类独立站可以做广告引流，而且做 Google SEO 也有很大优势，也就是说更适合流量来源多元化，这样可以让独立站的流量生态更好，独立站也可以做得更长久。如图4-54所示，你可以看到这个牛仔裤独立站最多的流量居然是外链带来的流量，其次是主动搜索带来的流量，再次是广告搜索带来的流量。

图 4-54

同时，你可以看到这个独立站的广告引流力度很大，但使用的绝大部分是品牌广告，如图 4-55 所示。也就是说，这个独立站已经做起来了，它只需要不断触及那些潜在的目标客户就行。

图 4-55

这时，垂直品类独立站最大的优势就突显出来了，客户一旦购买了，就有很大概率会复购，因为客户一旦认同你的品牌、产品，就有了产品忠诚度。

对于新卖家来说，经营垂直品类独立站的难度有些大，因为一个垂直品类独立站的起步比较难，对卖家在选品、引流和独立站装修等各个方面的综合能力要求比较高。新卖家不知道能不能测出、多久能测出"爆款"产品，所以在我看来，新卖家做这类独立站需要更多的时间和耐心。

当然，如果你有足够的时间和耐心，那么经营垂直品类独立站同样也是一个厚积薄发的过程，一旦做起来了，就不用那么操心了。

4.5.3 单品站

单品站其实属于垂直品类独立站的升级版。比如，你发现了一个垂直品类的产品有成为爆款的潜力，就可以做一个独立站只卖这个产品。我在 4.1.1 节中提到过如图 4-56 所示的这个销售美牙类产品的 Shopify 独立站 Trysnow。

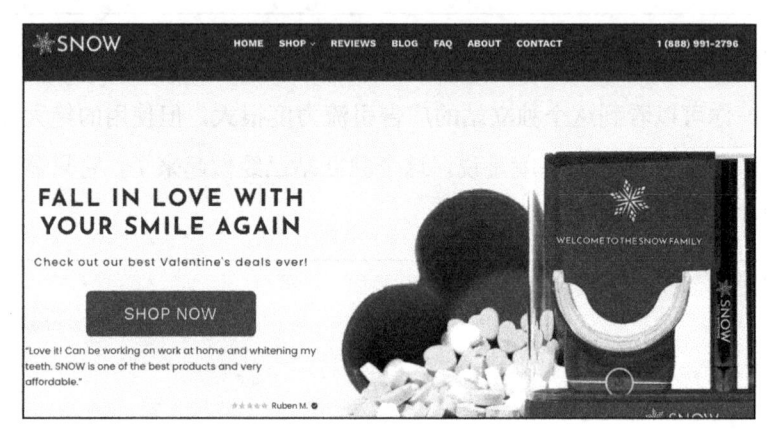

图 4-56

Trysnow 就是复合型单品站，即独立站中除了主打产品，还有一些其他的相关产品，但全部加在一起，产品数量不多。我数了一下，Trysnow 只有 10 款产品，如图 4-57 所示。

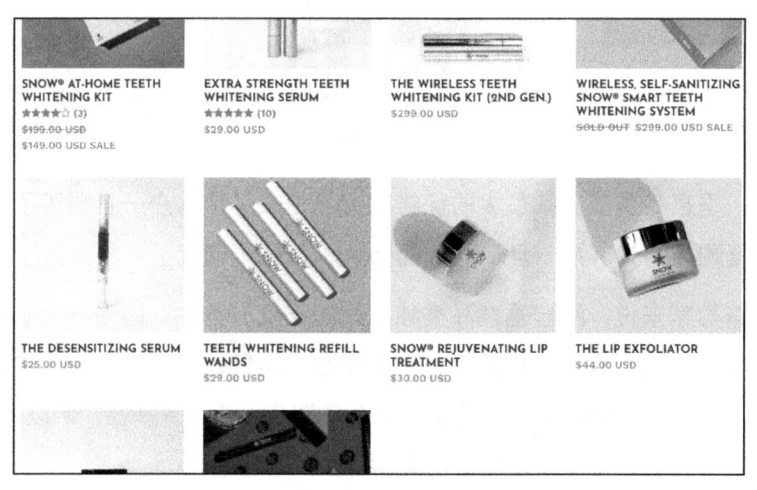

图 4-57

还有一类单品站是典型的单品站，独立站里只有一个产品，如图 4-58 所示。

图 4-58

我观察到的单品站基本都是外国卖家操盘的,中国人做得不多。我推测很可能是由于思维模式和消费习惯不同,欧美客户觉得一个独立站只有一个产品说明这个独立站很专业。尽管很多单品站的产品的单价相对较高,但是总有人下单,如图 4-59 所示。

图 4-59

虽然单品站的产品很多都是高单价的,但是如果产品的品质确实好,老客户也很愿意复购。

单品站的选品是最关键的一步,除了要满足选品的几大原则,还需要做到以下几点：

（1）产品很新，客户基本没有见过。

（2）产品价格既不太低，又不贵得离谱，客户觉得可以承受。

（3）产品特点或卖点非常吸引客户。

不管是广告引流还是 SEO，单品站都有很大优势。图 4-60 所示为 Trysnow 正在投放的 Facebook 广告。

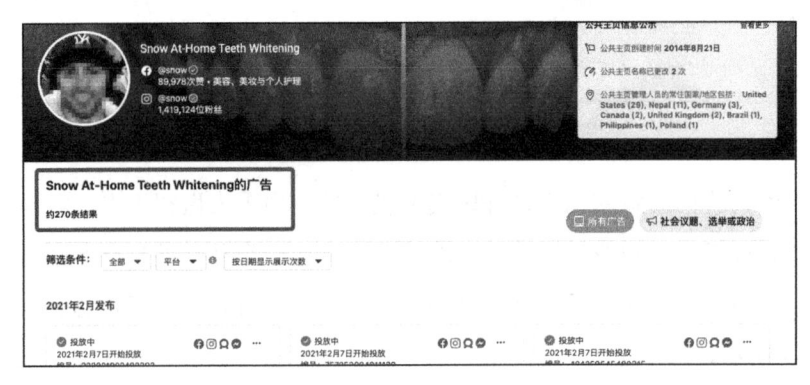

图 4-60

单品站需要精美的图片、精心制作的视频，更重要的是需要非常有说服力的文案。一般来说，中国卖家很难用中文以外的语言写出非常地道和优秀的广告文案。图 4-61 所示为 Trysnow 的一条广告的文案。

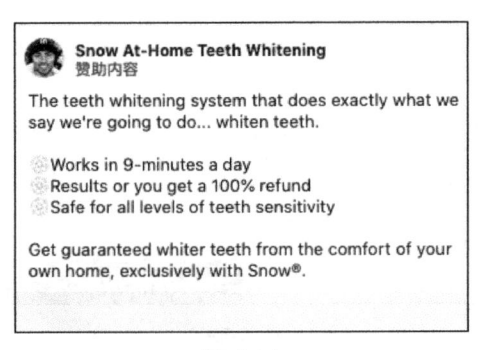

图 4-61

另外，单品站一般都用代发货公司发货，即卖家需要提前备货，这样才可以在物流环节给客户更好的物流体验，让客户觉得物有所值。比如，Trysnow 的所有货都备在美国仓库，然后发到全球，如图 4-62 所示。

American Company Based in Arizona
All orders ship from Arizona and we ship to 180+ countries!

图 4-62

综合来看，单品站是 3 类独立站中操作难度最大的，不论是在选品、引流、独立站配置方面，还是在提前备货（需要不少资金）方面，都不适合新卖家。我认为，进阶卖家完全可以尝试运营单品站。

第 5 章

Shopify 独立站的必备工具

做 Shopify 独立站面对的客户基本都是海外的客户，主要是北美和欧洲客户，还有一些东南亚客户。不论做哪个市场，你都需要收取客户的货款。这些货款都是外币，所以你还需要把收到的外币兑换成我国的货币，这样才方便生意周转。

5.1 必备的收款工具——PayPal

跨境电商卖家基本人手一个的收款工具就是 PayPal。作为全球范围内使用得最广泛的收款工具，PayPal 凭借多年的耕耘和买家良好的体验，已经拥有了超过 2.77 亿个活跃用户，覆盖了 202 个国家和地区，支持多达 25 种货币。PayPal 的起始收费标准是订单金额的 4.4%+0.3 美元；如果收款金额大，那么可以获得订单金额的 3.4%+0.3 美元的优惠；货币兑换费基于批发汇率加价 2.5%，如果提现到国内或美国银行卡，那么每笔还收 35 美元。

你可以将 PayPal 理解为国外的支付宝，不同的是，PayPal 以用户的邮箱作为账户标识（不能用手机号）。它的用户在后台绑定自己的银行账户后，便可以通过这个邮箱轻松地实现网上购物以及在 PayPal 账户间快捷转账（暂不支持中国用户之间转账）。

鉴于 PayPal 的市场霸主地位，对于独立站卖家来说，不论使用哪种建站方式，是 Shopify 还是 WooCommerce、Magento 等，都有必要使用 PayPal 为独立站收款。

5.1.1　PayPal 的企业账户

PayPal 的账户分为个人账户和企业账户两种。在 2019 年之前，Shopify 独立站是允许绑定 PayPal 个人账户收款的，卖家在绑定 PayPal 个人账户之后，只需要在后台进行简单的商业账户升级即可。

不过从 2019 年开始，Shopify 明确要求中国卖家要想使用 PayPal 收款，必须使用 PayPal 的企业账户。目前，使用公司或者个体户的资质，都可以申请 PayPal 的企业账户，有的卖家用的就是个体户资质，好处如下：

（1）成本低：花几百元找代办机构就可以办理好个体户资质。

（2）方便、快捷：从提交资料到办理好个体户资质仅需要一周。

（3）省力、省时：不用自己办理，找代办机构提交资料即可。

5.1.2　注册 PayPal 的企业账户

在注册 PayPal 的企业账户之前，你需要提前准备以下 4 种资料：

（1）邮箱（建议用 Gmail 邮箱，它可以确保收到 PayPal 的验证邮件）。

（2）中国公司或个体户的营业执照（照片）。

（3）法人代表的身份证的正反面照片。

（4）其他证明，比如办公地址证明等。

第一步，登录 PayPal 官网，单击"立即开始"按钮，如图 5-1 所示。

图 5-1

第二步，在新打开的页面中默认选择为个人账户，这时你要选择企业账户，并单击"下一步"按钮，如图 5-2 所示。

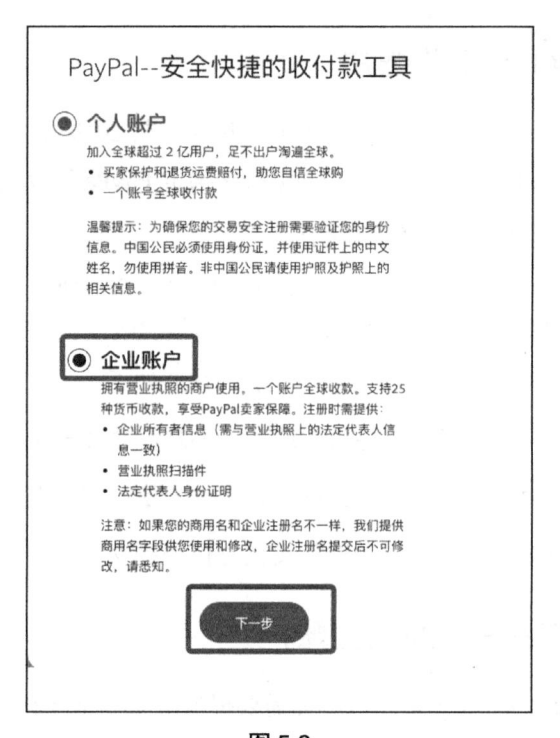

图 5-2

第三步，输入提前准备好的邮箱，然后单击"继续"按钮，如图 5-3 所示。

图 5-3

第四步，提供公司信息，所有的信息都要真实、有效，公司地址要与营业执照上的保持一致。需要提醒的是，企业名称要和你的 Shopify 独立站名称一致或相关，因为这是你的客户可以看到的。比如，你的 Shopify 独立站叫 rainbowmakeup，那么这里就可以填写 rainbowmakeup。最后，勾选两个 PayPal 条款的复选框，单击"同意并继续"按钮，如图 5-4 所示。

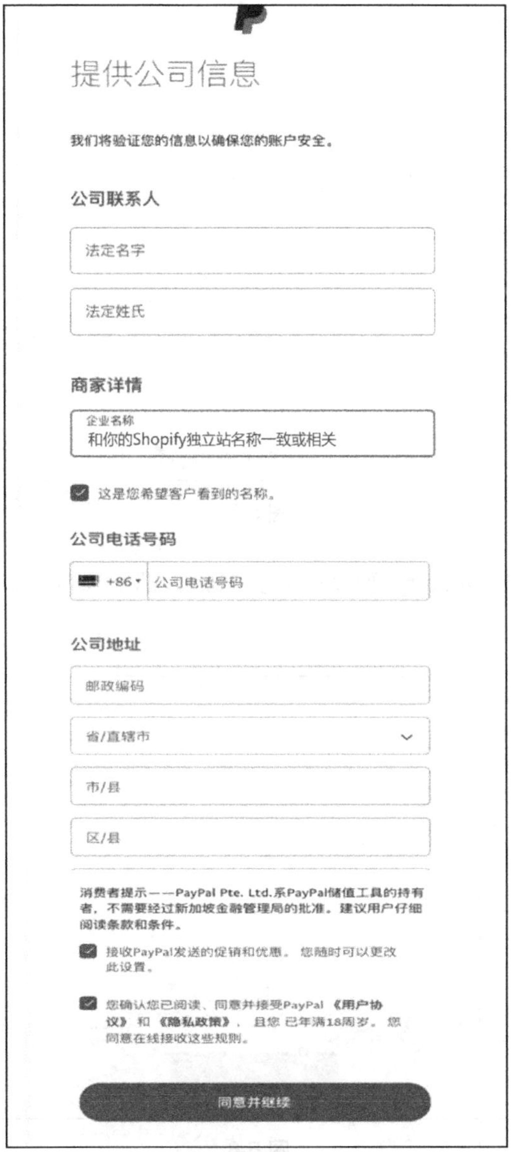

图 5-4

第五步，提交法人的信息。注意：法人的信息要和身份证保持一致，然后单击"提交"按钮，如图 5-5 所示。

图 5-5

第六步，对于做 Shopify 独立站业务来说，都要选否，单击"继续"按钮，如图 5-6 所示。

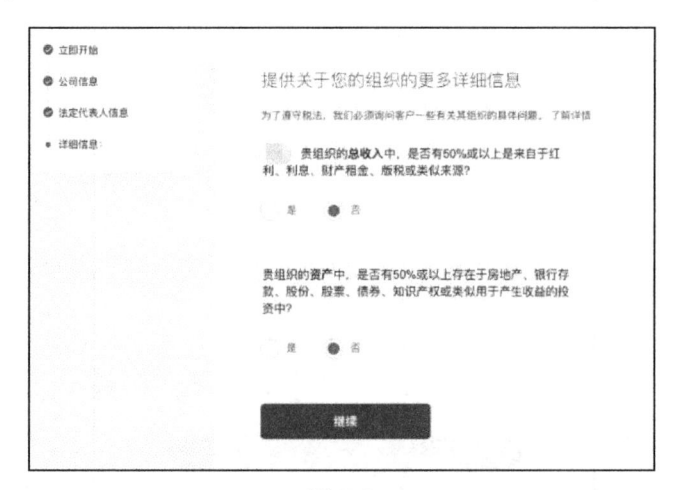

图 5-6

第七步，在进行电子签名后，确认如下信息，单击"证明并提交"按钮，如图 5-7 所示。

图 5-7

第八步，PayPal 的企业账户就注册好了。在注册完成后，要查看 PayPal 发送的邮件来激活账户，如图 5-8 所示。

图 5-8

PayPal 会给你发送几封邮件，你根据要求依次操作即可，然后等待 PayPal 审查。在审查通过后，你才可以在 Shopify 后台绑定 PayPal 账户正常收款。一般来说，官方审核 1~7 个工作日就会有反馈结果。在这个过程中，如果有问题，你可以联系 PayPal 的官方客服：登录 PayPal 的官网，把网页拉到最下方，单击"联系我们"按钮，如图 5-9 所示。

图 5-9

这时，页面就会跳转到客服页面，你可以在搜索框中找答案，如图 5-10 所示。

图 5-10

当然，你也可以用其他方式联系客服，如图 5-11 所示。

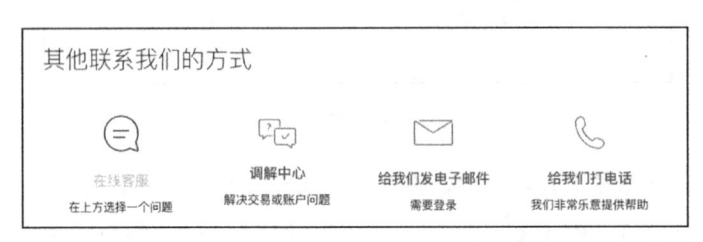

图 5-11

5.2 信用卡收款工具之Stripe

很多做平台运营的卖家可能不熟悉 Stripe，但是只要是做独立站运营的卖家就都知道"信用卡收款工具之王"——Stripe，为什么它可以称王？在我看来，主要得益于非常良好的用户体验，它的操作简捷，特别是在手机端的自适应非常强。它就是为手机端支付设计的。

我主要做北美市场，我的经验是用 PayPal 和信用卡支付的客户的比例大概为 6∶4，或者 7∶3，也就是说，用 PayPal 支付的客户占 60%～70%，剩余的就是用信用卡支付的客户了。也有以下可能：有些国家和地区的客户更习惯用信用卡支付，这需要你提前做功课，了解清楚。不管怎样，对于做 Shopify 独立站运营来说，只要有条件，就一定要配备一个信用卡收款工具。

目前，Stripe 只在 26 个国家和地区开展业务，支持 135 种不同的货币，几乎接受所有已知的借记卡、信用卡支付，以及 Apple Pay、支付宝支付、Amex Express Checkout、Microsoft Pay、VISA Checkout 和微信支付等。

可惜的是，Stripe 目前并不对中国内地卖家开放。据我所知，Stripe 从 2019 年 6 月开始收紧了风控，所以你会在网上搜索到很多"打擦边球"的注册方式，我不建议你采用这些方式。如果你真的要用 Stripe，从目前来看，我更推荐你注册中国香港公司或者美国公司来申请 Stripe 账户。

1. Stripe的中国香港账户

用 Stripe 的中国香港账户收款，收费标准为在订单金额的 3.4%+ 2.35 港币的基础上加 2%的换汇手续费。Stripe 的中国香港账户最短的放款时间是 7 天，放款时间是随时可能调整的。只要你有中国香港公司或者个人的银行账户，就可以申请 Stripe 账户。如果你没有中国香港公司或者个人的银行账户，就需要提前开通一个中国香港银行账户。

中国香港银行的个人开户政策经常变动。前几年比较流行的招商银行两岸一卡通和中国民生银行香港分行的开户政策越来越严。不管是外资银行还是内资银行，目前中国内地个人开通中国香港银行账户无外乎以下两种方式：一种是银行要求你有一定金额的存款存入（一般要求 30 万元人民币甚至更高），并且在一定时间内这笔存款不能动；另一种方式是购买银行客户经理指定的金融产品（一般要求每年 5 万元甚至更高），并且需要连续购买至少 3 年或 5 年。这类金融产品非常复杂，合同是长达几十页甚至上百页的全英文或繁体中文合同，个人一般很难看懂，而且没有修改条款的权利。不管采用哪种方式，对资金的要求都不低，所以不建议新卖家尝试，因为个人开通中国香港银行账户的门槛偏高。

如果开通公司的中国香港银行账户，那么需要注册中国香港公司，通常要找专业的代办机构，并且每年维护中国香港公司资质也需要不少花费。一般来说，有一定规模的独立站卖家都用中国香港公司资质使用 Stripe 账户。

根据 Stripe 的要求，开通 Stripe 的中国香港账户需要准备以下材料：

（1）护照照片。

（2）中国香港银行账户，公司或个人的中国香港银行账户都可以，也有些卖家使用 Payoneer（派安盈）或者 WorldFirst（万里汇）分配的中国香港银行账户开通了 Stripe 账户，但是这不是 100%成功的。

（3）中国香港的地址：你可以尝试使用 WorldFirst 提供的中国香港银行的地址。

（4）中国香港的电话号码。

2. Stripe的美国账户

如果你用 Stripe 的美国账户收美元，那么收费标准为订单金额的 2.9%+0.3 美元。如果你用 Stripe 的美国账户收其他币种，那么收费标准为在订单金额的 2.9%+0.3 美元的基础上再加 1%的换汇手续费。Stripe 的美国账户的最短放款时间是 3 天，这个时间也随时变化。根据 Stripe 的要求，你需要准备以下材料：

（1）美国的银行账户。需要个人或公司在美国的银行开户，有的卖家以前使用的是 Payoneer 分配的美国的银行账户，但是从 2019 年开始，就不能用 Payoneer 分配的这个账户了。

（2）SSN / EIN。SSN 相当于美国人的身份证号码，很难得到。EIN 则不同，你（不要求美国国籍）可以向美国国家税务局（IRS）提交 EIN 申请。如果你的英语口语不错，那么完全可以自己打电话申请，顺利的话 15 分钟就可以搞定。如果你的英语口语不行，那么可以考虑在 Fiverr 上，花钱雇外国人帮你给 IRS 打电话申请 EIN，大概需要 20 美元。

（3）美国的邮寄地址。你可以通过网上的 Virtual Mailbox Address（虚拟邮箱地址）找到很多的服务商，每月需要支付 10~20 美元。

（4）美国的电话号码。任意可用的美国的电话号码都行。你可以让美国卖家帮忙申请一个，或者使用 Google Voice 提供的美国的电话号码。

（5）护照。

5.3 信用卡收款工具之2Checkout

由于开通 Stripe 账户的门槛比较高，信用卡收款工具又很重要，所以你需要一款可以替代 Stripe 的信用卡收款工具。经过多方比较，我推荐使用 2Checkout。2Checkout 成立于 1999 年，总部设于美国，企业客户遍布全球，支持 87 种货币，覆盖 200 多个国家。与 2Checkout 合作的信用卡包括 VISA、MasterCard、Discover、American Express、Diners、JCB 等。

在我看来，2Checkout 的优点如下：

（1）没有任何年费或者开户费，不像国内的一些信用卡收款工具，需要几千元的开户费，另外还收取每年的使用费。

（2）中国的个人卖家也可以申请，非常简单。

（3）2Checkout 针对中国用户的收费标准是订单金额的 5.5%（其中有 2%是国际处理费）+ 0.35 美元。

另外，2Checkout 只支持用邮件与英文客服沟通。客户在用信用卡支付时会跳转到 2Checkout 的页面，从电商的购物体验上来看，每增加一个操作步骤，订单流失率就会提高 2%。

图 5-12 是使用 2Checkout 收款时客户看到的结账页面。客户在单击"Complete order"（完成订单）按钮后，要在新打开的 2Checkout 页面中输入信用卡信息。

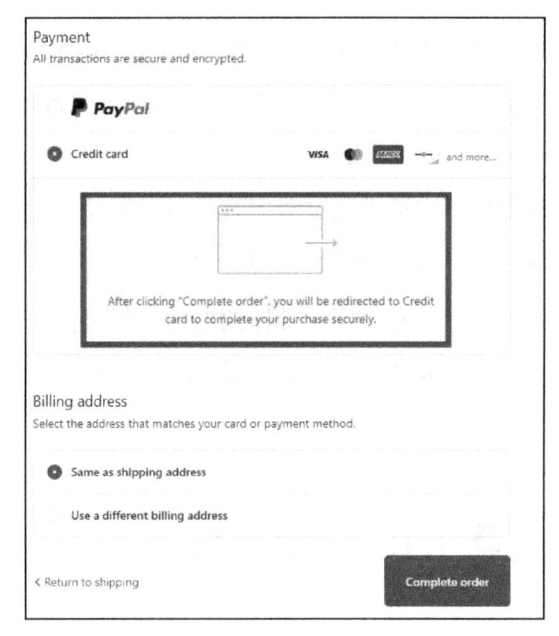

图 5-12

使用 Stripe 的结账页面如图 5-13 所示，客户只需要在结账页面中直接输入信用卡信息，而不用跳转到新的页面。

图 5-13

2Checkout 的审核比较严格，审核时间长。除了每笔订单扣除 2Checkout 收取的费用后，2Checkout 还会暂扣该笔订单总额的 10%在你的 2Checkout 账户 90 天。

5.4 Shopify Payments

Shopify Payments 是一个由 Shopify 官方提供的收款工具，由 Shopify 官方自己开发。

目前，Shopify Payments 适用的国家和地区有澳大利亚、加拿大、丹麦、德国、中国香港特别行政区、爱尔兰、日本、荷兰、新西兰、新加坡、西班牙、英国，以及美国部分地区。

Shopify Payments 的优势体现在以下 4 个方面：

（1）收费标准相对低，为订单金额的 3.3%＋2.35 港币（不同国家和地区的收费标准不一样），但无须再支付额外的手续费。

（2）无交易费，无隐形费用。

（3）Shopify Payments 能够支持的信用卡种类众多：VISA、Master Card、American Express（借记卡和信用卡都可以）。几乎支持所有线上支付方式（如 Apple Pay、Google Pay、Shopify Pay）。

（4）Shopify Payments 退款不需要手续费（之前下订单时已经产生的手续费不会退还）。对 60 天内的订单都可以发起退款。需要注意的是，虽然可以立刻执行退款，但是退款不可以撤销。银行需要 5～10 天才能把款项退回消费者的支付卡上。

我建议如果你有 Shopify Payments 支持的国家和地区的银行账户、水电气账单或者信用卡账单，以及当地合法公民的证件，那么可以开通 Shopify Payments 账户。如果没有这些材料，那么我不建议开通 Shopify Payments 账户。因为你把注册地址修改为那些支持 Shopify Payments 的国家和地区，强行开通了 Shopify Payments 账户，一旦有真实订单通过 Shopify Payments 收款，这时就会启动 Shopify Payments 的风控机制，让你陆续提供各种资料来证明你真实生活在注册地址。一旦你提供不了这些资料，账户里的资金就会被冻结。

5.5 Payoneer

Payoneer 和 PayPal 一样，对于跨境电商卖家来说，几乎是人手必备的。Payoneer 于 2005 年成立于纽约，是知名的国际汇款和在线支付工具之一，专注于促进跨境 B2B 支付，支持全球 200 多个国家和地区超过 150 种货币的跨境交易。

Payoneer 在全球已经拥有超过 400 万个用户，有 10 多万个中国电商卖家使用 Payoneer。目前，和 Payoneer 合作的企业包括亚马逊、Google、Airbnb、Wish、Lazada、Jumia、Cdiscount、Rakuten、Shopee 等。

对于 Shopify 独立站卖家来说，Payoneer 也是必备的收款工具之一。通过 PayPal、Stripe、2Checkout 收到的钱都可以转入 Payoneer 账户中，然后就可以从 Payoneer 账户中提现到国内的银行账户，只是 Payoneer 会收取少量的手续费。除此之外，如果你有 Payoneer 的实体卡，那么它还可以用于速卖通和海淘付款，免去了提现和汇损的各种手续费。只是这个实体卡不是信用卡，而是预付卡。这个实体卡和你的 Payoneer 账户是绑定的，账户里有多少钱，这个实体卡就最多可以消费多少钱。

第 6 章

Shopify 独立站的选品

在跨境电商行业，选品一直都是卖家关注度很高的话题。在亚马逊卖家中流传的一句话是"七分靠选品，三分靠运营"。在我看来，做 Shopify 独立站运营则是"五分靠选品，五分靠引流"。不管有没有跨境电商的从业经历，很多卖家都对选品一筹莫展，即使有多年经验的亚马逊卖家开始做 Shopify 独立站运营，也觉得很困难。

6.1 选品的六大原则

我总结了以下 6 个独立站的选品原则。

6.1.1 运输原则

你要选择适合用国际 E 邮宝（ePacket）或者速卖通标准物流（AliExpress Standard Shipping，一种性价比高的国际物流方式）运输的产品，要优先选择体积小、重量轻、不容易碎的产品，比如手机壳等。在 2020 年第 2 季度，国际物流的价格曾一度飙升，和我一样经历过这个阶段的卖家，应该都知道那时发货的困难，价格高、时效慢，但又不得不发货。所以，运输原则占有很大的权重，否则物流费占据过高的成本，你就是在赔本赚吆喝。怎么知道某个产品大致的运费呢？很简单，你在速卖通上选中某个产品后,单击"Shipping"(物流方式)按钮就会看到如图 6-1 所示的页面。在速卖通上,知道了不同物流方式的报价/运输时间/是否可以追踪物流情况等信息,也就知道了这个产品大致的运费。在图 6-1 中,AliExpress Standard Shipping 是由速卖通总包的物流,会根据目标市场分包给不同的物流商实际承运,到达目标市场之后由该国邮政实际承运。ePacket 是由中国邮政承担的物流,到目标市场之后会由该国邮政实际承运。

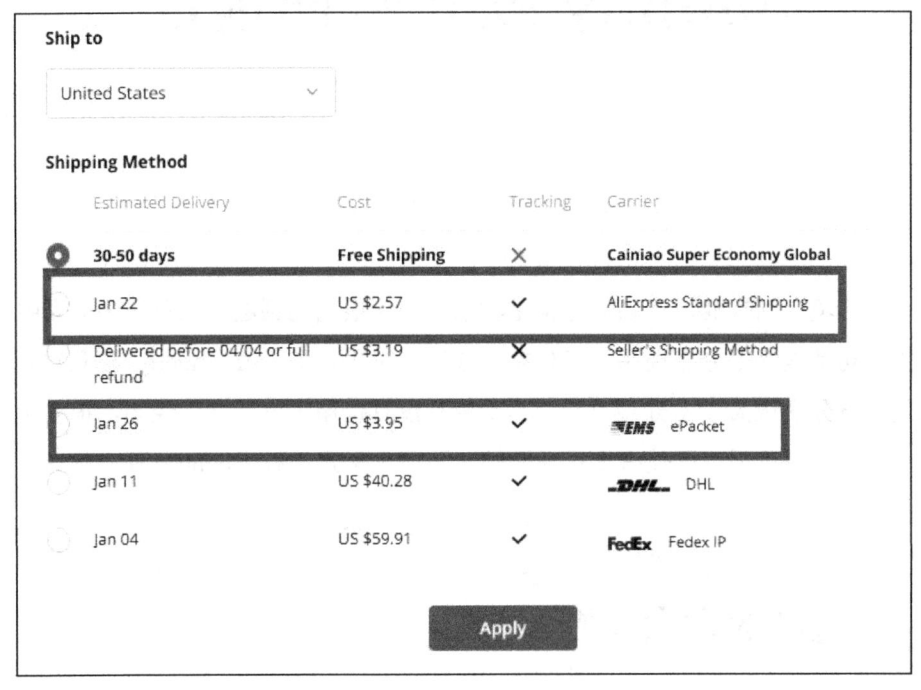

图 6-1

6.1.2 定价原则

你要选择速卖通上的价格提高 3 倍(参考数据)可以在独立站上卖的产品。一个产品如果没有足够的溢价空间,那么你很可能也在赔本赚吆喝。当然,这个价差也不是绝对的,比如有些产品很适合同时卖几个,那么单个差价就不是非要 3 倍以上。例如,还以手机壳为例,由于它很轻,所以非常适合打包卖。假如在速卖通上一个手机壳的成本为 2 美元,物流费为 3 美元,即两个手机壳的成本为 4 美元,物流费还是 3 美元(产品太轻,物流费一样),那么一个手机壳的零售价可以设置为 9.95 美元，物流费为 5 美元，同时买两个手机壳只要 14.95 美元，物流费还是 5 美元，这样引导后客户发现同时买两个手机壳可以便宜 5 美元。如果客户买了两个手机壳，就提高了每单的客单价，同时节约了物流成本，一举两得。

6.1.3 产品原则

产品要解决某个痛点，或者让人眼前一亮，或者拥有狂热的粉丝。比如，满足一些小众的兴趣爱好，或者满足强烈的情感需求。总之，凡是满足爱、感官愉悦、物质享受、自信心、社交成就感、自我实现等的产品，往往可以让人产生购物冲动。比如，曾经火爆一时的下面这些产品。

如图 6-2 所示，前几年这类大理石纹路的周边产品特别流行，于是大理石纹路的手机壳也跟着火了一把。

女生使用的磁吸睫毛产品，如图 6-3 所示。经常化妆的女生很容易被这个产品的广告打动。这类产品其实满足的是增强自信心的欲望。

图 6-2

图 6-3

6.1.4 规避原则

你要避开 Shopify 和推广平台不让卖的产品，比如，涉及侵权的产品。在新型冠状病毒肺炎疫情期间，Shopify 不让卖热销的口罩，Facebook 也不让给这种产品打广告。一些卖口罩的亚马逊卖家还被亚马逊处罚，包括资金冻结、账户冻结等。很多独立站卖家想卖口罩也一筹莫展。然而，我看到有外国独立站卖家，别出心裁地设计了一些口罩产品，如图 6-4 所示，取得了不错的销量。

图 6-4

6.1.5　超市原则

你不要选择在线下随处可见的产品。对于日常逛街就买得到的产品，买家在看到你的广告时，是没有消费冲动的。这里说的买家是指你的目标市场的买家，比如你的目标市场是北美，那么你就不要选美国人、加拿大人在逛沃尔玛、Costco、Home Depot 等大型连锁超市时随处可见的产品。

6.1.6　成本价原则

不建议选择成本价超过 20 美元的产品。这个成本价只是供新卖家参考，有经验的卖家不受限制。

6.2 选品的五大方法

6.1 节介绍了 Shopify 独立站的选品原则，接下来我把研究了几百个独立站和运营 30 多个独立站的选品方法进行梳理与总结。你在运用这些选品方法时也要同时结合选品原则，两者缺一不可。

6.2.1 通过 Facebook 选品

1. 通过Facebook选品的原理

Facebook 是全球用户访问量排名前三的网站。截至 2020 年 6 月 30 日，Facebook 的全球月活跃用户数（MAU）超过 27 亿，同比增长 12%。同时，Facebook 的日活跃用户数（DAU）达到了 17.9 亿，同比增长 12%。根据皮尤研究中心（Pew Research Center）的一项调查表明，在美国使用 Facebook 的成年人中，有 74%的人一天至少会登录一次 Facebook。此外，超过 50%的美国用户每天会多次登录 Facebook。

目前，Facebook 已经成为欧美国家主流的社交媒体，很多 Shopify 独立站卖家都通过 Facebook 引流。殊不知，Facebook 本身也是 Shopify 独立站卖家的一个很好的选品渠道。为什么呢？因为每天都会有很多独立站卖家在上面推广他们的产品，你也可以以普通用户的身份去查看他们都在推广什么产品、广告素材怎么样、广告文案是怎么写的、Social Proof（用户对这条广告的点赞/评论/转发等数据）如何。

2. 通过Facebook选品的流程

用电脑登录 Facebook 账户。如图 6-5 所示，在电脑端登录更方便后面的操作。

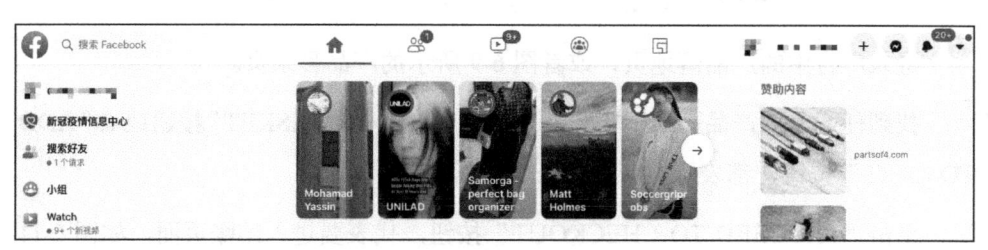

图 6-5

登录后的页面一般是 Feed 页面（主页动态页面，类似于登录微博后看到的页面），如图 6-6 所示。如果不是这个页面，那么你可以单击图中的房子图标进入 Feed 页面。

图 6-6

把页面下拉，当看到在动态内容中出现"赞助内容"或者"Sponsored"字样的帖子时，如图 6-7 所示，你要格外留意。因为这就是其他卖家在 Facebook 上投放的广告，广告既可能是图片帖，又可能是视频帖。

下面的步骤非常关键，如果你发现某个帖子的产品很有意思，或者帖子的 Social Proof 不错，比如评论有几百条、转发有几百次，就可以点赞或收藏，然后单击"去逛逛"按钮，如图 6-8 所示。这里以这款篮球鞋广告为示范。

图 6-7

图 6-8

进入广告中的产品落地页，或者图 6-9 所示的产品目录页。

找到任意一款产品，单击图 6-10 所示的"ADD TO BASKET"按钮或者"ADD TO CART"按钮，都表示把产品加入购物车。

单击"PROCEED TO CHECKOUT"按钮，代表要进入结账页面，如图 6-11 所示。

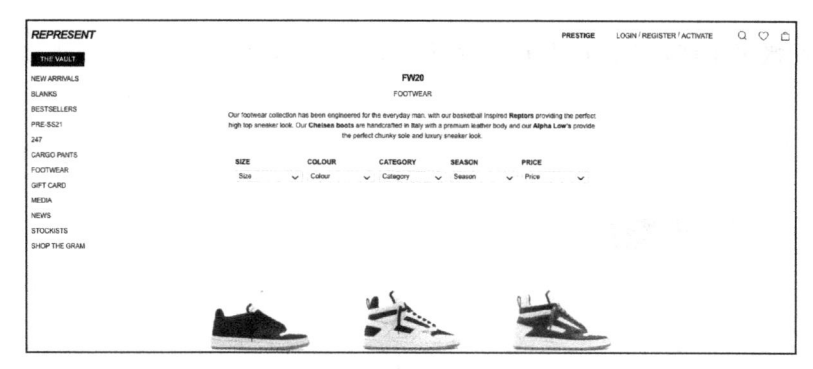

图 6-9

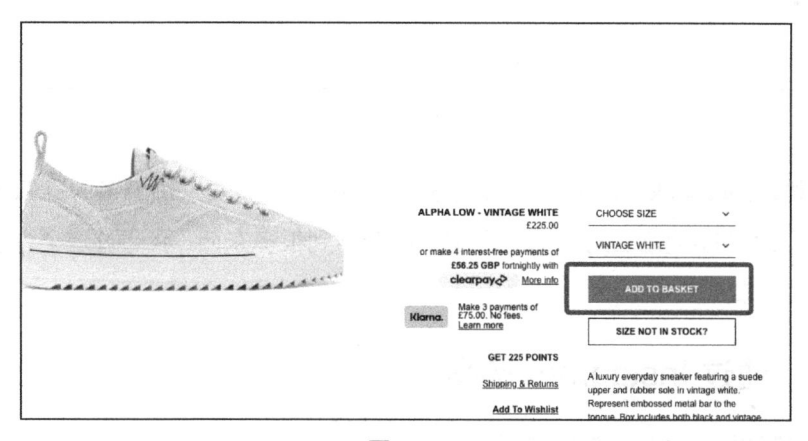

图 6-10

图 6-11

在结账页面打开后，如图 6-12 所示，关掉页面。

图 6-12

这样，Facebook 就会给你推荐更多的购物广告。新卖家每天多浏览 Facebook 的 Feed 页面和其他独立站卖家的网站，就会学到很多东西。我通过这个办法找到了几个"爆款"产品。

6.2.2 通过 Instagram 选品

1. 通过Instagram选品的原理

我在前面提到过，目前 Facebook 的日活跃用户数高达 17.9 亿，其中包括了 Instagram 的大概 5 亿个日活跃用户。自从 2012 年 Facebook 收购了 Instagram，Facebook 除了帮它稳步增长用户，还把广告数据也全盘打通了。很多没有接触过 Facebook 广告的卖家不知道这点：在 Facebook 上投放广告的时候，Facebook 和 Instagram 是整合在一起的，你可以选择只在 Facebook 或者 Instagram 上投放广告，也可以选择在两个社交媒体上都投放广告。我对比了这两个社交媒体发现：Facebook 的用户年龄偏大，而 Instagram 的用户偏年轻。所以，一般说来，很多产品的广告都需要覆盖到 Instagram 的用户，这样也可以从 Instagram 上选品。

2. 通过Instagram选品的流程

与 Facebook 不一样，Instagram 天生就是为手机设计的，所以它的手机端体验更好。打开 Instagram App，就进入了 Instagram 的 Feed 页面，如图 6-13 所示。

下拉页面，直到看到如图 6-14 所示的有"赞助内容"或者"Sponsored"字样的帖子，即 Instagram 广告。

图 6-13

图 6-14

然后，仔细查看这个广告的 Social Proof，如图 6-15 所示。这个广告的数据还不错，下面单击"详细了解"按钮。

这时打开了如图 6-16 所示的页面，即刚才广告关联的 Shopify 独立站中的产品落地页。

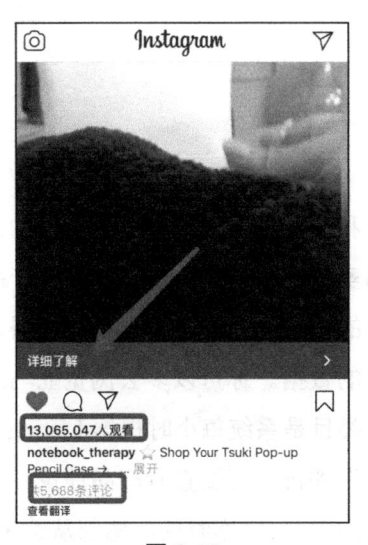

图 6-15

图 6-16

同样，对这个产品进行加购，即单击"ADD TO CART"按钮，如图 6-17 所示。

同样打开了结账页面，如图 6-18 所示，然后关掉页面。

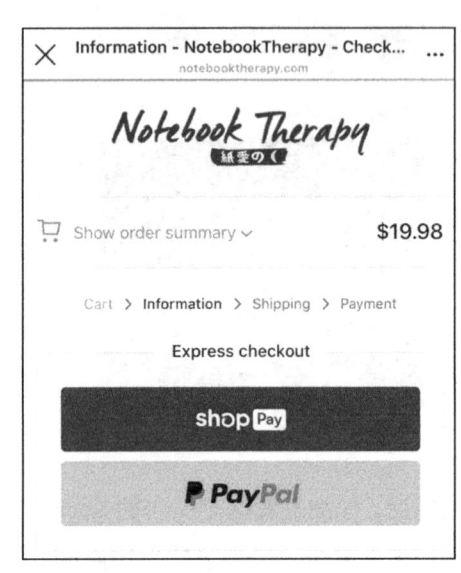

图 6-17

图 6-18

在以上步骤都操作完后，Instagram 也会慢慢地给你推荐更多的广告，这样你就可以从中找到自己的选品灵感了。

6.2.3 通过亚马逊选品

1. 通过亚马逊选品的原理

我在前面的章节中多次提过，亚马逊运营和独立站运营是完全不一样的。这并不是说亚马逊上就没有值得 Shopify 独立站卖家学习的东西。如果某个产品在亚马逊上卖得好，那么它的背后一定有卖得好的理由。亚马逊对刷单管控得越来越严，所以亚马逊上的产品销量基本都是真实的数据。你可以多去浏览亚马逊的 Best Sellers（最畅销产品）类目，Best Sellers 类目是系统每小时根据 Listing（产品）销量自动更新的。在查看产品时，除了查看评价，还要查看产品评论，特别是那些关于产品优缺点的详细评论，很多时候在写广告文案时的灵感都从这里来。另外，在亚马逊上，越来越多的卖家都自己开发新产品，所以你可以去 Hot New

Releases（热销新款产品）类目浏览新上线的产品。Shopify 独立站卖家可以与亚马逊卖家卖同样的产品，但是有更多的自主权和更大的溢价空间。

2. 通过亚马逊选品的流程

以亚马逊加拿大站为例，进入首页后，单击"Best Sellers"按钮，如图 6-19 所示。

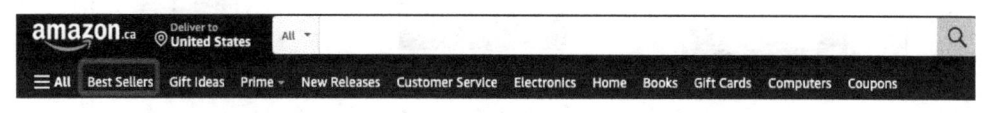

图 6-19

在左侧的菜单栏中选择一个类目，比如，Beauty & Personal Care（美容和个人护理）类目，如图 6-20 所示。

图 6-20

在这个类目下依次查看，我建议新卖家从销量排在第五位的产品开始查看。销量太靠前的产品大多是知名品牌，或者产品本身的知名度比较高，不论在平台上还是在独立站上都竞争得比较激烈。对于新卖家来说，一上来就和高手过招，很容易败下阵来。所以，从个人经验来说，如果我是新卖家，就会从销量排在第五位的产品开始查看，如图 6-21 所示。

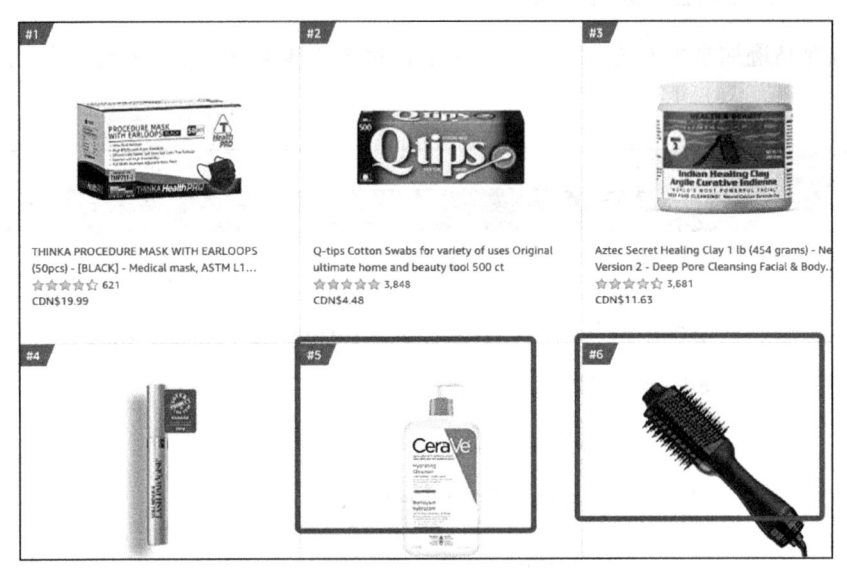

图 6-21

比如，销量排在第五位的产品是液体类产品，不适合个人卖家卖，那么我就从销量排在第六位的产品（图 6-22 所示的这款吹风和造型刷）开始查看。打开产品页面，仔细查看产品介绍，特别是产品视频，以及客户评论、各种问题和回答，这些都说明了这款产品为什么热销。

图 6-22

然后，查看亚马逊系统自动推荐的类似产品，你会惊讶地发现有很多跟卖的产品，如果只看图片，那么会让人觉得是同一个产品，只是品牌不同，所以这款产品肯定有自己的独特之处，如图 6-23 所示。

图 6-23

依次把系统推荐的类似产品页面打开，在查看的过程中寻找有没有合适的广告素材等。在发现有好的素材时，你要第一时间把它们收藏起来。

你可以按照上述步骤从 Best Seller 类目切换到 Hot New Releases 类目来寻找选品灵感，如图 6-24 所示。唯一不同的是，对于新品来说，你可以从销量靠前的产品开始研究，而不用从销量靠后的开始，因为新品不存在竞争过于激烈的情况。

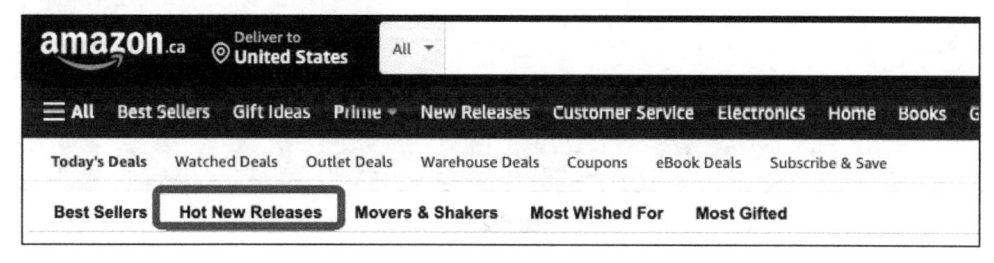

图 6-24

6.2.4 通过速卖通选品

1. 通过速卖通选品的原理

速卖通（AliExpress）是阿里巴巴旗下的面向国际市场打造的跨境电商平台，被广大卖家称为"国际版淘宝"。速卖通面向海外客户，通过平台担保交易，使用国际物流渠道运输发货，是全球第三大英文在线购物网站。

从我做 Shopify 独立站的经验来看，速卖通上的卖家基本都是中国卖家。速卖通的客户分为两类，一类是 B 端客户，比如在线下有实体店的中间商，他们在速卖通上拿货，对于他们来说，速卖通相当于线上的义乌小产品批发城，再如，做独立站的卖家；另一类是 C 端客户，主要是俄罗斯、乌克兰、巴西等国家的客户，也有一些欧美发达国家的客户。由此可见，你可以通过速卖通的数据，知道哪个产品的下单人数多、订单量如何、产品品质（通过看评价）如何等。从速卖通上选品，就相当于从货源和供应商方面去选品，具有很大的实操价值。

2. 通过速卖通选品的流程

首先，打开速卖通官网，如图 6-25 所示。

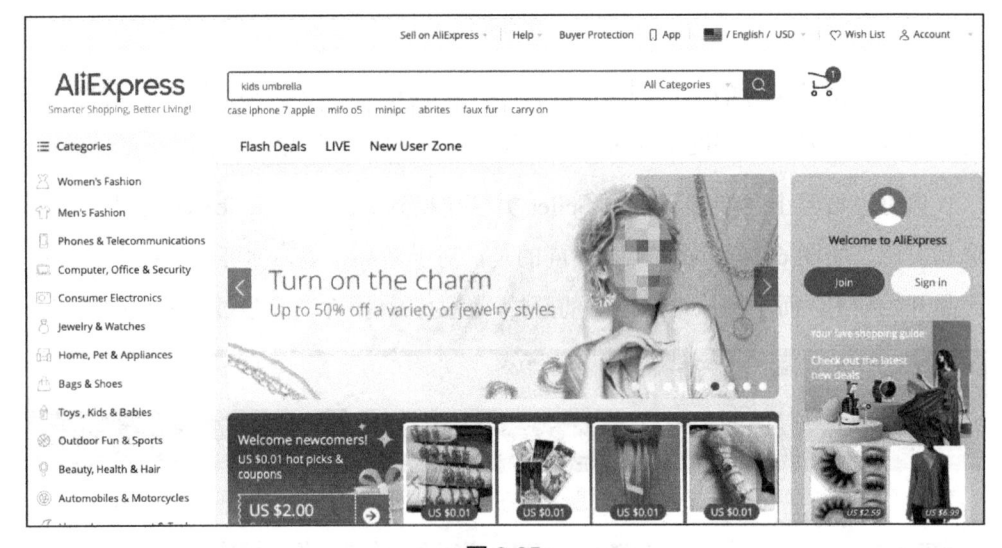

图 6-25

然后，在搜索框中输入想了解的产品关键词。比如，输入"iPhone case"（iPhone 手机壳），如图 6-26 所示。

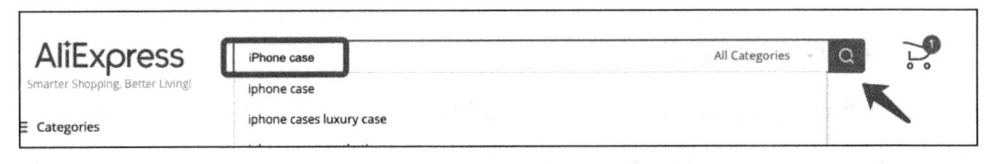

图 6-26

在搜索结果中单击"Sort by"→"Orders"按钮，即让搜索结果按销量排序，如图 6-27 所示。

从销量排在第 1 位的产品开始认真查看,要格外留意总销量至少为 200 单,并且评分在 4.6 分以上的产品。像手机壳这样的小配件,本身的购买需求很旺盛,特别是女生的一个手机可能有好几个甚至十多个手机壳。我发现很多手机壳都是靠设计取胜的。我找到的这款手机壳是有特殊功能的,防止在游泳时手机进水,如图 6-28 所示。

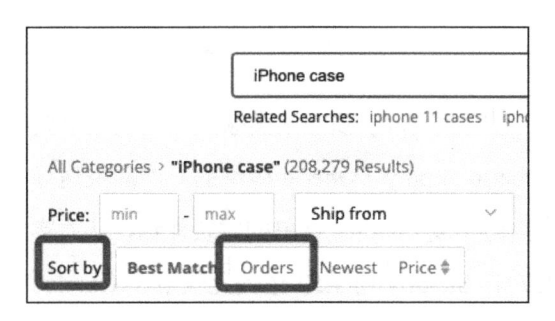

图 6-27

图 6-28

打开这款产品页面,查看客户评价,查看产品页面是否有高质量的图片和视频素材、卖家是如何收取运费的,如图 6-29 所示。

图 6-29

如果觉得这款产品可以拿来测试，那么还需要在速卖通上使用多个关键词搜索（以防水手机壳为例，可以用 waterproof phone case、swim phone case 等不同的关键词搜索），查看同款产品在速卖通上的销量。这么做，主要是看独立站卖家的竞争态势。如果这款产品有 10 多个卖家，并且销量高的卖家都有上万单了，那么我就不建议新卖家选择这款产品了。如果这款产品只有几个卖家在销售，并且销量最高的只有几百，几千单，那么新卖家可以尝试。

6.2.5 通过 Oberlo 选品

1. 通过Oberlo选品的原理

Oberlo 是 Shopify 旗下的一件代发工具。Shopify 独立站卖家只需要轻松点几下鼠标，就能将速卖通上的产品或者 Oberlo Supply（Oberlo 提供的）产品快速导入自己的 Shopify 独立站中，并且由速卖通完成 Shopify 订单的发货派送，从而实现 Shopify 独立站订单的一件代发。2017 年，Shopify 用 1.57 亿美元收购了 Oberlo。可以说，Oberlo 是做一件代发必备的 App，它掌握了采用一件代发模式的独立站卖家使用 Oberlo 下单的订单数据，而且把核心产品数据都免费展示给 Shopify 独立站卖家了。

Oberlo 提供了可靠的统计数据，告诉你什么产品好卖。使用 Oberlo 的用户都是 Shopify 独立站的卖家，并且绝大部分是采用一件代发模式的卖家。通过这个连接速卖通供应商和 Shopify 独立站卖家的工具来选品，可以更好地发现可以尝试的产品。

2. 通过Oberlo选品的流程

首先，登录 Shopify 后台，单击"应用"→"Oberlo"按钮，如图 6-30 所示。

在新打开的页面中，单击"Find products"（寻找产品）按钮，然后在页面右边出现的几大类目中，单击感兴趣的类目，比如我选择了 Watches（手表）类目，如图 6-31 所示。

对搜索结果按照你希望的方式进行排序，如图 6-32 所示。

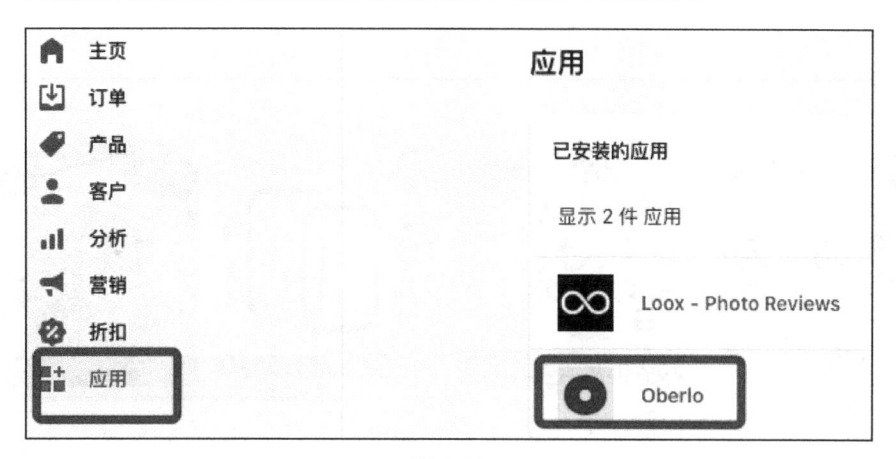

图 6-30

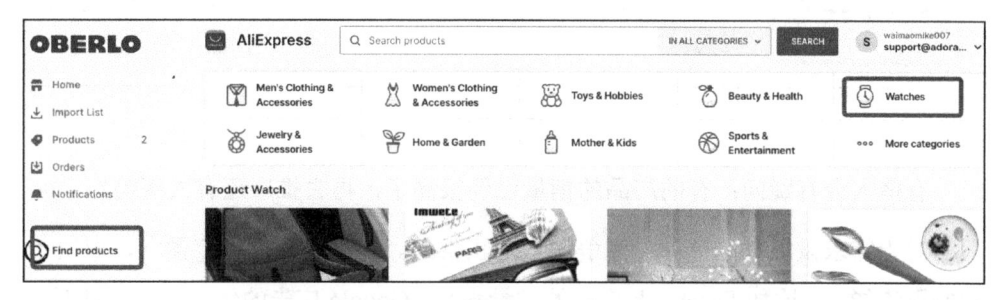

图 6-31

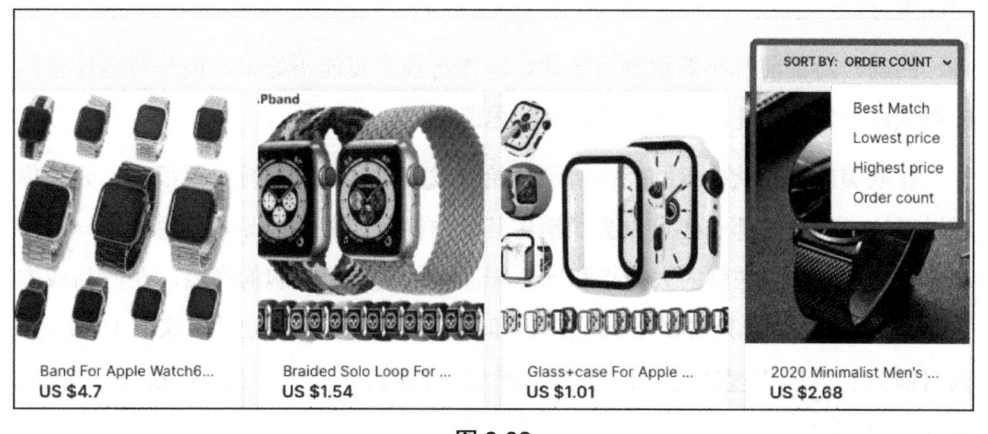

图 6-32

我习惯按 Order count（订单数量）排序，结果如图 6-33 所示，5 个小五角星代表这个产品在速卖通上的评价数量和总体评分，Imports 代表这个产品被多少个 Shopify 独立站卖家上架了，Orders 代表这个产品有多少订单是通过 Oberlo 下单的。

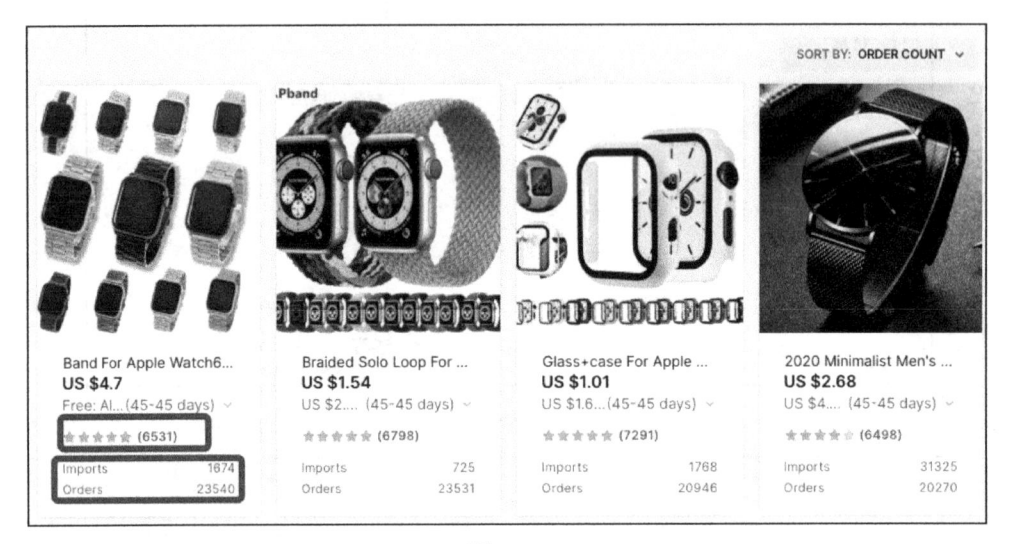

图 6-33

有些人会有疑问：有的产品的销量已经很高了，再去推广还有人买吗？

对于需求量很大的产品，竞争激烈是正常的。至于能不能推广盈利，取决于你的引流能力，比如 Facebook 广告的扩量水平、Google 广告的优化能力，而不是产品本身。

的确，对于前几年的现象级爆款，现在再推广可能不好卖，但是对这种曾经的爆款进行复盘，能帮助你打开选品的思路。

在欧美新型冠状病毒肺炎疫情刚开始暴发的时候，瑜伽裤卖得很火。如果你错过了这个时机，那么还可以尝试销售其他与健身相关的产品。我看到了一个不起眼的产品——缠在脚的大拇指和部分脚面上，类似于护腕的产品。在产品成本方面，批发拿货估计只需要几元人民币，但是这个 Shopify 独立站卖家卖 15 美元。到目前为止，广告视频有 400 多万次播放，1.8 万次点赞，Facebook 的广告如图 6-34 所示。

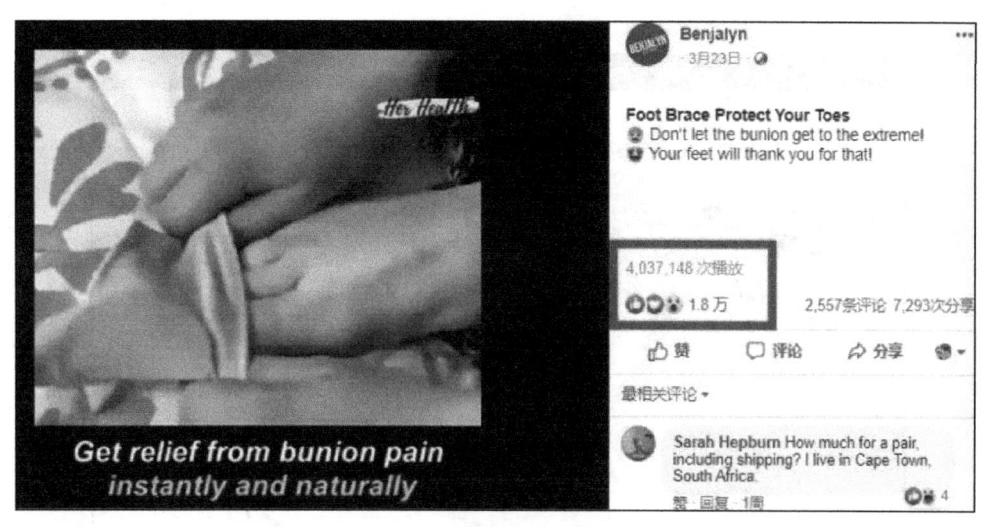

图 6-34

6.3 五大现象级爆款盘点

上面介绍了关于 Shopify 独立站选品的原则和具体方法，下面用 5 个曾经火爆一时的产品复盘。

1. 磁吸假睫毛

这个产品在速卖通上的详情页如图 6-35 所示。男生可能不知道这是什么产品，而女生一目了然。它属于美妆类细分品类中的一个单品，是一种假睫毛。与传统的假睫毛用特制胶水贴在眼皮上不一样，这个磁吸假睫毛需要先在眼皮上刷一层眼线液，由于眼线液里含有铁粉，可以把假睫毛吸附在眼线液上，这比使用常规的假睫毛更方便，同时更牢固。这个产品对于经常化妆的女生来说，近似于刚需了，而且欧美女生的妆容一般比亚洲女生更浓，她们更追求舞台效果。速卖通上的卖家数量和销量反映了有不少人在卖这个产品。从价格上来说，利润非常可观，我曾经看到一个卖家的零售价格高达 100 多美元，这个卖家走的是精品路线。

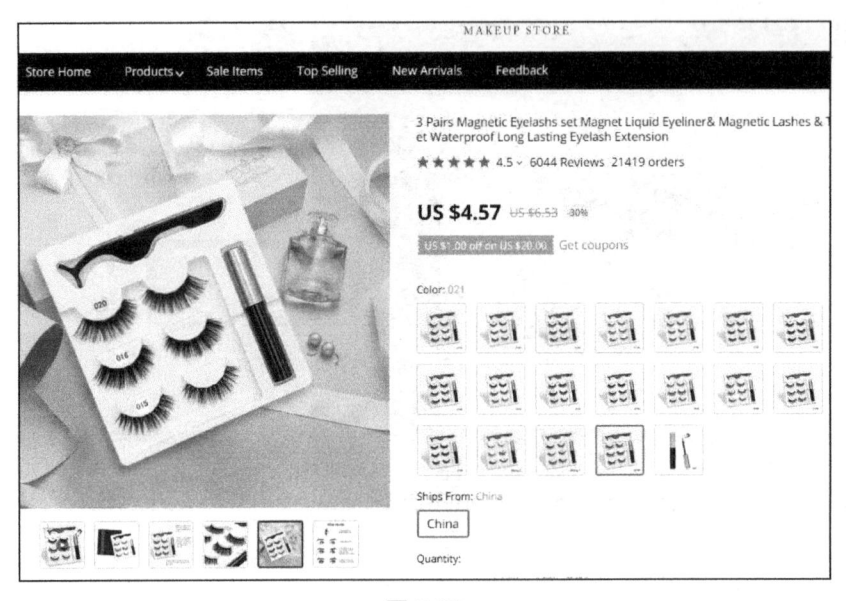

图 6-35

2. 触控六角形灯

这个产品很有新意。你可以把一块或者多块六角形的灯组合成任意想要的形状，并且放置在想放的位置，这符合外国人喜欢 DIY 的天性。这个产品在速卖通上的详情页如图 6-36 所示。

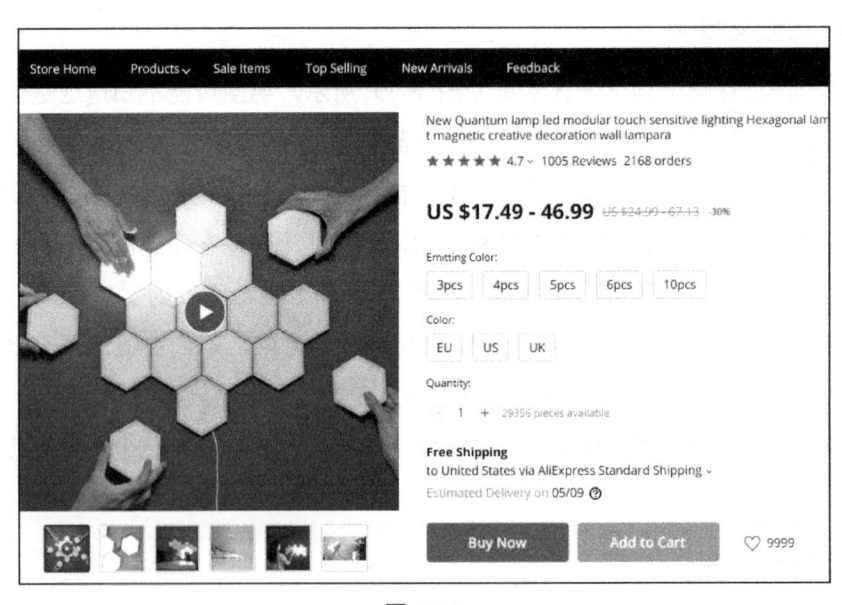

图 6-36

3. 宠物毛绒床

这个产品主要针对宠物的主人，并且广告引导主人产生愧疚感，即主人不在家时宠物独自在家，十分孤单。一个舒服的宠物窝可以让宠物感到舒适，不再那么孤单。这个产品的利润也十分可观，美国人偏好养大型犬，越大的毛绒床，价格自然越高。这个产品在速卖通上的详情页如图 6-37 所示。

图 6-37

4. AirPods+iPhone Case

现在很多人都拥有 iPhone 和 AirPods。众所周知，AirPods 容易丢。于是，有人就设计出了一个手机壳，既可以用来装 iPhone，也可以把 AirPods 放进去，并且可以充电。这个产品在速卖通上的详情页如图 6-38 所示。

图 6-38

5. 文身贴

这个产品极大地满足了外国人标新立异的心态。他们喜欢各种文身，用这个产品可以直接贴出文身的效果，还不用忍受文身的痛苦，也不用承担昂贵的文身费用。要知道，在国外凡是需要人手动操作和与设计有关的产品、服务，都很贵。这个产品能火的关键原因是一旦不想要这个文身了，就可以直接洗掉。这个产品在速卖通上的详情页如图 6-39 所示。

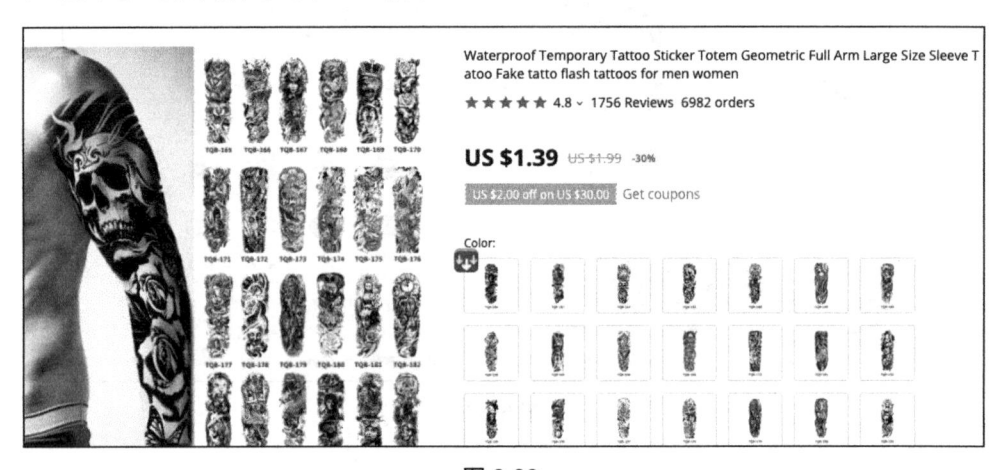

图 6-39

第 7 章 Shopify 独立站的引流

做 Shopify 独立站运营必须清楚地认识到：独立站是没有自然流量的，也就是说，你认真地选品、上架产品、优化店铺等，基本上除了你自己，没有人知道你的独立站存在。这样，独立站没有访问、点击，更没有订单。很多新卖家或者从平台转型过来的卖家不清楚这个方面，误以为是自己的产品太少，独立站装修得不够精美。这也是我为什么在第 6 章中强调做 Shopify 独立站运营"五分靠选品，五分靠引流"的道理。另外，需要强调的是，不同的独立站在不同的阶段需要用不同的引流方式。

7.1 Facebook广告引流

在第 6 章介绍选品的时候讲过，Facebook 旗下包括 Facebook、Instagram 等多款日活跃用户量巨大的社交媒体产品。因此，Shopify 独立站卖家需要充分地利用它们的巨大流量。

需要提醒的是，用 Facebook 广告引流是很专业和系统的知识，再聪明的人也不可能一蹴而就。你要老老实实地学习和运用 Facebook 广告，不要幻想几天就弄清楚一整套投放 Facebook 广告的技巧。

7.1.1 "养号"建议

在注册好 Facebook 的个人账户之后，不要马上进行广告推广。你需要"养号"，千万不要小看"养号"，很多新卖家因为不重视"养号"，所以还没有到推广阶段，个人账户就被封了。

首先介绍一下 Facebook 等社交媒体账户被封的主要原因：

（1）账户信息是假的，导致系统不能验证通过。

（2）IP 地址不稳定，非常容易被封号。

（3）在注册后添加大量的小组和好友。系统会认为你的账户是营销号，会严重影响用户体验。

（4）用同一个设备申请的账户过多，就会导致账户都被封。

以上这些原因都是我整理的，是我自己和他人账户被封的经验总结。你可以仔细地想一想你作为一个新用户，对 Facebook 平台不了解，刚注册好账户就添加小组，建立公共主页，甚至直接开通广告，Facebook 系统就会有很大概率认为你注册账户是别有用心的。"养号"的过程其实很简单，就是体验 Facebook，不要总想着违反平台规则。

另外，对于第一次使用 Facebook 个人账户的卖家，我的建议如下：

（1）在注册 Facebook 账户后，完善个人信息、头像、简介等（头像必须能看清五官，便于照片验证）。

（2）在第一天，不要创建公共主页、添加好友，更不要急于投放广告。

（3）从注册账户之后的第二天开始，可以添加少量好友。第一批好友最好来自手机通讯录或者系统推荐的可能认识的卖家，尽量避免每天都添加好友。

（4）对于新账户来说，不要在添加陌生人后与其无任何互动，也不要频繁地添加陌生人（每周不要超过 5 个，按照系统规定）为好友。

（5）保持每天登录 1~3 次，搜索、阅读、参与互动，每次 10~30 分钟，可以玩平台上的小游戏。

（6）在个人账户创建后，需要每天固定用同一部手机或同一台电脑、同一个稳定的 IP 地址登录，在登录 2 周后如果没有出现问题，那么可以创建 Facebook 公共主页。

7.1.2　创建 Facebook 公共主页

首先，登录 Facebook 账户，单击右上角的"+"按钮，如图 7-1 所示。需要提醒的是，对于新注册 Facebook 账户的用户来说，建议至少"养号"14 天后再创建 Facebook 公共主页。

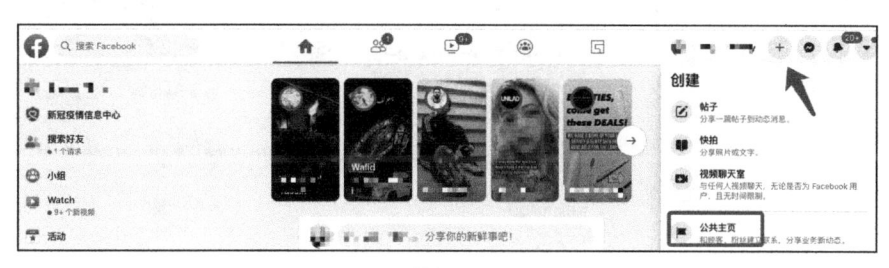

图 7-1

单击"公共主页"按钮，需要对这个公共主页进行配置，如图 7-2 所示。

图 7-2

公共主页名称和类别这两项是必填的，我建议在"公共主页名称"文本框中填写你的 Shopify 独立站的一级域名（.com 前面的文字），在"类别"文本框中填写你的 Shopify 独立站的品类方向，然后单击"创建公共主页"按钮。

这时，就打开了公共主页的页面，请注意这时千万不要单击页面上任何含有"推广"字样的按钮或者链接，如图 7-3 所示。

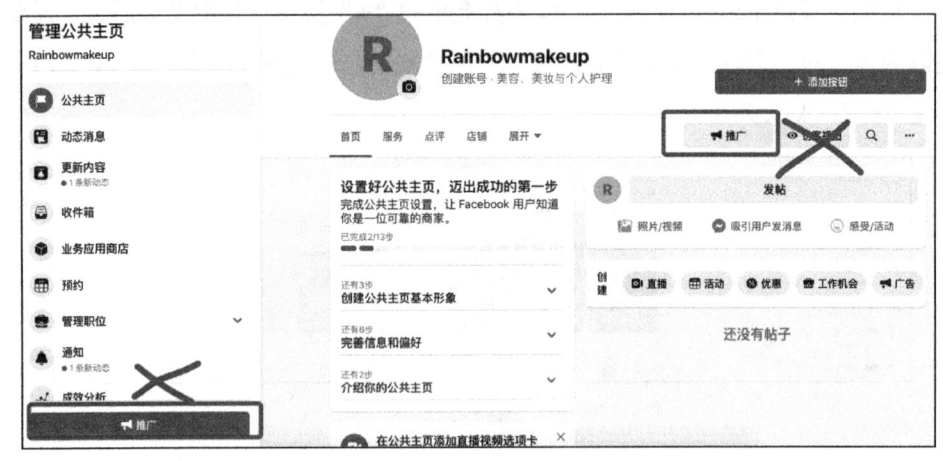

图 7-3

然后，对公共主页基本形象进行设置，即单击图 7-4 中的"创建公共主页基本形象"按钮。

图 7-4

按照要求分别上传对应的图片,如图 7-5 所示。需要提醒的是,头像要和你的 Shopify 独立站的 Logo 尽量保持一致,封面照片一般都是主推的产品图片或者和你销售的品类强相关的产品图片,在上传后要调整照片显示的效果。说明的内容可以来自 Shopify 独立站中的 about us 页面。

注意:头像的分辨率为 180px × 180px,需要使用正方形的图片。

在这部分设置好后,要完善信息和偏好,如图 7-6 所示。

图 7-5

图 7-6

(1)添加网站:放入你的 Shopify 独立站首页的网址。

(2)添加所在地信息:由于你的 Shopify 独立站是线上店铺,可以不填。

(3)添加营业时间:线上店铺是全天 24 小时营业的。

(4)添加电话号码:对于中国卖家来说,如果这项可以不填,就不填。因为有时差问题，你无法在半夜接听客户电话，也不能全天 24 小时守着电话。

（5）绑定 WhatsApp：建议用 WhatsApp 的卖家可以绑定 WhatsApp 账户。

（6）添加按钮：这个按钮适合提供服务类产品的商家，你不用设置。

你还要介绍你的公共主页，如图 7-7 所示。

（1）邀请好友：这时，你在"养号"时添加的好友就派上用场了。

（2）创建欢迎帖：指通过含有照片或视频的帖子来介绍你的公共主页。

最后，在完成公共主页的基础设置后，如果你还要进一步设置这个公共主页，那么可以单击"设置"按钮，如图 7-8 所示。

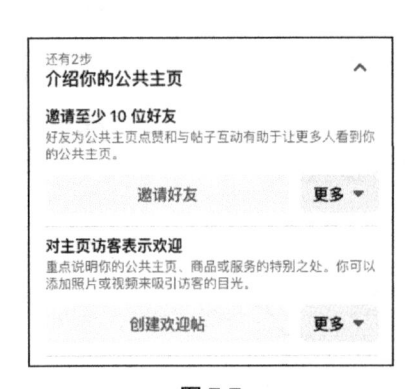

图 7-7

图 7-8

7.1.3 设置 Facebook 的商务管理平台及开通广告账户

Facebook 后台即广告主常说的商务管理平台（Facebook Business Manager，BM），可以帮助广告主一站式管理广告账户、公共主页及相关的工作人员，其对广告的管理权限远远大于 Facebook 广告管理工具（Ads Manager）。目前，Facebook 对中国广告主的管控越来越严格。你要想在 Facebook 上通过广告引流，就应该先设置 BM，然后申请广告账户，再进行 BM 验证，最后投放 Facebook 广告。

首先，登录 BM，然后单击"创建账户"按钮[①]，如图 7-9 所示，会打开如图 7-10 所示的页面。

图 7-9

图 7-10

---
① Facebook 网站中"帐户"的正确写法应为"账户"。

（1）Your Business and Account Name：你的营业执照上的名字（要完全一致）。

（2）Your Name：个人姓名。

（3）Your Business Email：你经常查看的工作邮箱，我建议还是用 Gmail 邮箱。

在填写完上面的内容后单击"Next"（下一步）按钮。

在如图 7-11 所示的页面中，需要填写真实的信息，包括地址、电话号码和网站。然后，单击"Submit"（提交）按钮。

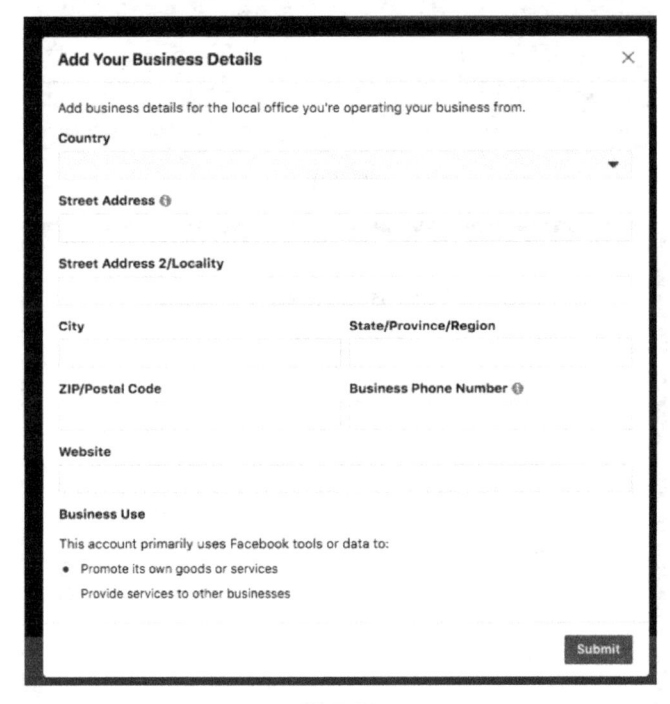

图 7-11

打开你刚才填写的邮箱，检查是否有 Facebook 发送的"Confirm Your Business Email"邮件。如果有这封邮件，就在邮件中单击"Confirm Now"（现在确认）按钮。

单击"Add Page"（添加主页）按钮，然后，在弹出的对话框中单击"Add Page"按钮，如图 7-12 所示。

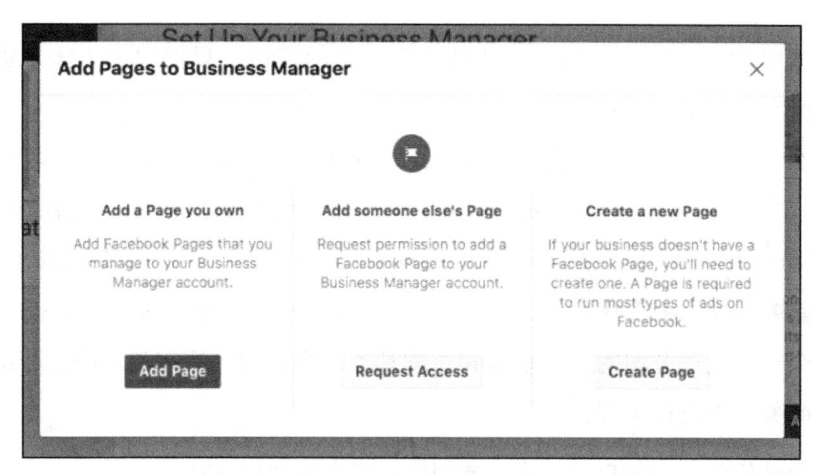

图 7-12

输入你的 Facebook 公共主页,然后单击"Add Page"按钮,如图 7-13 所示。

图 7-13

以上内容就是 Facebook 的 BM 设置。

下面简单介绍开通广告账户。需要提醒的是,由于各种政策和管控,不管是中国的个人还是中国公司,都不能用 Facebook 的个人账户直接打广告。中国的新卖家不要尝试单击任何"推广""速推"之类的按钮，只要用个人账户进行推广，大概率会被 Facebook 封掉个人的广告账户。中国卖家唯一能用 Facebook 进行推广的开户渠道，就是通过 Facebook 在中国授权的广告代理公司来开通 Facebook 广告账户。目前，既有一级（也叫顶级）代理公司，又有二级代理公司。我建议用一级代理公司。据我所知，一级代理公司包括但不限于猎豹移动、飞书互动、蓝瀚互动、木瓜移动、英宝通、YinoLink、熊猫新媒、GatherOne、雨果网等。每个一级代理公司的开户要求和流程都不一样，请自行搜索，找到一级代理公司的商务人员进行了解。

在通过代理公司开户后，你需要把广告账户添加到 BM。

（1）登录 BM，单击"商务管理平台设置"按钮，如图 7-14 所示。

（2）在跳转后的页面中单击"账户"→"广告账户"按钮，如图 7-15 所示。

（3）单击"广告账户"页面的"添加"按钮，在出现的下拉菜单中单击"添加广告账户"按钮，如图 7-16 所示。

图 7-14

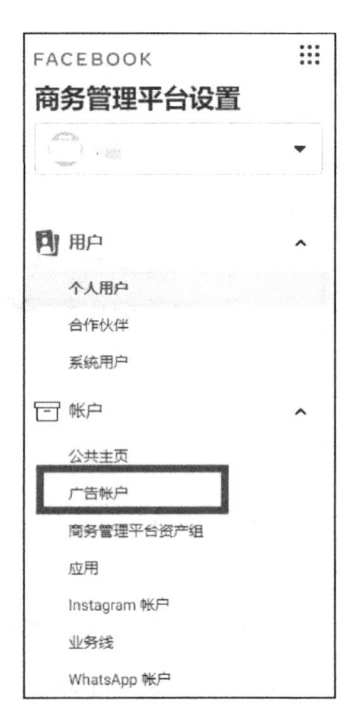

图 7-15

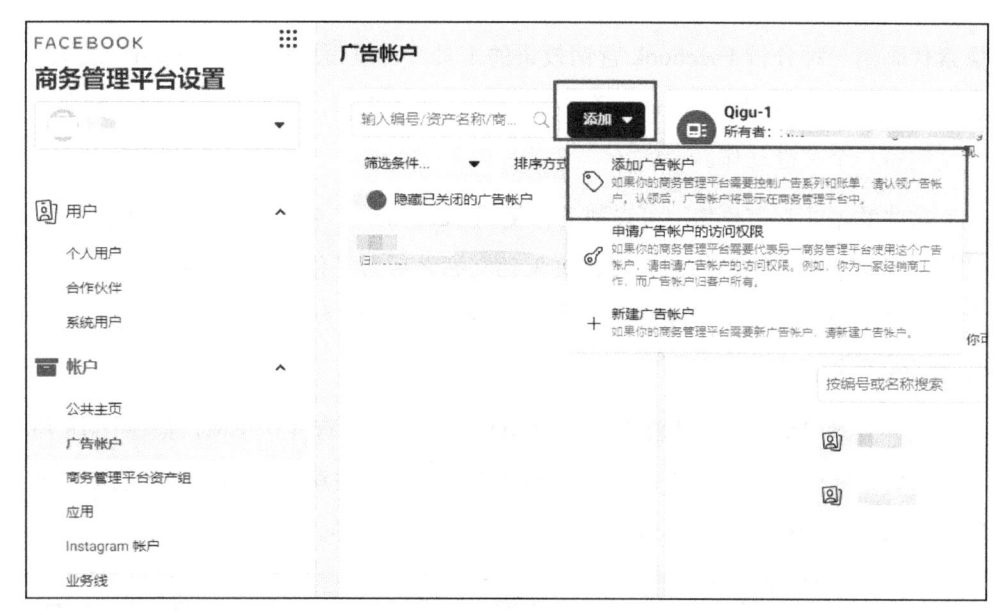

图 7-16

（4）把代理公司给你的"广告账户编号"填入文本框中，单击"添加广告账户"按钮，如图 7-17 所示，这样就把广告账户添加到 BM 中。

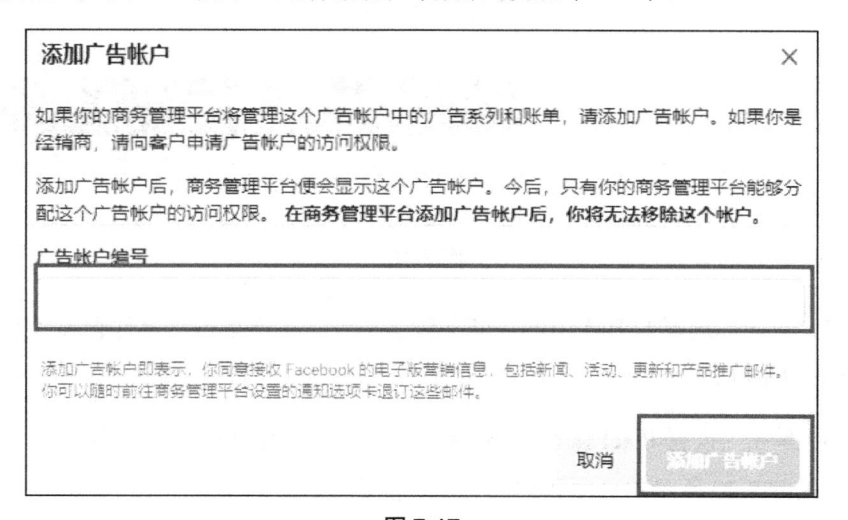

图 7-17

7.1.4　安装 Facebook 像素

有些新卖家可能第一次听说 Facebook 像素，它的英文名是 Facebook Pixel。

像素代码是一种分析 Facebook 营销效果的工具，可以帮助你了解 Shopify 独立站客户通过 Facebook 来到 Shopify 独立站后的一系列操作，包括从进入网站到离开网站的每一个关键动作。

这些数据非常有价值，可以帮助你衡量 Facebook 广告的效果。简单地说，如果你不了解谁进入了你的独立站、进入独立站之后做了什么，就很难评估广告的实际效果。除此之外，在积累了一定的数据之后，像素代码还可以帮助你构建 Facebook 广告受众。

（1）登录 BM，因为我注册过 4 个 BM，所以这里有 4 个 BM，如图 7-18 所示。然后，选择你需要安装 Facebook 像素的 BM。请注意：Facebook 可能随时调整 BM 页面和功能，所以你看到的 BM 页面可能不一样。

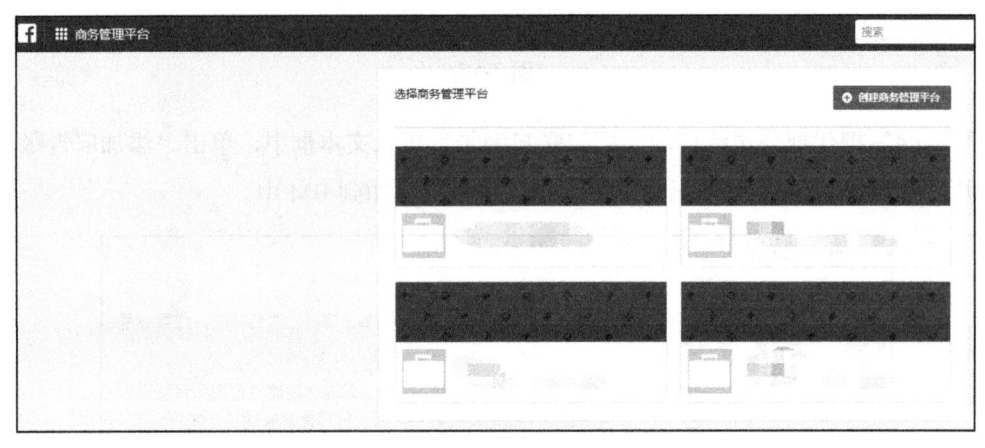

图 7-18

（2）单击你选择的 BM 中的"商务管理平台"，再单击"事件管理工具"按钮，如图 7-19 所示。

（3）单击"设置 Pixel 像素代码"按钮，设置像素代码。因为我设置过像素代码，所以图 7-20 所示的页面和你的页面可能不一样。

（4）在新出现的页面中，单击"通过合作伙伴集成功能添加代码"按钮，如图 7-21 所示。请注意：Facebook 可能随时调整像素代码安装的页面和功能，所以你看到的相关页面可能不一样。

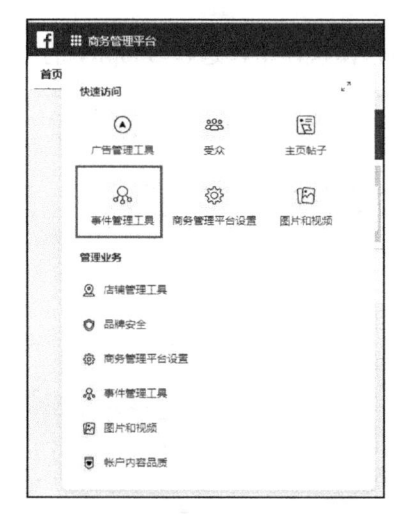

图 7-19

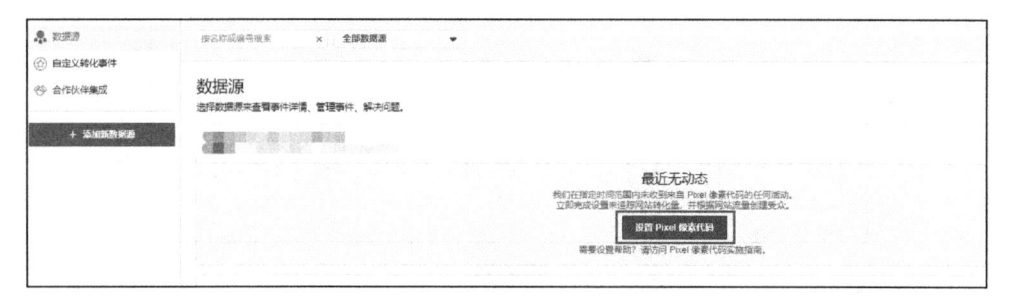

图 7-20

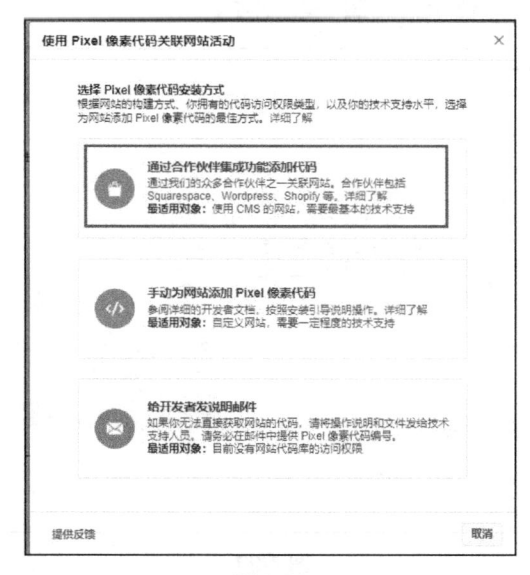

图 7-21

（5）这时，在出现的合作伙伴中，选择 Shopify 的 Logo，如图 7-22 所示。

图 7-22

（6）单击"继续"按钮，如图 7-23 所示。

图 7-23

（7）在 Shopify 后台，单击"在线商店"→"偏好设置"→"Facebook Pixel"按钮，如图 7-24 所示，粘贴 Facebook Pixel ID（Facebook 像素代码）到文本框中，再返回第（6）步查看连接状态。在一般情况下，只要两分钟左右，像素代码就能生效。

图 7-24

（8）把 Facebook 像素绑定到你的 BM 中（这是重要的一步）。具体操作：登录 BM，单击"商务管理平台设置"→"数据源"按钮，选定像素名称，单击"添加资产"按钮，选定对应的广告账户，单击"确定"按钮即可。

7.1.5　Facebook 广告的层级划分

在前面介绍过 Facebook 广告是很复杂、很专业的，所以如果你从来没有接触过 Facebook 广告，那么一定要仔细看完本节内容，否则根本看不懂后面的创建广告的内容。

Facebook 广告由 3 个层级组成：

（1）第一个层级：广告系列（Ad Campaign）。

（2）第二个层级：广告组（Ad Set）。

（3）第三个层级：广告（Ad）。

这 3 个层级是层层包含的关系，也就是说，一个广告系列可以包含 N 个广告组，一个广告组可以包含 N 个广告，如图 7-25 所示。

这 3 个层级的功能是完全不一样的。

广告系列是 Facebook 广告的基础，如图 7-26 所示。单击"创建"按钮后，你首先创建的就是广告系列。你需要并且只能在广告系列这个层级选择广告目标

（如主页赞）。比如，如果你打 Facebook 广告的目的是推广你创建的 Facebook 公共主页，那么选择了主页赞这个广告目标后，Facebook 广告系统算法将优化广告，达成为你的 Facebook 公共主页吸引更多主页赞的广告目标。

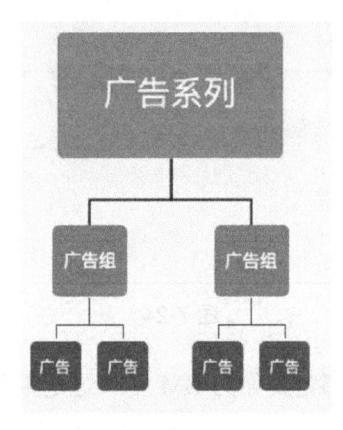

图 7-25

图 7-26

广告组用于规定广告如何投放，如图 7-27 所示，并且只能在广告组层级来设置第二层广告目标，以及你的广告受众、广告预算和广告排期等参数。广告受众指的是广告投放的人群，你可以通过 Facebook 系统给出的选项和关键词来定位广告投放的国家和地区，受众的性别、年龄及兴趣等。广告预算指的是广告花多少钱，简单来说就是你预计总体或者单日花多少广告费。广告排期指的是你计划在什么时间投放你的广告。还有一些其他设置会在后面具体讲解。

图 7-27

广告是 Facebook 受众实际看到的内容，也就是常说的广告素材，如图 7-28 所示。只有在广告这个层级，你才可以提交或者创作广告素材。广告素材的形式可以是视频、图片、文字等。还有一些设置会在后面具体讲解。

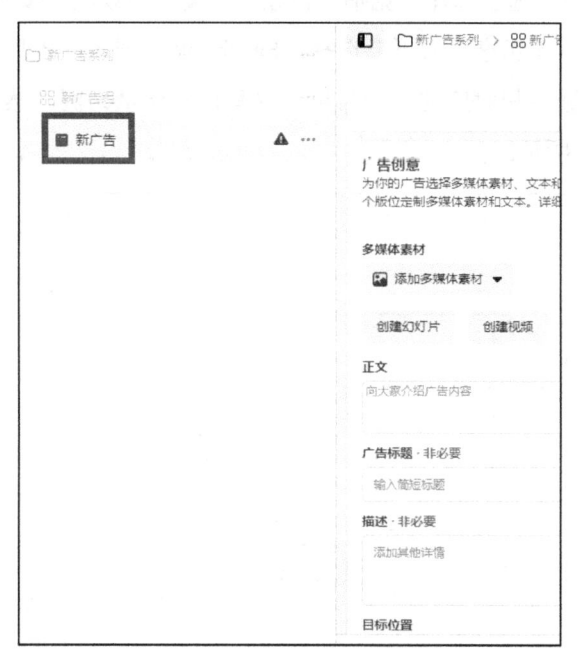

图 7-28

7.1.6 创建 Facebook 广告

经过前面的步骤，就可以创建 Facebook 广告了。注意：在实操的时候，每一步都要格外注意。

1. 创建广告系列

先登录 Facebook 广告管理工具后台，然后单击"创建"按钮，这里创建的只能是第一个广告层级——广告系列，如图 7-29 所示。

图 7-29

在"购买类型"选区选择"竞拍"按钮。"覆盖和频次"按钮更适合预算多、受众量大的广告，新卖家千万不要选择。Facebook 有很多广告目标，你可以根据投放广告的需求选择相对应的广告目标。这里以转化量为例，然后单击"继续"按钮，如图 7-30 所示。

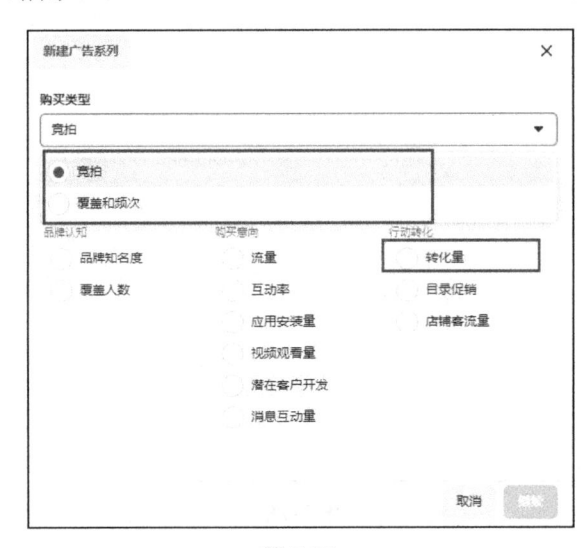

图 7-30

在新打开的页面中，需要给广告系列命名。之所以命名，是为了让你能够一眼就区分不同的广告系列。命名格式没有标准，我喜欢用的是广告目标（如购买）-产品名称-日期（如建立日期），如图 7-31 所示。

图 7-31

需要特别注意的是，你要关闭广告系列预算优化（CBO）。之后，单击"继续"按钮，如图 7-32 所示。

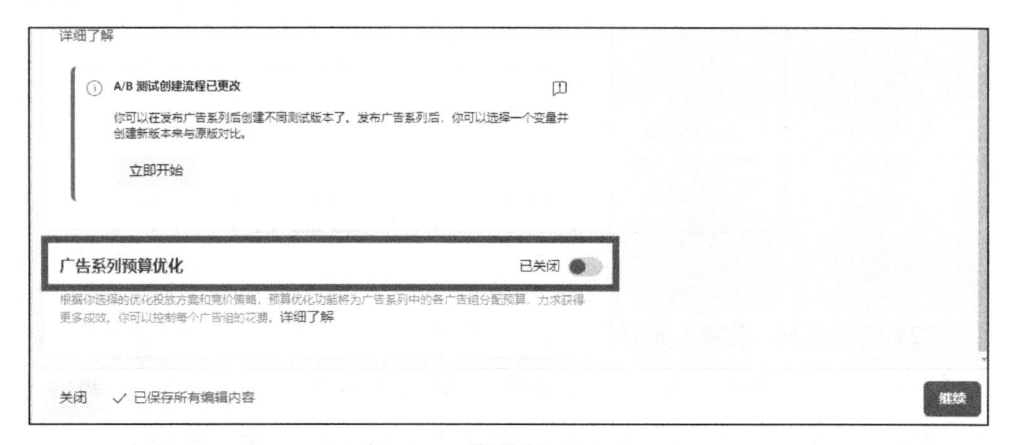

图 7-32

2. 设置广告组

下面设置第二个层级——广告组，如图 7-33～图 7-37 所示。这些图在一个页面中，为了便于讲解，分别截图。这是 Facebook 广告创建的重头戏。

（1）广告组名称和 Conversion，如图 7-33 所示。首先，广告组命名和广告系列命名一样，无固定格式，这也是为了方便一眼就区分不同的广告组。其次，"转化事件发生位置"指的是你希望通过 Facebook 广告把用户引导到什么地方。Shopify 独立站卖家只选择"网站"按钮，即自己的 Shopify 独立站；"应用"指的是各种手机 App，比如，学习类、修图类、游戏类等 App；Messenger 和 WhatsApp 是 Facebook 旗下的另外两款社交 App。"转化事件"可以选择"购物""加入购物车"或者"发起结账"等，你都可以尝试。需要提醒的是，你一定要提前安装好 Facebook 像素，再来创建广告组。

图 7-33

（2）动态素材、优惠、预算和排期，如图 7-34 所示。要关闭"动态素材"（因为动态素材适合大预算广告，比如日预算为 200 美元以上），同时关闭"优惠"。

预算：选单日预算，图中的金额为 20 美元（实际金额大家自行斟酌）。

开始日期：我建议使用主推市场当地的凌晨时间，比如当地时间早上 4～6 点。不设置结束日期。

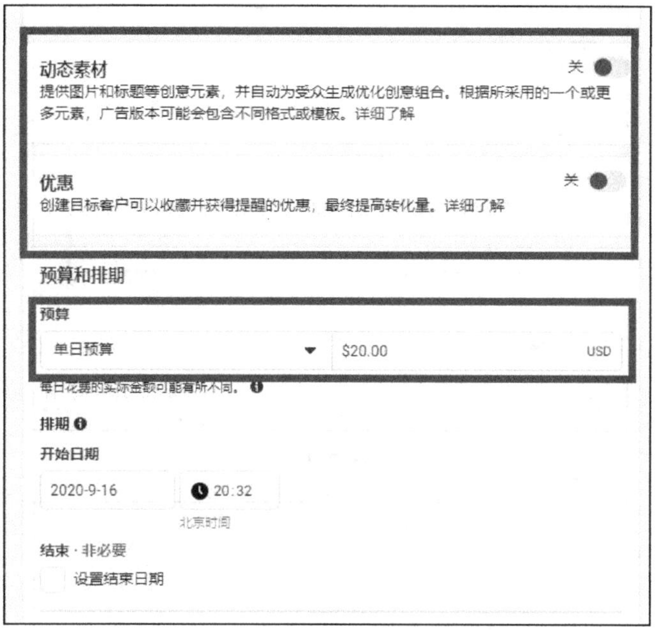

图 7-34

（3）新建受众，如图 7-35 所示。

自定义受众：你自己定义的受众，若没有自定义受众，则为空。

地区：不要选择默认的"居住"选项或"最近位于该地区的人"选项，要选择"居住在该地区的用户"选项。因为最近位于该地区的人，很可能之前和之后不在这个地区，他们在线购物的可能性很小。稳定居住在该地区的人的购物可能性更大，后续的物流和签收问题更少。

搜索地区：根据你的目标市场选择。我首选美国、加拿大、英国或澳大利亚。

如果不对受众进行进一步选择，广告系统就会把广告随机投放给居住在美国的 Facebook 用户，导致广告效果不好。下面对居住在美国的 Facebook 用户进一步选择，如图 7-36 所示。

年龄：根据你的产品适用人群来选择年龄段，图中的 25～65+只是示范。

性别：如果产品的受众明显是单一性别的，那么选择单一性别，否则就选择不限，也就是包括所有性别。

细分定位扩展设置：新卖家就不要勾选了。

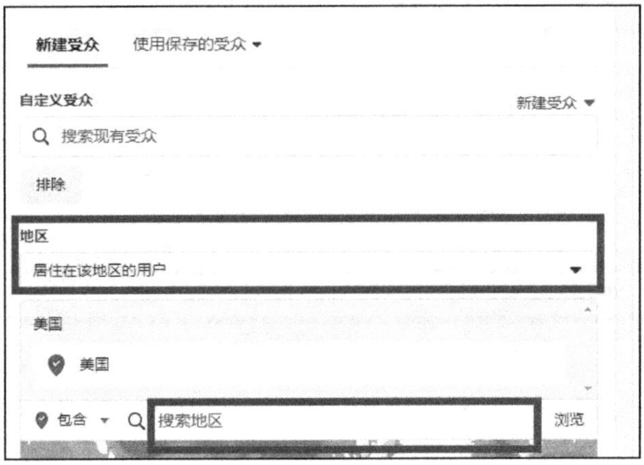

图 7-35

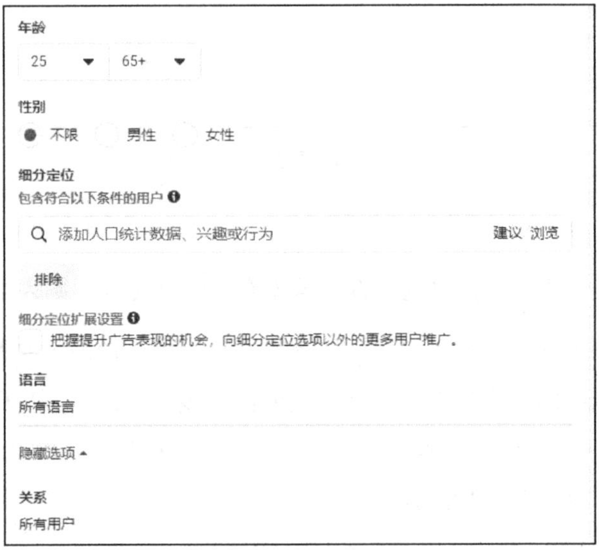

图 7-36

语言：图上显示的是"所有语言"。所有语言的意思：比如，我选择居住在美国的用户和所有语言，那么不管用户使用什么语言浏览 Facebook，只要居住在美国，这个广告就会推送给他。

关系：默认为"所有用户"。

（4）版位、优化与投放，如图 7-37 所示。

版位：新卖家可以选择"自动版位"按钮，让系统优化版位。

广告投放优化目标：这里显示的是转化量，还有价值、落地页浏览量和其他选项，你可以根据自己的需求来选择。

费用控制额：默认为空白。

转化时间窗：默认为点击后的 7 天或浏览后的 1 天。

计费方式：默认为"展示次数"。

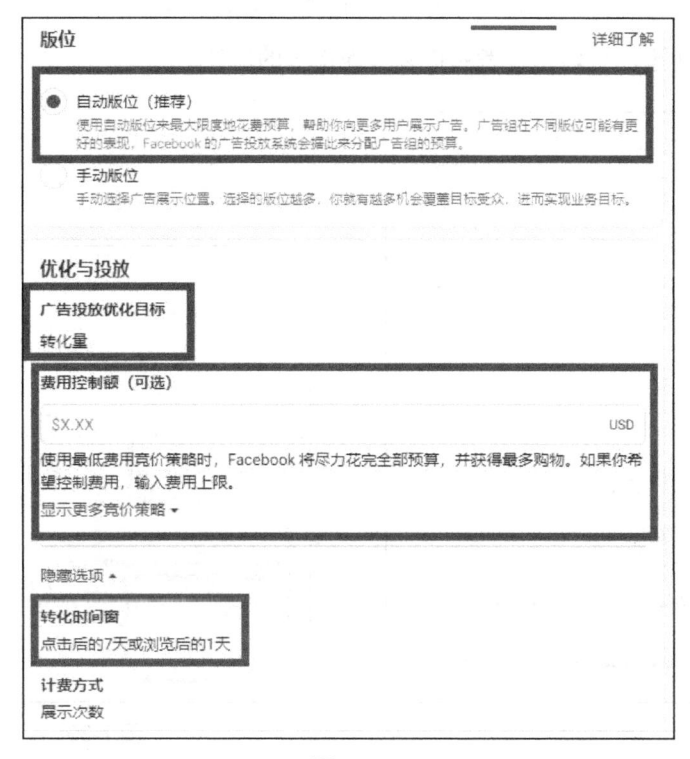

图 7-37

在设置好广告组后，单击页面右下角的"继续"按钮，进入广告的设置页面。

3. 设置广告

下面设置第三层级——广告，如图 7-38～图 7-40 所示。这些图在一个页面中，为了便于讲解，分别截图。

（1）广告名称、广告发布身份和广告设置，如图 7-38 所示。和广告系列、广告组一样，你也要给广告命名。广告发布身份一般默认为你的 Facebook 公共主页，如果你希望覆盖 Instagram 用户，就在这里选上你的 Instagram 主页（要提前在你的 Facebook 公共主页设置里绑定 Instagram 主页）。对于"广告设置"选区的"格式"，我一般推荐选择"单图片或视频"按钮，这样可以最大限度地抓住用户的注意力，建议优先使用 1∶1 比例的图片和视频，效果更好。如果使用视频，那么要注意提交自定义的缩略图。

（2）多媒体素材、正文、广告标题和描述，如图 7-39 所示。不知道怎么填写这些内容的卖家，可以先参考和借鉴其他卖家的写法。

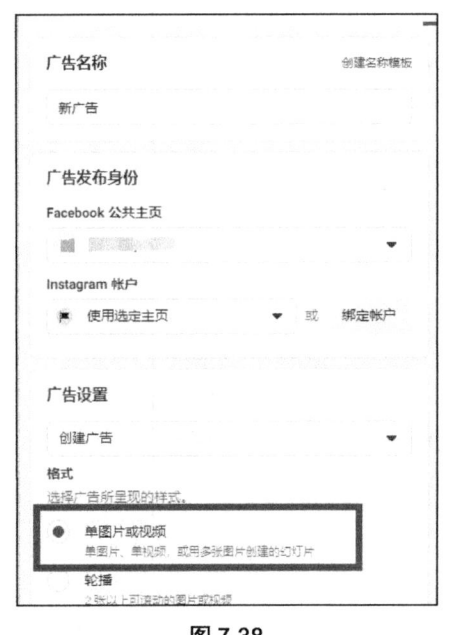

图 7-38　　　　　　　　　　　　　　图 7-39

（3）链接、行动号召、语言和追踪，如图 7-40 所示。要填写推广页面的链接，在"行动号召"文本框中推荐选择"去逛逛"选项，要确保勾选"Facebook Pixel 像素代码"复选框。

需要从头到尾检查一遍所有设置，如果没有问题，就提交，如果有问题，系统会提示你修改。一般来说，新的广告账户的第一次审核时间比较长，我遇到过的最长的审核时间是 24 小时，老的广告账户一般仅需审核半小时。这些数据仅供参考，因为 Facebook 的审核政策一直在更新。

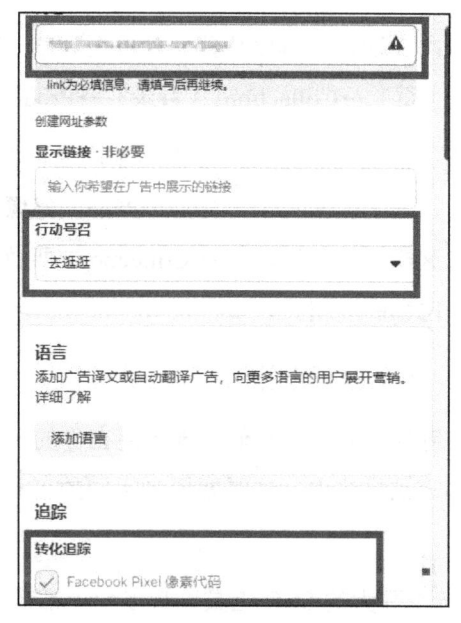

图 7-40

7.2　Google引流

Google 是全球第一大搜索引擎，相信你对它不会陌生。下面从免费引流和付费引流两个角度来进行简单介绍。

7.2.1　Google 免费引流

Google 免费引流主要是指做好 Shopify 独立站的 SEO。现实情况是，对于大多数个人卖家来说，做好 SEO 是一件难度极大的事情。很多个人卖家都觉得做 SEO 非常费时、费力，而且见效太慢。更糟糕的是，花了很多时间和精力，也不一定有效果。

作为 Shopify 独立站的个人卖家，我通过学习和亲身实践，觉得以下几个 SEO 策略，即使新卖家也可以学习和运用。

1. 3次点击原则

我从很多 SEO 专家的经验分享中发现，在 Shopify 独立站上最好的用户体验是用户最多在网站上点击 3 次，就可以从独立站首页到某一个产品的落地页。这个顺序是 Home Page（主页）→Collections（目录）→Product（产品）。

我的经验是卖家没有必要为了上架产品而上架产品，很多新卖家在 Shopify 独立站建好的第一时间，马上上架几十、几百个产品，好像上架的产品越多，订单越多一样，其实不是这样的。另外，产品 Collections 要做好内容优化，这个优化主要在于关键词要和内容高度相关。

2. 搞定关键词

你要分析和深挖关键词，并且把它们合理地用在你的 Shopify 独立站的主要页面，以及产品标题和产品描述中。这需要用到不同的工具，你可以根据自己的情况合理选择。

（1）ahrefs。这是一个强大的 SEO 工具，很多卖家都在用，如图 7-41 所示。

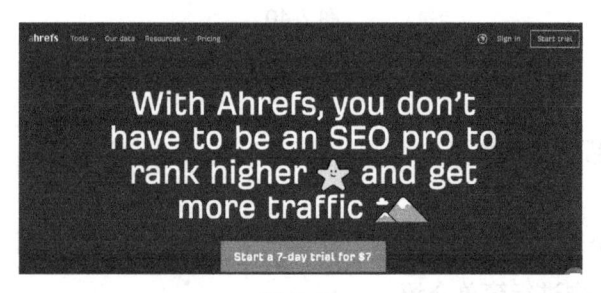

图 7-41

ahrefs 的最便宜的套餐是 99 美元/月，试用 7 天要 7 美元，如图 7-42 所示。

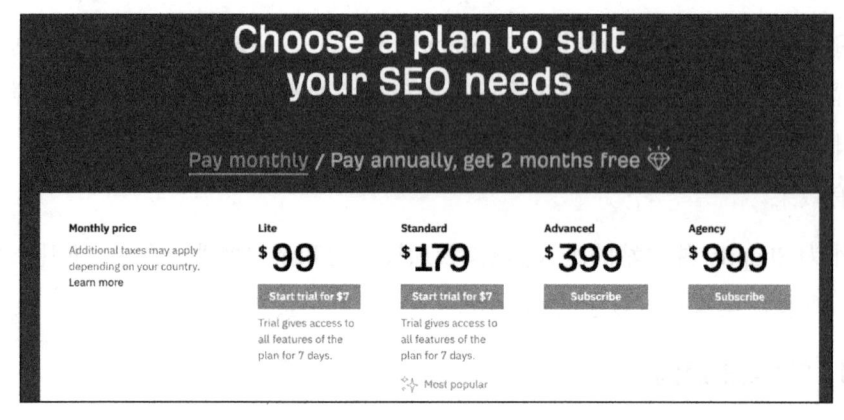

图 7-42

（2）SURFER。这也是一个不错的 SEO 工具，如图 7-43 所示。

图 7-43

SURFER 的最便宜的套餐是 49 美元/月，试用 7 天只要 1 美元，如图 7-44 所示。

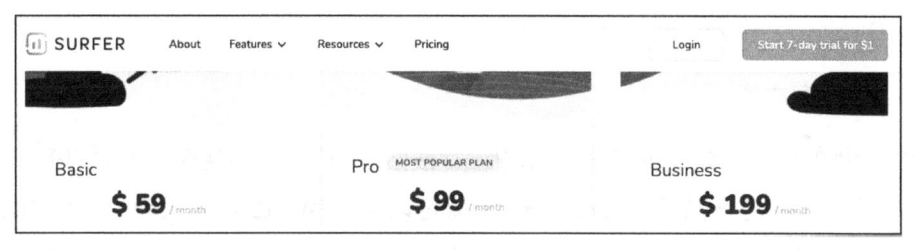

图 7-44

（3）Google Keyword Planer。这是谷歌广告后台免费提供的一个关键词研究工具，就算不打 Google 广告也没关系。这个功能其实是免费使用的，强烈推荐"小白"先用这个工具试手。

3. 注册Google的网站管理工具Google Search Console

目的是让搜索引擎爬虫抓取到你的 Shopify 独立站的内容。

4. 图片都要添加替代文本

你要给每张显示出来的图片都重命名，并且在上传之后需要依次添加替代文本，图片上是什么内容，就写什么，目的是让 Google 弄清楚这张图片想表达什么。如果某些时候图片无法显示，那么会显示替代文本。

5. 在Shopify独立站中添加高质量的博客文章

Shopify 独立站中最直接相关的博客内容，就是产品 Review（评论）。当然，Review 不是随便写的，需要事先做好关键词调研，并且字数至少在 1000 字以上，要图文并茂，最好还有视频。博客的另一个方向，就是需要研究和产品密切相关的热门话题或者痛点，针对话题或者痛点来写。不管是产品 Review 还是话题博客，都必须在里面嵌入产品链接，以便客户看博客时可以直接购买。

6. 安装Shopify独立站的SEO应用

有很多整合的插件可以很方便地帮助你做 SEO，更适合新卖家。比如，Plug in SEO、SEO Booster、Smart SEO 等。

7.2.2　Google 付费引流

首先，介绍一下常用的几种 Google 广告类型：搜索广告（Search）、展示广告（Display）、购物广告（Shopping）。

1. 搜索广告

当潜在客户在 Google 搜索引擎中进行搜索时，广告会出现在最上面的搜索结果中。比如，主打产品是 iPhone case，你就可以在 AdWords 广告系列中将"iPhone case"添加为关键词。当客户在 Google 搜索引擎中输入"buy iPhone case"时，你的广告就可能出现在搜索结果中，如图 7-45 所示，在搜索结果中显示了"Ad"标识的，只有文字介绍的，就是搜索广告。

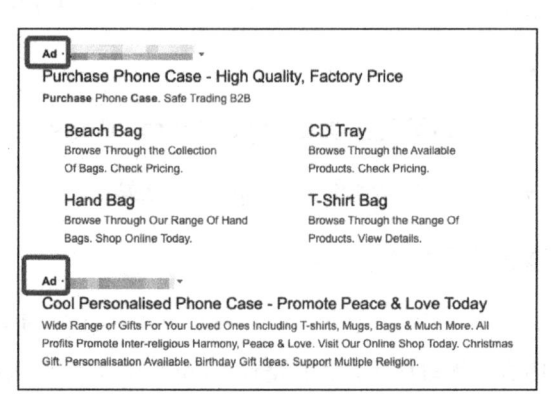

图 7-45

搜索广告包括标题、显示网址、描述 3 个部分，如图 7-46 所示。

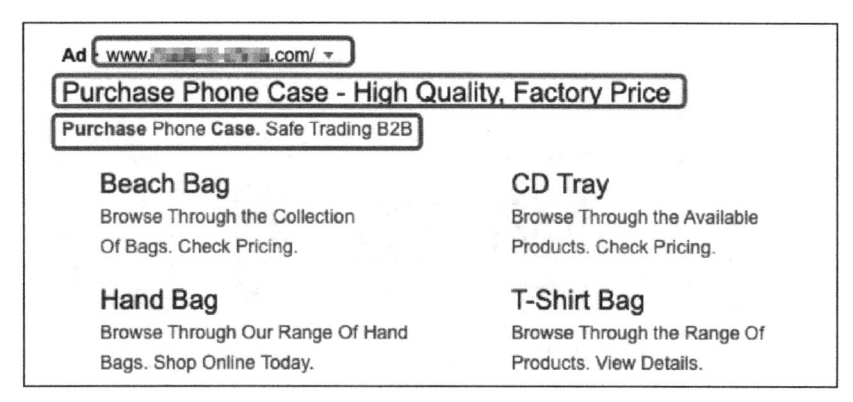

图 7-46

2. 展示广告

展示广告可以被简单地理解为联盟广告。比如，你在某个博客或者邮件中看到的图片或者文字广告。

3. 购物广告

购物广告就是在 Google Shopping 板块中展示的广告，如图 7-47 所示。

图 7-47

购物广告又分成以下两种：

（1）产品购物广告（Product Shopping Ads），如图 7-48 所示。

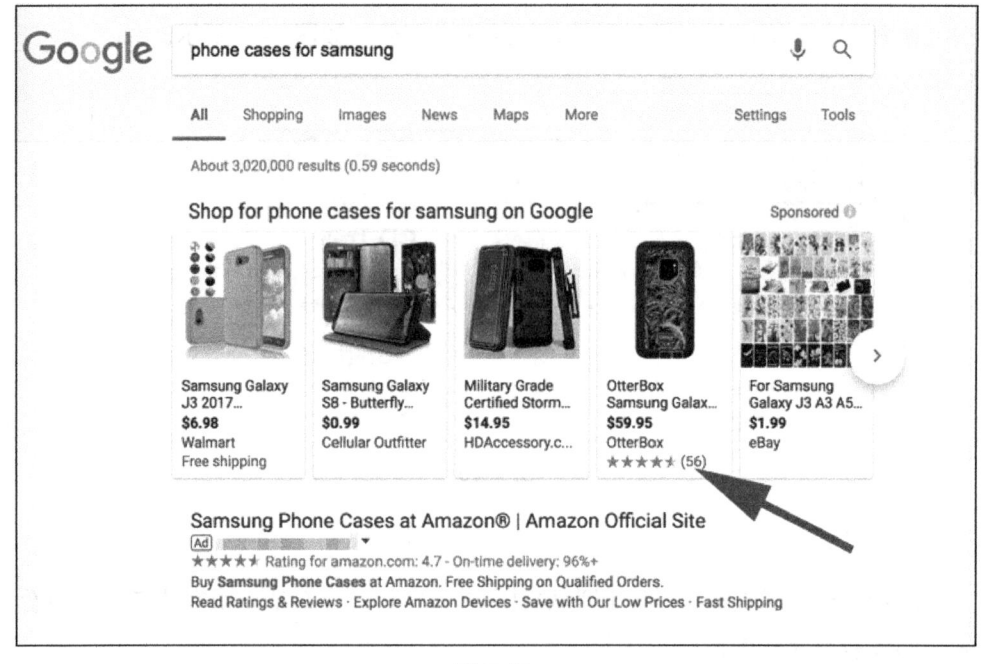

图 7-48

（2）展示购物广告（Showcase Shopping Ads），如图 7-49 所示。

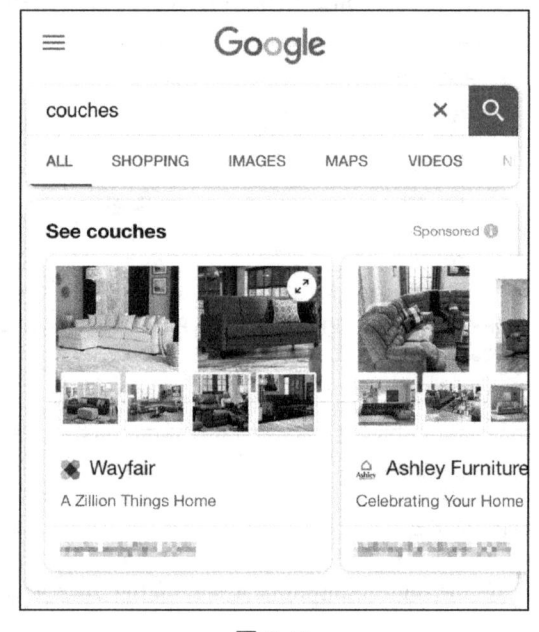

图 7-49

7.3 "网红"引流

前几年,"网红"具有很高的可信度,能直接带来巨大的流量和良好的口碑。随后,"网红"越来越多,并且还出现了一大批"网红"平台,你可以在"网红"平台上挑选适合自己的"网红"。我研究了很多"网红"平台,在亲身体验"网红"引流后,并不推荐新卖家用网红"引流"。原因如下:

(1) 在社交平台上,可能有一些"假网红"。这些"假网红"的粉丝大部分都是"僵尸粉",根本不是真实的个人账户。

(2) 知名的"网红"要价都很高,并且转化率很难得到保证,至少和Facebook广告相比,转化率没法估计。

(3) 一般联系10个"网红",很可能都得不到回复或者仅收到一个"网红"的回复,所以至少需要联系几十甚至上百个"网红",最后真正可以合作的寥寥无几。

如果你仍然想尝试"网红"引流,那么可以按以下方法操作:

(1) 搜索"网红"榜单,不要找粉丝太多的"网红",比如粉丝数为百万以上级别的,因为那种"网红"大多需要收费,样品已经不能打动他们了。你可以找有几万个粉丝的"网红",在他们发的图片下互动、点赞和留言要多。你可以直接去他们的Instagram主页找到Email地址,或直接在Instagram上发站内消息请求合作。在收到他们的回复后,你把你的独立站的网址发给他们,让他们选产品推广,然后你到供应商那里下单发给他们。

(2) 到国内知名的跨境电商公司的Instagram账户上去找"网红"。为什么这么做呢?因为国内知名的跨境电商公司都会做大量的"网红"营销。它们的Instagram账户上合作过的"网红",基本都是可以接受Freebie(免费赠品)测评的,所以你在它们的账户上就能发现很多有可能与你合作的"网红"。

(3) 直接找到你的竞争对手的社交账户,并且通过推荐功能查看系统给你推荐的那些账户,在推荐的账户中选择有意向合作的"网红"。比如,我想做美妆类

Shopify独立站，那么我可以关注美妆类大卖家KYLIE COSMETICS的Instagram账户，然后看系统给我推荐了哪些合适的美妆类"网红"，选择一些"网红"来合作，如图7-50所示。

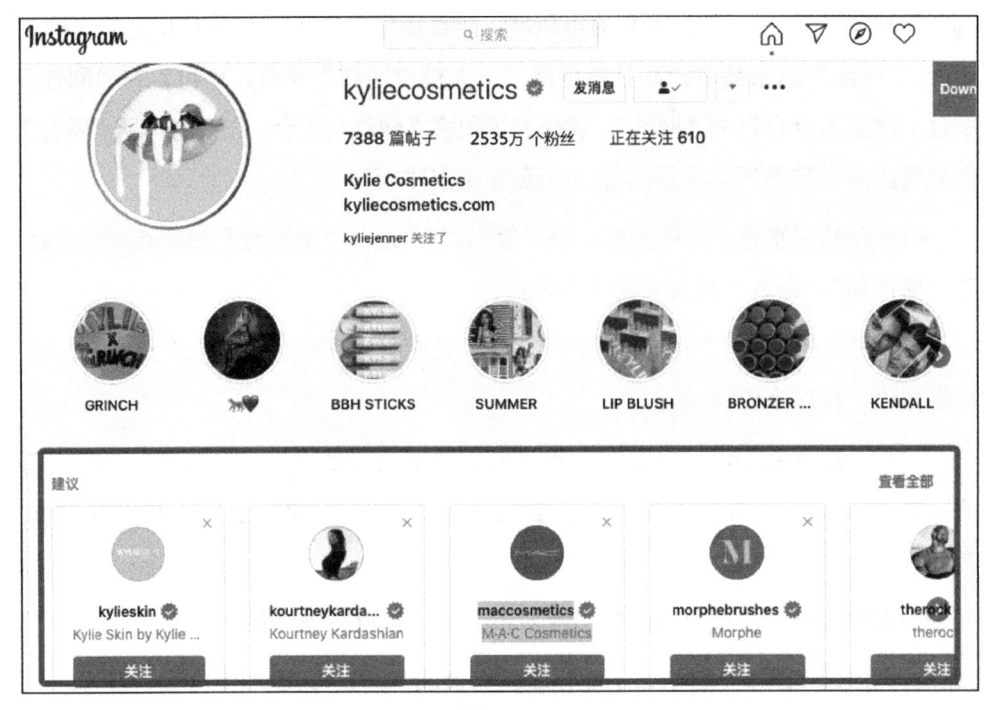

图7-50

（4）与"网红"合作一般有2个模式，一个模式是给"网红"赠送产品的样品，让其发布一个使用产品的心得体会的帖子，即产品测评，另一个模式是付费让"网红"发帖，比如展示产品的图片、文字或者视频的帖子，按照发布一个帖子展示多少天，支付多少钱。

7.4 邮件营销引流

很多外国卖家都对邮件营销（Email Direct Marketing，EDM）津津乐道，但它好像一直都被国内卖家忽视。在我看来，这背后的原因和沟通习惯有关。对于外国人而言，电子邮件就像是我们的手机短信，他们会时不时地瞄一眼，以免错过重要信息。对于中国人而言，我们平常很少用邮件，上班族会用一些，但更多的工作交流都转移到微信、钉钉等各类 App 上了。

邮件营销有以下几个注意要点。

（1）收集客户的邮箱千万不要操之过急。

一些所谓的培训老师、培训机构会教你安装插件，尽快收集客户的邮箱。其实这是看情况的：如果你的潜在客户大部分都是通过付费广告投放过来的，那么在客户进入你的独立站的第一时间，你千万不要打断他，不要让他们玩转盘、留下邮箱获取折扣码等。

现在手机端的流量要比 PC 端的流量大，本来就不大的手机屏幕被你的强行弹窗占据了部分空间，就会影响客户的注意力。客户本来是被广告吸引过来的，想第一时间了解广告宣传的产品，如果觉得合适，就直接购买了。如果你让客户东看看，西逛逛，时间一长客户就被带偏了，忘了来的目的。

请记住，在广告引流带来的客户进入独立站的前几分钟，你千万不要打断他，要让他一气呵成地下单，这才是关键。

（2）注意第一次获取客户邮箱的时间节点。

最好的时间节点是在客户下单填写邮箱的时候，下面的按钮里已经设置了默认客户同意你做邮件营销。

你要做的就是在 Shopify 后台结账设置里把"电子邮件营销"选区的复选框都打钩，如图 7-51 所示。

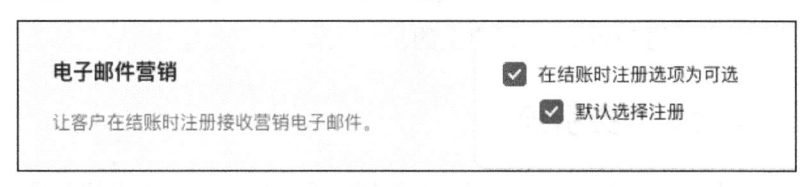

电子邮件营销
让客户在结账时注册接收营销电子邮件。
☑ 在结账时注册选项为可选
☑ 默认选择注册

图 7-51

（3）要把握节奏。

如果你每天都收到某个商家发来的打折促销短信，会不会觉得烦？对于中国人来说，短信营销就类似于对外国人的邮件营销。总收到打折信息，谁都会烦。

如果客户觉得烦，取消了订阅或者举报 SPAM（骚扰邮件），你以后就不能给他发送邮件了，这就减少了邮件营销的潜在客户。

你做邮件营销，可以 2～3 天发送一篇邮件，但不要总发送打折促销邮件。你要多用心，多些诚意（套路）。

7.5　TikTok引流

众所周知，发展迅猛的 TikTok（国际版抖音）拥有巨大的流量红利，所以 Shopify 独立站卖家可以尝试布局。

在产品品类方面，我建议走"新奇特"路线，并且产品定价要偏低。先泼一下冷水，对于 TikTok 带货或广告的购买转化率，不要有太高的预期。目前，我观察到 TikTok 的用户以年轻群体为主，相对来说，他们的消费能力不强。另外，对于有消费能力的中老年群体来说，TikTok 是一个很新的社交媒体，不像老牌的 Facebook 和 Instagram。这些消费群体使用 TikTok 较少，可能不熟悉它，也不熟悉和不信任 TikTok 上的商家（与 Facebook、Instagram 相比而言）。信任，对于任何电商来说，都是必备的基石。

7.5.1　TikTok 免费引流

要想做 TikTok 免费引流，你要开通 TikTok 账户，创作内容引流，在主页上放自己的 Shopify 独立站网址和 Instagram 的网址。很多外国人都是通过 TikTok 把用户引流到自己的 Instagram 账户上的。

7.5.2　TikTok 付费引流

（1）TikTok 广告引流：目前，TikTok 支持的广告包括开屏广告和信息流广告。与抖音广告类似，开屏广告的形式是在 App 首页来展示产品。当用户单击这个开屏广告时，可以直接跳转到品牌商家的独立站网页。这种广告每天只展示一种广告，价格偏高，适用于追求更大曝光量的品牌。相对于开屏广告来说，信息流广告的投放成本更低，更适用于独立站卖家，在广告中可以设置品牌独立站的链接，可跳转至站外落地页。需要提醒的是，目前国内卖家需要通过代理公司开户。

（2）TikTok"网红"引流：是指主要和 TikTok 上的"网红"合作，让"网红"的粉丝变成你的 Shopify 独立站购买用户。同样，选择 TikTok"网红"也要遵循前面提到的"网红"引流原则，包括粉丝数量、视频播放量、点赞数、用户评论等，得出该"网红"的活跃粉丝数和粉丝黏性。另外，合作的"网红"以及其粉丝是否契合你的 Shopify 独立站的产品也很重要。

第 8 章

采购和发货

8.1 采购

我强烈建议新卖家采用 Shopify + Drop Shipping 模式（无货源模式），找速卖通上的供应商一件代发。这样，新卖家就可以把时间和精力都放在最重要的选品和引流工作上。一旦测试出爆款，就要优化货源和物流环节，提高客户的购物体验。

8.1.1 线上采购

国内的互联网电商强劲发展多年，目前你基本上可以通过各种线上平台寻找货源，下面介绍一下比较主流的提供货源的网站。

1. 阿里巴巴（1688）

你应该很熟悉这家老牌的批发平台，我最推荐它。在阿里巴巴（1688）上各种类目的货物最齐全，它的各种功能也优化得比较好，而且很多源头工厂基本都在阿里巴巴（1688）上开店了。下面是寻找货源的步骤：

（1）用手机下载阿里巴巴（1688）App，它支持用淘宝或者支付宝账户一键登录，如图8-1所示。

（2）在登录后，搜索你要找的产品关键词。既支持通过文字搜索，也支持通过产品图片搜索，在搜索结果中通过产品外观寻找和自己所卖的产品一致的货源，如图8-2所示。

图 8-1

图 8-2

（3）如果找到符合你的产品外观的货源，就打开产品详情页，然后单击页面底部的客服头像进行询单，如图8-3所示。

（4）把货源链接发给客服，然后询问是否支持一件拿样，以及具体怎么操作，如果这家供应商不支持拿样，那么建议再问两三家，如图8-4所示。

（5）即使拿样也要在阿里巴巴（1688）上下单，从供应商发货到收到货一般需要3～5天。如果供应商离你近，那么收货时间会短一些。在收到货后，你需要仔细查看产品实物的外观和做工等细节能否满足你的需求。另外，你最好准备一个电子秤，对产品裸重进行称量和记录，这个重量数据以后会用到。

图 8-3

图 8-4

2. 义乌购

义乌购其实是线下义乌小产品市场的网上商城，入驻的商家既有在线下义乌小产品市场开店的商家，也有其他商家。义乌购上的货源很丰富，但是你也需要去甄选优质货源。

3. 生意网

生意网是比较知名的主要做童装批发的网站，有网页端和 App 端，如图 8-5 所示。

图 8-5

4. 批发户

批发户是主要做外贸首饰批发的平台。如果你销售饰品类目的产品，那么可以去批发户网站寻找货源，如图 8-6 所示。

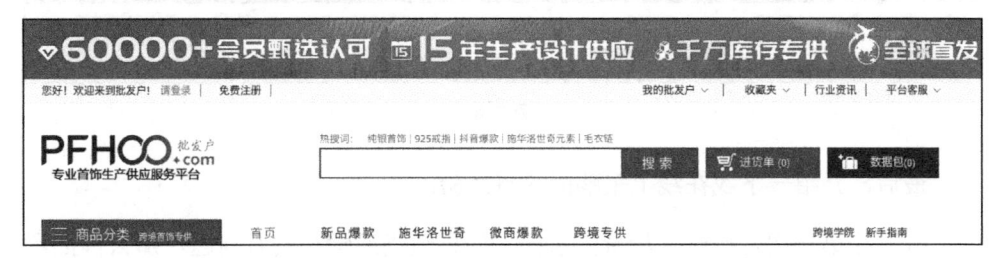

图 8-6

另外，在首页底部有新手指引，建议使用前多了解一下，如图 8-7 所示。

图 8-7

5. 四季星座网

与义乌购类似，四季星座网是杭州线下的服装批发市场四季青的线上平台，官网如图 8-8 所示。具体的采购流程大同小异。

图 8-8

6. 包牛牛

包牛牛是主要做箱包批发的商城，货源主要来自河北白沟和广州，官网如图 8-9 所示。

图 8-9

最后，介绍一下我在线上采购的 5 点经验：

（1）在第一次合作时，尽量先拿样，如果验货后觉得没有问题，那么再批量采购。

（2）即使样品没有问题，第一次采购的数量也不要太多。

（3）在批量采购下单前，要先和对方确认好是否有你需要的数量的现货。如果没有，那么要提前了解清楚需要等多久。

（4）尽量在平台上进行交易，不要绕开平台，平台可以有效地保障你的权益。

（5）如果第一次批量采购合作得比较愉快，那么以后需要根据实时销量和预估销量，按照少量多次的模式去采购。

8.1.2 线下采购

传统的线下采购模式最大的好处是可以直接看到产品的品质，并且可以和供应商面对面沟通，这是线上采购模式替代不了的优势。

1. 线下批发市场或展会

绝大部分普通的线下批发市场的供应商都是中间商，源头工厂相对不多，中间商有时候也有好几级，所以这类线下批发市场对跨境电商卖家而言并没有太大的优势。仅有的优势为可以立即看到产品的品质，如果中间商有现货，那么可以节省从工厂到仓库的物流时间。在我看来，中国进出口商品交易会（广交会）或者大的行业展会比批发市场更有价值，因为行业内的上下游企业，包括各个品牌商基本都会参加，你可以在一个地方了解更多行业的信息。

2. 源头工厂

线下采购最突出的优势就是找源头工厂，不管是价格还是品质，都更有保障。只是很多产品的源头工厂都分布在不同的省份和城市，甚至某个村。如果你所在的城市离源头工厂很近或者你的订单量大或者销售流水比较高，那么可以支撑你频繁地去源头工厂的费用。一般来说，直接和源头工厂合作的都是大卖家。大卖家最看重的一点是可以和源头工厂共同开发新品，这是最大的价值。像我这样的小卖家，即使产品在设计或者包装方面有些问题，我反馈给源头工厂之后被重视的程度也是很低的，只有大卖家在这方面才有话语权。这也是为什么你有时候会发现某些产品，不管是在线上还是在线下，根本找不到供应商，因为那些产品是独家供应给特定卖家的。

8.1.3 第三方采购

第三方采购指的是卖家让第三方按照他的要求采购产品,相应地要给第三方支付代为采购的费用。一般来说,需要第三方采购的卖家不在国内生活,基本都是外国人。有些代发货公司提供代采购业务,你只要把产品图片或者1688供应商发给他,他就能找到货源,按要求把货囤在仓库里。

8.2 发货

采购的产品一旦有订单,你就需要把产品发给客户。这时,你可以采用以下两种发货模式。

8.2.1 自发货

虽然Shopify独立站没有发货时效的限制,但是你还是要让客户尽快地收到产品。你可以选择把采购的产品囤在自己的仓库,然后自己打包,再找货代公司发货。这种模式其实更适合公司化运作的卖家,因为分拣、打包、贴标等工作非常耗时间和体力,需要有专人来做,不然毫无效率可言。同时,你还需要租用仓库存放采购的货物,这也需要一笔费用。我不推荐个人卖家采用自发货模式。因为即使你打包好包裹,但是订单量不多,也没有货代公司会上门收货,你要自己把货送到货代公司,这又要花不少时间和精力。如果订单量不多,那么包裹的物流费用是按零售价格计算的,所以物流成本节省不了多少。

8.2.2 代发货

目前,对于个人卖家来说,最合适的就是选择代发货公司。卖家先把采购的货物囤在代发货公司的仓库,负责任的代发货公司还会在货物入仓的时候进行检查,以免有瑕疵货物入库。专业的代发货公司会把你的Shopify独立站和它的发货系统关联起来。这样,在Shopify独立站有订单后,可以把订单同步在代发货公司的系统中。你在核对订单信息后提交订单,然后代发货公司按照订单要求进行打包和发货。同时，你可以自行对代发货公司提供的物流商进行选择。代发货公司一般都接入了多个物流商。对于独立站卖家来说，最有价值的物流商就是主要目标市场的专线物流。这种物流方式只有专业的货代公司才提供，只面向 B 端客户开放，这种专线物流的性价比超过了速卖通上的 ePacket 和 AliExpress Standard Shipping。有些卖家可能觉得找一家货代公司合作更省成本。可是在我看来，代发货公司的客户基本都是各个跨境电商卖家，因此它们更懂卖家的需求；而货代公司却不是专门做代发货的。我更愿意把专业的事交给专业的人去做。需要提醒的是，代发货公司基本上都有起订量的要求，所以如果你的订单量还不稳定，那么不建议采用代发货模式。

第 9 章

订 单 处 理

当经过前面的努力，终于迎来第一笔订单时，你就实现了从 0 到 1 的跨越。说实话，我到现在也无法忘记第一笔订单带来的喜悦，简直无法相信自己的眼睛，高兴得跳了起来，自己一个人转圈，激动的心情久久不能平复。

等心情平复下来，你就应该做后续的工作了，即处理订单。每个人处理订单的方法都不一样，以下是我总结的适合我的方法，仅供参考。

9.1 购买订单

首先，登录 Shopify 后台，单击 "订单" → "订单" 按钮，如图 9-1 所示。

其次，在正式下单之前还有以下几个工作需要做。

（1）用 Excel 表格或者你习惯使用的工具对订单信息进行整理，目的是在除 Shopify 后台以外的地方备份客户信息，同时方便跟进各种客户问题。更重要的是，如果这些订单是由 Facebook 广告带来的，那么当这些购买客户积累到一定数量时，你可以很方便地把整理好的客户信息导入广告系统，生成自定义受众，然后生成类似受众。类似受众是整个 Facebook 广告系统中最有价值的受众。

一般说来，我会手动把需要的客户信息录入 Excel 表格。可能很多卖家会想，为什么不从 Shopify 后台自动导出来？我最开始就是在后台直接导出来的，结果发现导出来的信息量太多，而我用不上那么多信息，还要手动删除很多信息，在比较了手动导入和手动删除后发现还是手动导入更适合我。你可以自己对比这两种方法，选择适合自己的方法。我整理的客户信息表如图 9-2 所示。

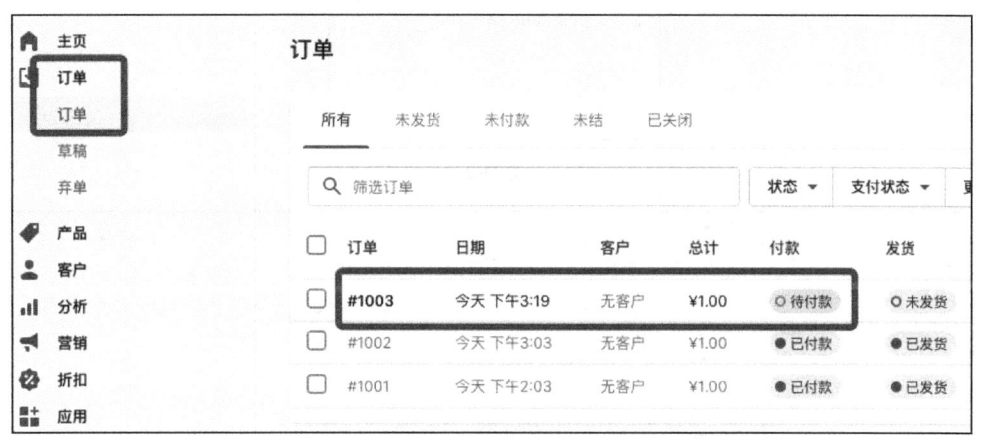

图 9-1

图 9-2

需要提醒的是，你在整理表格时要做到以下 3 点：

① 验证客户是否有详细和完整的收货地址。对于每个客户的收货地址，我都会在录入 Excel 表格之前先在网上验证一次，具体的操作方法是打开订单详细页，找到客户的收货地址，如图 9-3 所示。一定要注意：有的客户的账单地址和收货地址一样，而有的客户的这两个地址不一样，你要以收货地址为准。

然后，要把收货地址复制并粘贴到 Google 搜索引擎中，查看搜索结果中是否有这个地址，请注意不要粘贴门牌号或房间号，地址精确到街道就行，如果有这个地址，就说明客户的收货地址没有问题，如图 9-4 所示。

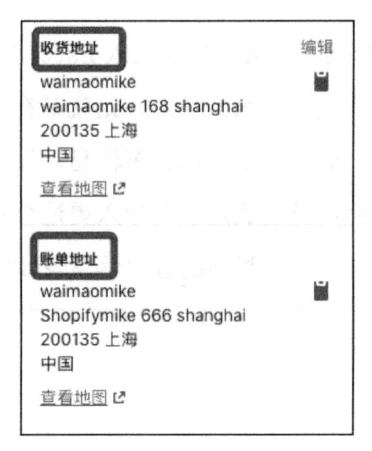

图 9-3

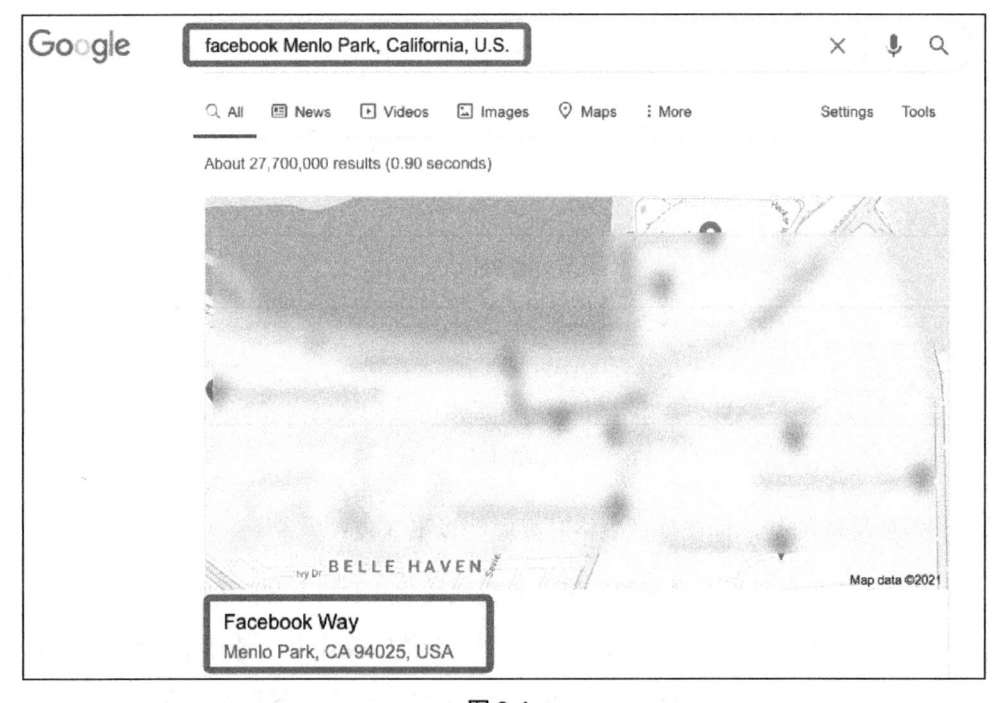

图 9-4

② 对于收货地址验证没有问题的客户订单,你要立即在 Shopify 后台单击"收款"按钮,把客户付的款转入你的收款工具账户(比如,PayPal、Stripe 等)中,如图 9-5 所示。

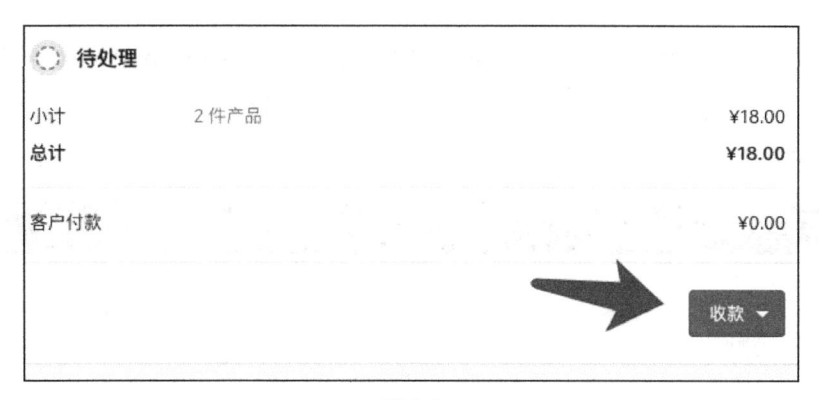

图 9-5

③ 如果遇到收货地址有问题的订单，那么暂不收款，同时在 Shopify 系统和自己的表格里标记和备注，并及时通过邮件联系客户。一般来说，美国、加拿大、澳大利亚的客户的收货地址基本都可以很快核实，而核实其他国家的收货地址相对麻烦一些，比如，缺少门牌号、城市区域名称、邮编等。我的建议是如果收货地址不够详细和清楚，或者不是家庭地址而是公共场合，比如公司、商场等，那么一定要提前和客户联系并确认收货地址再安排发货，否则万一发错地方，不仅客户会抱怨，而且你也损失了发货费用，还要给客户安排重发或者赔付。随着订单量越来越多，物流或者产品有问题的情况会越来越多。另外，我不会把重复购买的老客户的收货地址多次导入表格中。有些客户觉得产品很好，可能会多次购买，这时没必要每次都把他的信息导入 Excel 表格。

（2）查看这个订单是否有 Fraud analysis（欺诈分析）风险评估，如图 9-6 所示。

如果系统提示"High"，那么说明该订单被系统识别为高风险订单。这时，你需要决定是否接受该笔订单的付款并完成发货操作。比如，我曾经有一个订单，收货人在马耳他，但是信用卡持有人却是澳大利亚的，并且订单金额比较大。对于这种情况，我就暂不收款，先用邮件联系客户，确认情况，否则就可能导致财货两空。切记，处理此类高风险订单时一定要慎重。

（3）通过手动或自动方式正式下单，具体的下单流程在后面会讲。

我一直建议个人卖家在速卖通上下单。速卖通卖家一般都不会当天给物流单号，因为他们需要时间来处理订单。在下单后一两天，你要查看速卖通卖家是否提供了物流单号和物流商。你需要把这些信息同步到 Shopify 和 PayPal 后台。同步到 Shopify 后台的方法如下：登录 Shopify 后台，找到这个订单，然后单击"标记为已发货"按钮，如图 9-7 所示。

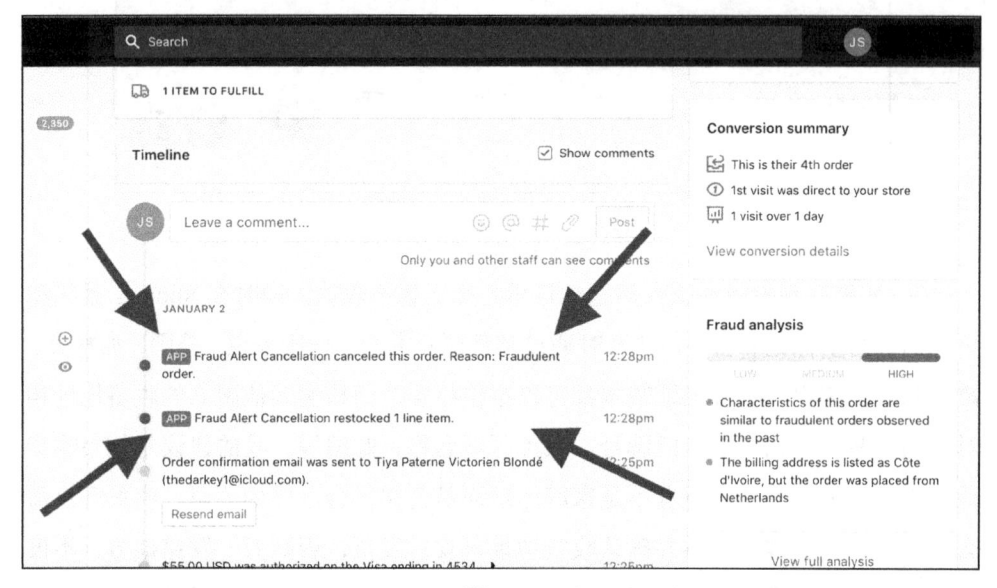

图 9-6

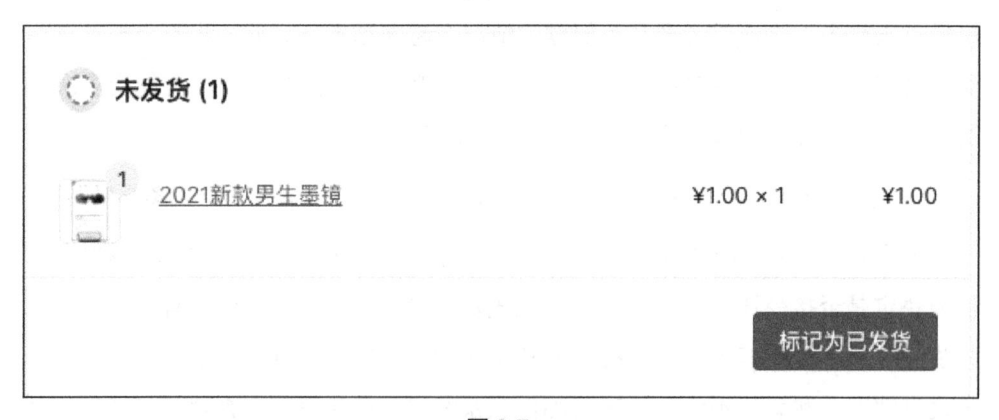

图 9-7

在打开的页面的"运单号"文本框中填写速卖通卖家提供的物流单号，在"运输承运商"下拉列表中单击"选择"选项来挑选物流商，如图 9-8 所示。

图 9-8

Shopify 系统会自动将订单状态改为"已发货",如图 9-9 所示。

图 9-9

如图 9-10 所示,可以看到之前的"标记为已发货"按钮变成了"更多"按钮。单击"更多"按钮,就会出现 3 个新的操作供卖家选择。编辑跟踪:指的是修改你的物流单号或者物流商。打印装箱单:指的是把装箱清单打印出来,中国卖家基本用不上这个操作。取消发货:指的是取消之前录入的物流单号和物流商。

图 9-10

在订单页面可以看到，在更新了物流单号之后，原来标黄的"未发货"状态变成了标灰的"已发货"状态，如图 9-11 所示。

图 9-11

对供应商已经发货的订单，你要等待几天后主动查询物流状态，及时跟进情况。如果发现供应商没有及时发货，就需要催促其发货；如果发现在某一段运输过程中有异常，那么也需要及时联系供应商处理。你也要定时查看客服邮箱，看是否有客户发送邮件询问物流状态的问题。

下面简单介绍如何在速卖通上手动下单。

（1）打开速卖通官网，单击"Join"（加入）按钮，如图 9-12 所示。

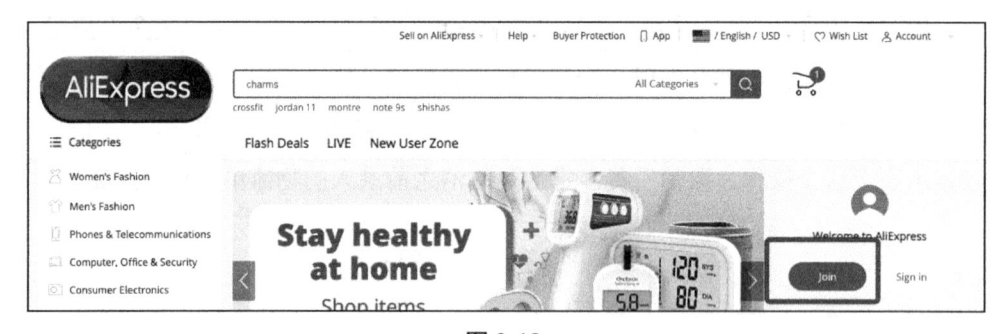

图 9-12

（2）在弹出的对话框中的"REGISTER"（注册）选项卡的"Email address"（电子邮件地址）文本框中填写你的邮箱，在"Password"（密码）文本框中填写登录密码，如图 9-13 所示。

订 单 处 理 / 第 9 章

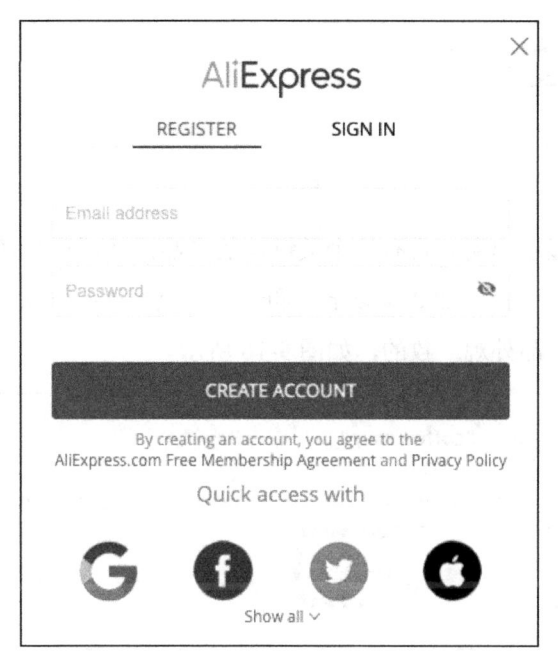

图 9-13

（3）在注册成功后，就可以用这个邮箱和密码登录速卖通账户了，如图 9-14 所示。

图 9-14

（4）在速卖通上寻找合适的供应商，比如你的订单中的产品是咖啡马克杯，就在搜索框中填写关键词 coffee mug（咖啡杯），然后单击右边的放大镜图标，如图 9-15 所示。

221

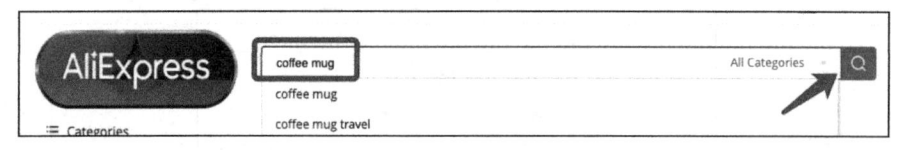

图 9-15

（5）系统会显示出所有带有这个关键词的产品，然后按照订单量由高到低排序。你要寻找销量（建议 200 单以上）和评分（至少 4.6 分或以上）不错，并且和你的订单中的产品外观一致的，如图 9-16 所示。

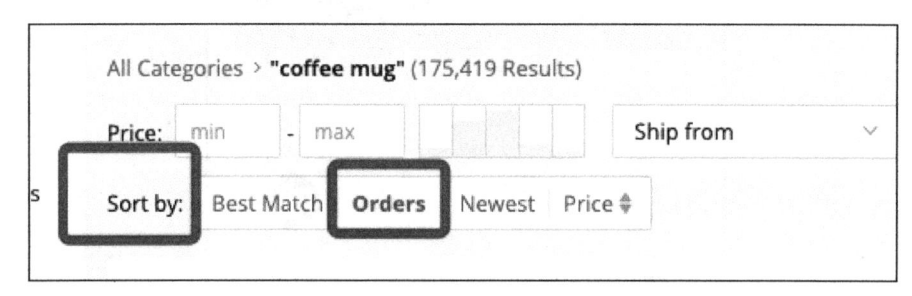

图 9-16

（6）在选好后，单击产品图片进入该产品的落地页，在页面右上方选择目标市场/语言/货币。假设独立站客户是美国的，就需要按图 9-17 所示进行选择。

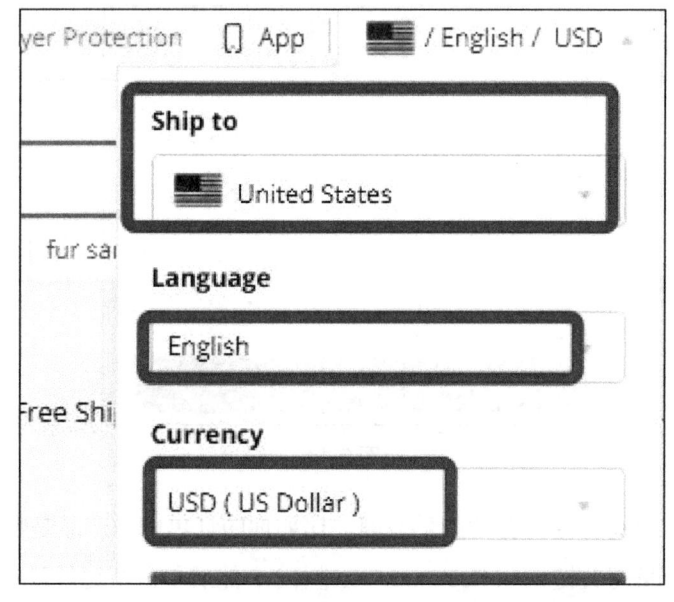

图 9-17

要注意的是，在速卖通上选择的产品尺寸、款式、颜色等参数，一定要和独立站客户的订单完全一致，如图 9-18 所示。特别是美国和中国的衣服/鞋等的尺码标准不一致，一定要仔细选择。

图 9-18

（7）选择物流商。一般来说，在速卖通上下单，我推荐选择 ePacket 和 AliExpress Standard Shipping 这两个物流商，这两个物流商的性价比不错，如图 9-19 所示。

图 9-19

注意： 这里的物流价格 3.99 美元是你在下单时支付给速卖通供应商的物流费，Shopify 独立站上的运费价格和这个物流价格完全没有关联，你的 Shopify 独立站收取的客户运费是由你自己定的。

（8）在选好物流商后，单击"Buy Now"（立即购买）按钮，如图 9-20 所示。

图 9-20

（9）这时，就会跳转到填写收件人信息的页面。前面说过，你需要提前整理和核实订单中的信息。你要把核实无误的客户信息依次填写到对应的文本框中，一定不要填错了，在填完后单击"Save and continue"（保存和继续）按钮，如图 9-21 所示。

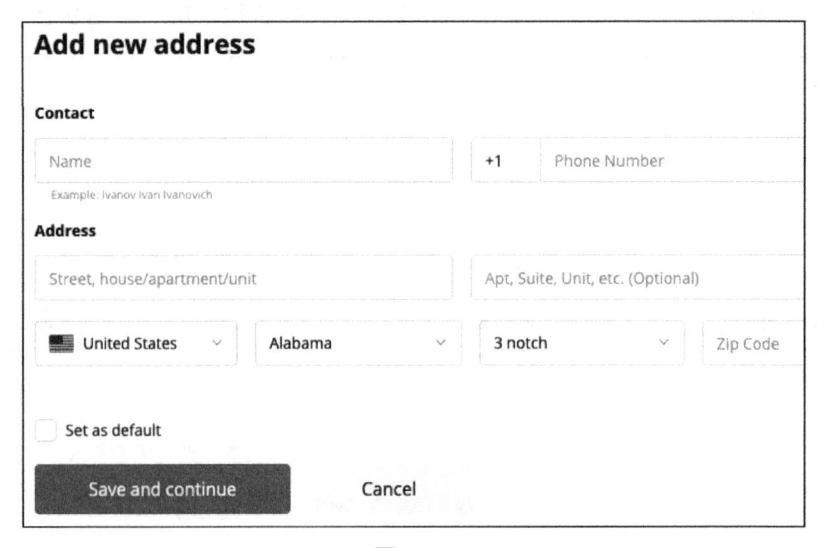

图 9-21

（10）在"Payment Methods"（付款方式）页面中选择付款方式，如图 9-22 所示。目前，国内卖家在速卖通上下单时可以使用的支付工具如下：

① Payoneer 的实体卡。这个实体卡的实质是预付卡，也就是说你的 Payoneer 账户里有多少钱，你就可以用实体卡支付多少钱。但是这个实体卡的申请门槛比较高，新卖家基本申请不到。

图 9-22

② PayPal。相信独立站卖家都有自己的 PayPal 账户，你在支付工具中选择 PayPal，单击"PayPal"按钮后，会打开一个弹窗要求你登录 PayPal 账户。

③ 国内的信用卡。这里的信用卡必须支持外币支付，可以是单一外币信用卡（VISA 或 MasterCard 或美国运通卡都可以），也可以是双币信用卡。

（11）在产品下面单击"Leave message"（留下消息给卖家）按钮（如图 9-23 所示），就会出现一个空白的留言框，你可以写上一段话表示自己是用一件代发模式的卖家。这样，供应商就不会在包装里加入他们店铺的信息了。一般来说，供应商都很欢迎一件代发模式。

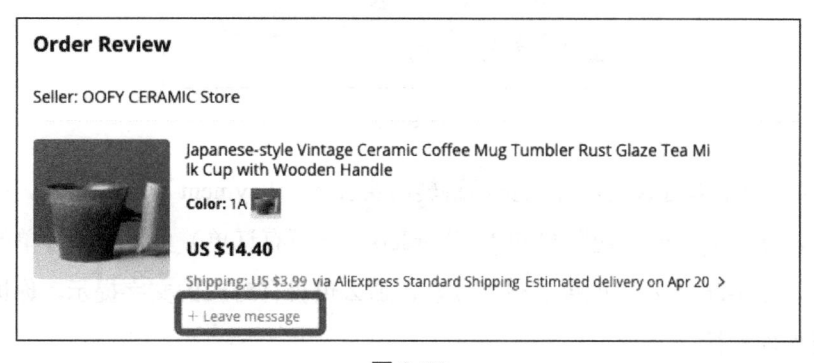

图 9-23

（12）如果客户所在的国家和地区要收税，速卖通就在这个环节预收了，不会等到包裹抵达目标市场再收，如图 9-24 所示。比如，在美国，不同州的税额是不一样的。

图 9-24

（13）这时，页面右边会有"Total"（订单总额）和"Place Order"（支付订单）按钮，单击"Place Order"按钮，如图 9-25 所示。

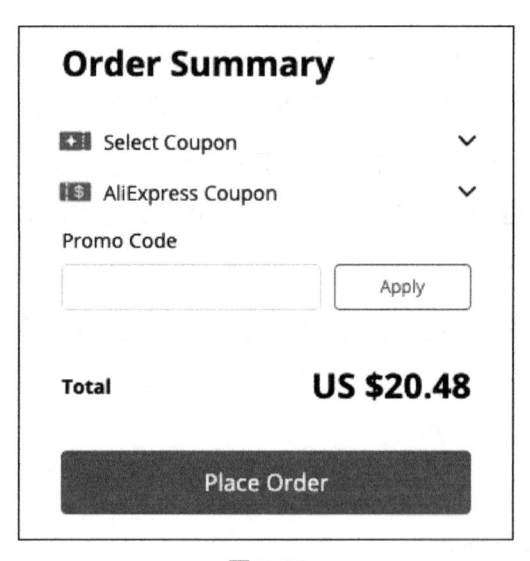

图 9-25

（14）如果支付成功，那么页面跳转时会显示"Payment Successful"。在成功付款后，你可以在速卖通账户的"All orders"（所有订单）里找到该订单的对应信息，如图 9-26 所示。如果支付不成功，那么也会有对应的文字提示，你根据实际情况处理就行。

订单处理 / 第 9 章

图 9-26

9.2 弃购订单

购物车中的弃购订单是每个做电商的人都会遇到的，即使你的 Shopify 独立站做得再优秀，推广优化做得再好，品牌知名度再高，也无法保证所有客户在添加购物车后都会结账，因为各种各样的问题都可能导致顾客放弃下单。

要想知道弃单的情况，可以按以下步骤操作：

（1）登录 Shopify 后台，找到订单中的弃单，如图 9-27 所示。

图 9-27

（2）单击某一个弃单，就会进入弃单页面，可以知道每个弃单的详细信息，在大多数时候从这里是看不出什么端倪的。

超过 58.6%的美国在线购物者在过去 3 个月放弃了订单，其中大部分在启动结账流程之前就放弃了。我的经验是弃购订单在每日订单中占比为 20%～30%。试想一下，如果每天的订单总数超过 100 个，那么弃购订单就有 20～30 个，如果客单价是 30 美元，那么弃购订单就价值 600～900 美元，这是一笔不小的流水，所以你要认真思考怎么降低弃单率。

一般说来，客户最终没有付款购买，可能有以下几个原因：

（1）除了产品以外的费用太高，比如运费、税费等。我对比了很多成功的独立站，它们通常的做法是要么提高产品价格，免除运费，要么将运费设置成两个价格，一个便宜，另一个贵，让客户自己选择。

（2）对你的独立站缺乏信任，比如独立站看上去很不专业，独立站中的语言或颜色不符合客户习惯等。很多新卖家在一开始时都会遇到客户信任的问题，但是不一定知道具体的问题是这个。我认为，客户不信任独立站是最终没有购买的主要原因之一。

（3）强制客户注册。有很多新的 Shopify 独立站卖家，要求客户必须注册或创建一个账户才可以购买。很多客户不喜欢这样的方式。事实上，这种强制注册也是很多客户没有最终结账的重要原因之一。

（4）复杂的结账流程。结账流程需要简化，要易于操作。如果你要求客户填写很多表单或者跳转到其他页面，客户可能会不耐烦并离开独立站。我发现使用 2Checkout 时的弃单率比使用 Stripe 时的弃单率高，最主要的原因就是 2Checkout 会跳转页面。

（5）Shopify 系统出现问题。这个原因出现的概率很低，但确实存在。我做 Shopify 独立站运营以来遇到过 3 次，客户打不开独立站或者在打开独立站后无法完成购买操作，这个问题我们没办法解决。

在实际运营 Shopify 独立站的时候，需要经常复盘弃购订单比例过高的情况，主动分析问题，排查问题，及早进行优化，降低弃购订单比例，提高流水。

9.2.1 弃购挽回

减少弃购订单最直接有效的方式就是发送弃购挽回邮件。我现在使用的是 Omnisend。登录 Omnisend 后台，单击"Automation"（自动化设置）按钮就可以设计弃购挽回邮件了，如图 9-28 所示。

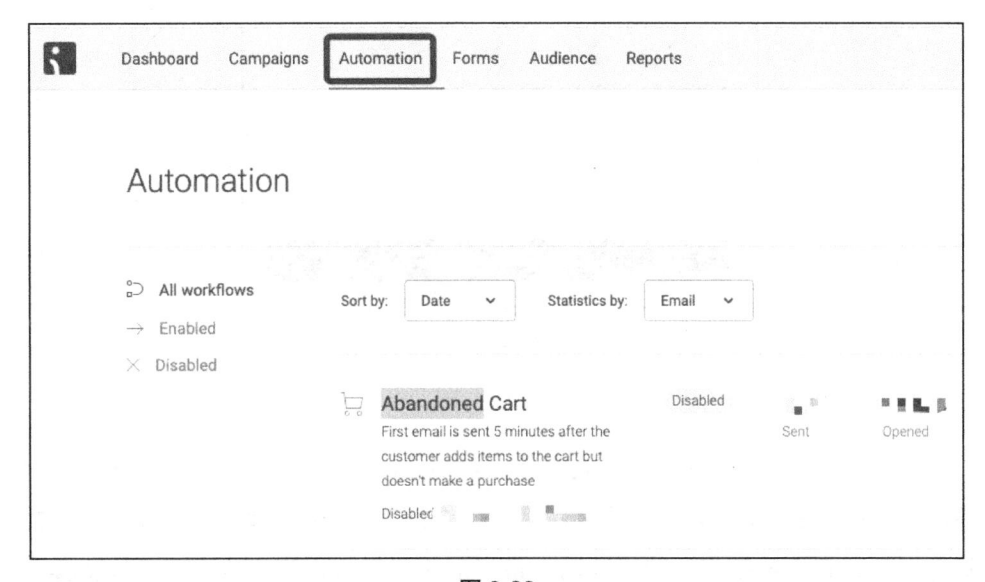

图 9-28

Shopify 官方虽然也提供了发送弃购挽回邮件的功能，但是只能发送一封弃购挽回邮件，用一封弃购挽回邮件效果是不太理想的。

我总结的经验是弃购挽回邮件至少需要发送 3 封。

1. 第一封邮件

在弃购订单发生 5 分钟后发送第一封邮件，为什么是 5 分钟呢？很多时候客户只是因为在准备付款的时候被其他事情打断了（比如，突然接到一个电话或者突然有人叫他），结果就忘了付款。所以，你要发送一封邮件提醒他有一个未支付的订单。

这封邮件必须简单、直接，不要用过多委婉的语言或者花哨的设计，如图 9-29 所示。

图 9-29

2. 第二封邮件

在弃购订单发生 8~12 小时发送第二封邮件，因为假设客户看到了第一封邮件，但是他还是没有付款，那么表示客户已经没有了购物冲动。你需要通过这封邮件尽量让客户重新产生购物冲动，最好的手段是告诉客户这个产品快要卖完了，并且发送这封邮件要让客户不觉得被骚扰。同时，在措辞和设计上，这封邮件需要比第一封邮件更讲究，如图 9-30 所示。

图 9-30

3. 第三封邮件

在弃购订单发生 48 小时（个人建议）之后，你要发送第三封邮件。假设客户已经看过第一封和第二封邮件，还是没有付款，说明客户对这个产品的兴趣不大了。这时，你需要给他一针强心剂，就是抛出优惠吸引客户购买。在很多时候，客户的消费都不理智，特别是女性客户，往往会因为便宜而消费。所以，在弃购订单发生 48 小时后发送的第三封也是最后一封邮件，既不会让客户觉得总是收到你的邮件很烦，又给了彼此最后一个机会。那么这封邮件的措辞和设计就需要很讲究了，我觉得给出 10%或 20%折扣的优惠都可以，最好设置成自动折扣，如图 9-31 所示。

图 9-31

最后，需要提醒的是，弃购挽回邮件中的 Logo、字体、颜色等要和你的 Shopify 独立站一致，这样才会更好地唤醒客户对你的产品和独立站的记忆。

9.2.2　邮件营销

假设客户收到 3 封弃购挽回邮件后还没有转化为购买客户，没有关系，只要客户订阅了营销邮件，就可以把他们转化为邮件营销的客户。

登录 Omnisend 后台，单击"Audience"（受众）按钮，如图 9-32 所示。

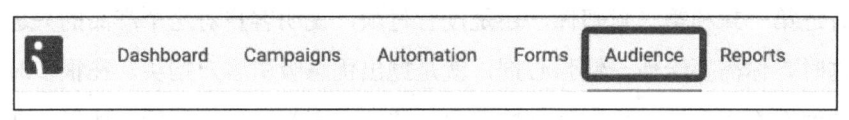

图 9-32

Omnisend 系统提供了几个客户的分组，你可以试试它们的使用效果，如图 9-33 所示。

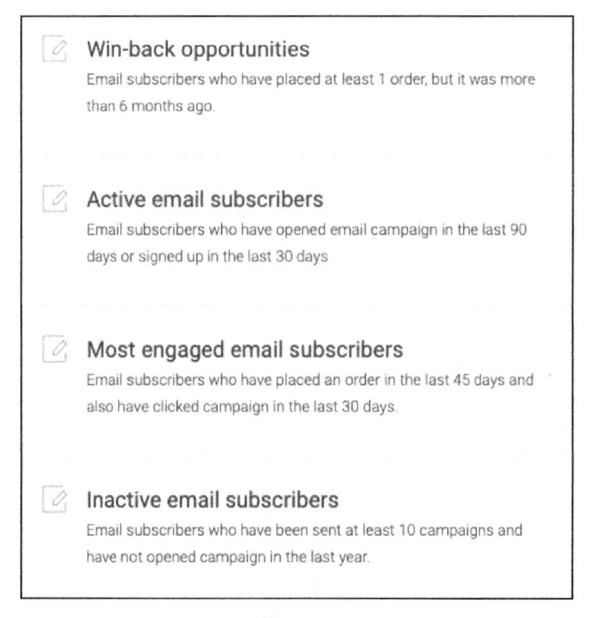

图 9-33

Win-back opportunities：指至少在独立站下过一次订单但下单时间为半年之前的客户。

Active email subscribers：指过去 90 天之内打开过营销邮件或者过去 30 天之内订阅营销邮件的客户。

Most engaged email subscribers：指过去 45 天之内下过一次订单，同时过去 30 天之内打开过营销邮件的客户。

Inactive email subscribers：指过去一年中收到过至少 10 封以上营销邮件，但是一次都没有打开过营销邮件的客户。

在做邮件营销的时候，你可以把同一封邮件分别发给不同分组的客户，然后查看效果。需要提醒的是，如果客户明确取消订阅或者标记你的邮箱是 SPAM，那么你需要及时删掉这些客户和邮箱，以免被 Omnisend 处罚。

9.3 如何退款

首先，登录 Shopify 后台，找到需要退款的订单，单击"退款"按钮，通过 Shopify 系统为客户退款，如图 9-34 所示。

图 9-34

然后，在"数量"一栏中编辑退货的数量，Shopify 系统会依据数量计算出对应的要退款的金额，如图 9-35 所示。当然，你也可以在"Manual"文本框中手动输入任意的退款金额，并且在"退款原因"文本框中进行备注。客户是看不到这里的备注的，只有可以登录 Shopify 后台的人才可以看到。单击"退款"按钮完成退款。如果客户是使用 PayPal 付款的，那么 PayPal 会把对应的金额退还到客户的 PayPal 账户中，如果客户是使用信用卡付款的，那么信用卡收款工具会把对应的金额退还到客户的信用卡中。

图 9-35

最后，你需要使用自己的客服邮箱给客户发送一封邮件，说明退款原因。发邮件的目的就是让客户感受到你对他的重视。

第 10 章

Shopify 独立站的优化

通过广告给 Shopify 独立站引流,客户从看到广告到最终购物的标准流程如下:

(1)客户看到广告,产生兴趣或者购物冲动。

(2)客户主动单击广告上的链接,也就是 Shopify 独立站的页面链接。

(3)客户打开 Shopify 独立站的页面。

(4)客户浏览 Shopify 独立站的页面。

(5)客户把想要购买的产品加入购物车。

(6)客户发起结账。

(7)客户输入收货地址。

(8)客户选择物流运输。

(9)客户付款。

(10)客户顺利完成购物或弃购订单。

从这个流程中可以看到,广告只能直接影响最开始的 2 个步骤,再成功的广告最多只能让客户单击广告上的链接,从第 3 个步骤开始,客户进入 Shopify 独立站后,能否形成一个个订单,就要看独立站能否把他们转化成购物者了。

总之，从第 3 个步骤开始到第 10 个步骤结束，你都需要尽量让客户对你的 Shopify 独立站产生极大的信任，对你的产品产生极大的想要拥有的冲动，同时，要让客户的购物体验更好。这些方面说起来很虚，但确实影响独立站的转化率。所以，我把在独立站优化方面的经验进行了汇总，下面一一讲解。

10.1 首页优化

Shopify 独立站首页在所有独立站的页面中有很重要的作用，但是有的时候它的作用又被很多人夸大了。因为从我的经验来看，如果用 Facebook 广告引流，那么客户打开产品落地页后还去访问首页的比例并不高。在实际情况中，首页扮演着店面的角色，就像我们逛线下实体店一样，商场里有大大小小各种品牌的店面。很多时候，我们不用走进店铺，看几眼店面，就能大概知道这家店铺是否值得仔细游览。下面看一下独立站首页应该如何优化。

10.1.1 首页布局

首页布局讲究的是简单、清晰，不管是图片还是文字引导，都要让客户能够快速找到他们想要了解的信息。一般来说，我觉得比较好的首页布局如下：

（1）首页主目录，一般包括 Home、All Products、Contact Us 这几个菜单。比如，Shopify 独立站只卖一款产品——一个水杯。它的首页主目录如图 10-1 所示，很简单，中间的 dropbottle 就是独立站的名字，左边的 SHOP 就是 All Products 菜单，CONTACT 就是 Contact Us 菜单。另外，它还有 ABOUT US、FAQS、RECIPES 这 3 个主目录。一般来说，ABOUT US 和 FAQS 也可以放在底部目录。

图 10-1

（2）首页底部目录，一般包括 Privacy Policy、Refunds & Returns Policy、Shipping Policy、Terms of Service、FAQ、About Us 等菜单。还以上面那家独立站为例，它的底部目录如图 10-2 所示。可以看到，这家独立站在底部目录中再次放了 Shop、Recipes、About Us、Contact Us、FAQs 这几个同样出现在主目录中的菜单，另外还增加了 Charity Partner 和 Shipping 菜单。

图 10-2

（3）首页中间部分，一般包括静态或轮播大图、Best Sellers、推荐类目（可选）、News Letter（可选）。同样以 dropbottle 为例，它的中间部分如图 10-3 所示。它就放了一张静态大图，并且使用了一句具有强烈号召力的广告语，同时在图的下方还有一个动态的往下指的箭头，提示客户下面还有更多内容。

图 10-3

10.1.2　首页访问体验

首页访问体验需要做到让客户浏览起来顺畅，并且让其信任你的独立站，觉得你的产品独一无二，迫切地想拥有一个。具体说来，需要做到以下几点：

（1）首页的颜色和字体要和谐统一。一般来说，独立站的主要色调要控制在 3 个以内，如果过多就会让客户觉得页面很乱，字体要和独立站的品牌调性契合，如图 10-4 所示。这家独立站主要销售健康的有机食品，整体色调就使用绿色，背景大多使用白色或者灰色这种中性颜色，更容易让客户觉得有机食品安全。

（2）图片高清且有链接。很多人强调独立站中的图片要精美，其实在很多时候要做到图片精美难度很大，因为需要专业的摄影师和摄影器材，还需要修图师后期加工。对于个人卖家来说，很难做到图片精美，那么就要尽量使用高清的图片，并且图片都是可以点击的，也就是说图片可以链接一个你想要指定的页面，可以是一个 Collection（产品系列）页面，也可以是某个产品落地页。如果客户对图片感兴趣，就有很大概率点击图片。如图 10-5 所示，把光标放在这个首页图上就会显示"SHOP MEN"（男款）和"SHOP WOMEN"（女款）按钮，引导客户进一步选择。

图 10-4

图 10-5

（3）通过名人认可这个品牌或产品的图文，或知名媒体报道过的图文来提高客户对网站的信任。

这一般针对单价较高或者产品很新的独立站，目的是让客户看到有名人或者知名媒体的图片，觉得你的独立站是值得信赖的，这相当于多了一层信任背书。

如图 10-6 所示，dropbottle 请来了受到美国中产阶级喜爱的主持人奥普拉。但是需要提醒的是，不能随意放上名人或媒体图片，这容易引起侵权纠纷。

图 10-6

（4）收集客户邮箱。一般来说，在首页停留了 10～20 秒的客户，更愿意和你的网站有进一步联系。这时，不管客户最后有没有购买产品，让这些客户都留下邮箱最好不过了。收集客户邮箱有以下几种方式：

① 通过转盘类小游戏引起客户的好奇，如图 10-7 所示。

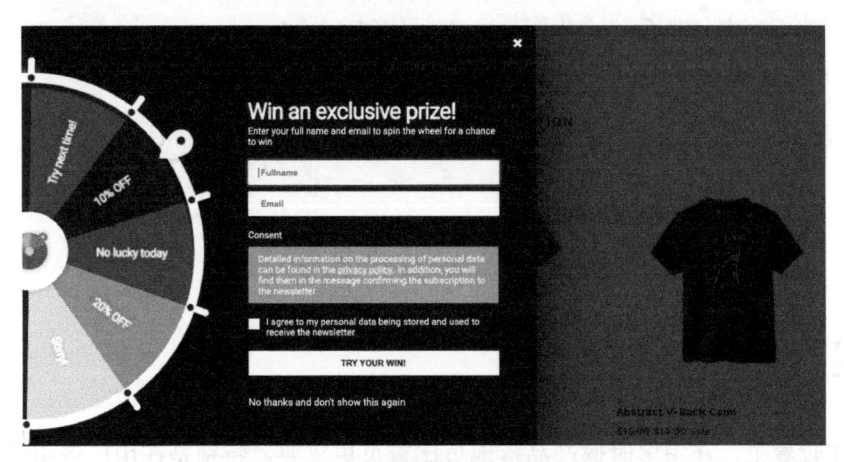

图 10-7

② 通过折扣让客户觉得便宜，比如留下邮箱的客户可以享受 10%的折扣，如图 10-8 所示。

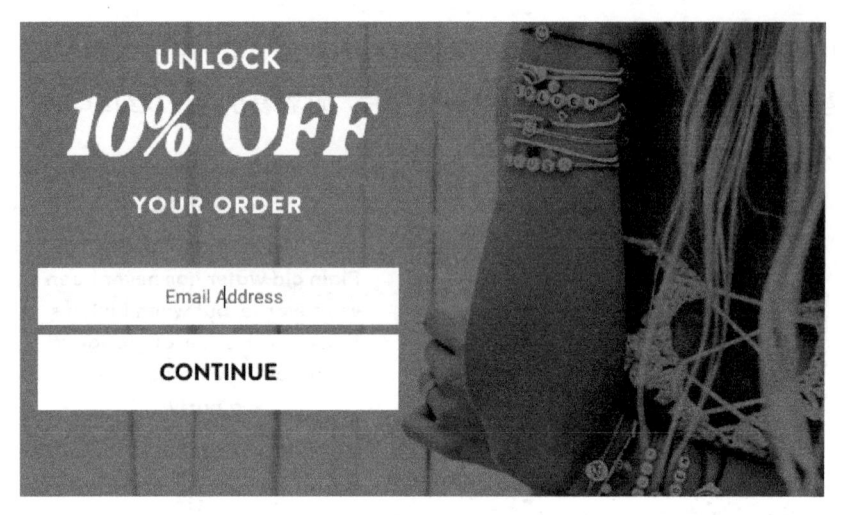

图 10-8

③ 直接让客户订阅独立站的邮件。这一般是独立站的基础设置,也就是说可以和上面两种方式的其中一种同时使用,如图 10-9 所示。

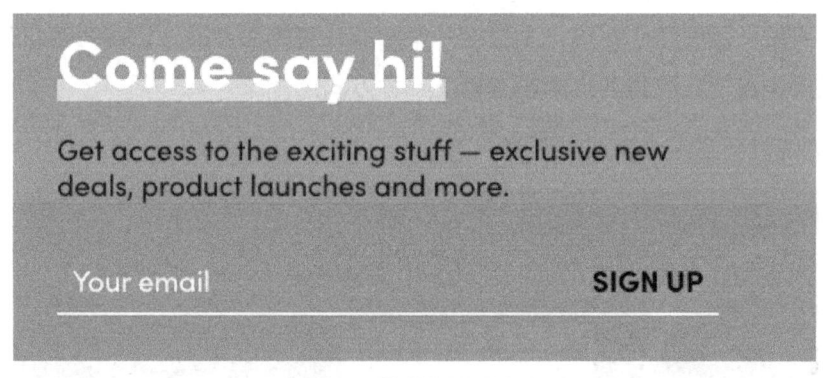

图 10-9

10.2　落地页优化

在我看来,在很多时候产品落地页比首页更重要,特别是在用广告引流的情况下。客户来到 Shopify 独立站,首先浏览的就是产品落地页。在这里,我分享的是自己做 Shopify 独立站运营的实操经验。

10.2.1 落地页的打开速度

根据国外的一项调查显示，如果某个网站的打开速度比较慢，那么通常意味着这个网站是不安全的，79%的网上购物者不会再进入这样的网站。除此之外，47%的人希望网站的加载时间在 2 秒以内。如果超过 3 秒网站还没有打开，那么40%的人会选择关闭页面离开。85%的互联网用户希望移动端的网站加载速度比 PC 端更快。换个角度来说，我在用手机访问某个网站或者页面的时候，通常也不喜欢打开慢的，可能 3 秒没打开就直接关掉了。Shopify 独立站的产品落地页和首页这两个页面的打开速度至关重要，不但因为它们影响网站访问者的浏览体验和购物体验，而且这个速度也是 Google 搜索结果页面排名算法考虑的因素之一。你需要尽量将页面的打开速度控制在 2 秒之内，这样网站访问者对你的独立站的第一印象好，信任度高。有很多测试网站打开速度的工具，我用得比较多的是 Pingdom Tools，如图 10-10 所示。

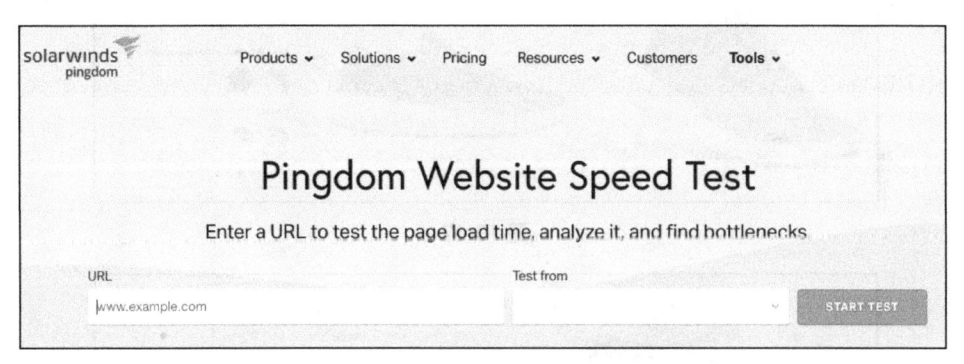

图 10-10

10.2.2 图片优化

（1）图片上一定要少写文字或者没有文字。这样，客户的潜意识里会觉得独立站更专业，更值得信任，如图 10-11 所示。

（2）图片数量建议控制在 10 张以内，如图 10-12 所示。如果图片太多，那么客户看不过来。另外，图片过多会影响页面的加载速度。

（3）图片要能引起客户强烈共鸣，比如有真实的使用场景或者上身效果，如图 10-13 所示。

图 10-11

图 10-12

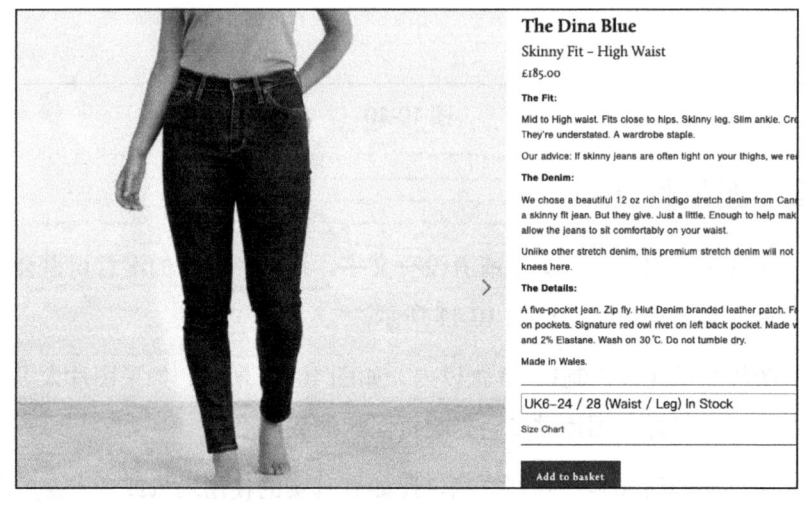

图 10-13

10.2.3 文字优化

（1）产品名字需要简短吸睛，如图 10-14 所示，要让客户一眼就知道这个产品的特色和功能，切记不要直接"搬运"平台上的产品名字。

图 10-14

（2）产品描述要先用两三句话吸引客户，引起客户的强烈兴趣或者好奇，如图 10-15 所示。

图 10-15

10.2.4 评价优化

（1）评价语言要尽量是核心目标市场的语言，这样潜在客户才不会觉得突兀，不会影响信任感。比如，如果你的 Shopify 独立站客户主要是北美的，那么评价语言要用英语；如果主要客户来自日本，那么评价语言就要用日语，如图 10-16 所示。

（2）在前期你可以发一些带图片的客户评价，这样更吸引眼球，也更有说服力，如图 10-17 所示。

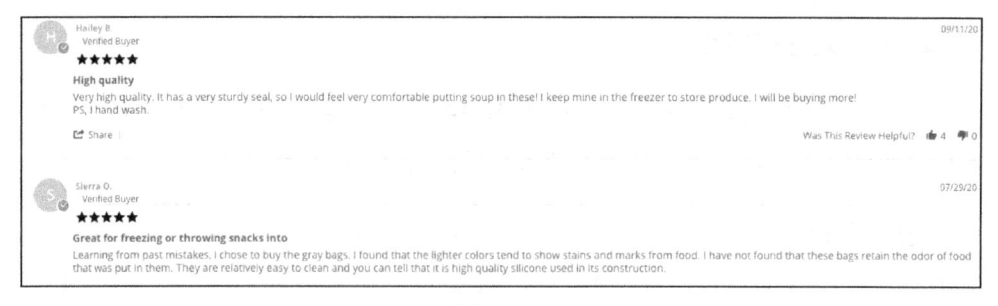

图 10-16

图 10-17

（3）评价不要全是五星好评，不要全部都是赞美之词，要尽量客观和正常，这样可信度更高，如图 10-18 所示。

图 10-18

10.3 结账体验优化

在客户浏览完独立站，对某个产品产生了极大的购物欲望后，你就需要设计一系列的行动让客户流畅、顺利地完成购买。这主要从下面几个方面去优化。

10.3.1 流程优化

因为客户强烈的购物欲望维持的时间很短,从看到广告到来到独立站,最多只有一两分钟,所以你要在结账的整个流程上做优化,让流程尽量简短。

(1)要让客户不用特意注册或者订阅营销邮件就可以购买。我在前面的章节中反复提到,客户一旦进入结账环节,之后的每一步都要尽量精简,就是要让客户一门心思地把钱付了,中途不要插入干扰结账的东西。我见过有些独立站,会在客户单击"ADD TO CART"按钮之后,强行让客户玩转盘获取折扣或者订阅营销邮件,这都非常不合适。玩转盘和订阅营销邮件的玩法,只适合放在首页,而不适合放在产品落地页。如图 10-19 所示,这家独立站在接入"CHECK OUT"(结账)页面之后就会出现一个弹窗,让客户订阅营销邮件,这中断了客户的结账流程,这时客户很可能会离开独立站。这样不仅没得到订单,而且连客户的邮箱都没有得到,得不偿失。

图 10-19

(2)在购物车页面中尽量不放其他信息,如果一定要放,那么要注意客户体验。如图 10-20 所示,这家独立站在购物车页面中推荐其他产品,想提高客单价,可是这些产品不能一键加购,反而影响客户体验。

下面介绍一个做得好的卖家。有一家独立站在购物车页面并不推荐其他产品,而是突出购物车中产品的良好的客户评价,这可以再次提醒客户:这是个好东西,你选得好!这样聪明的设置,有助于客户完成最终的购物,如图 10-21 所示。

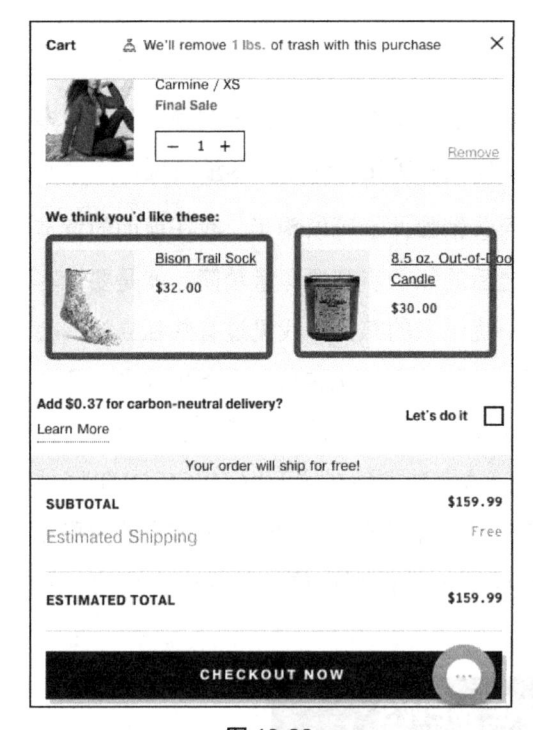

图 10-20

图 10-21

10.3.2　页面优化

（1）产品的按钮要一目了然，这样客户就可以非常方便地操作，如图 10-22 所示。特别是如果你的产品有很多变种，有不同的颜色、尺寸或者款式，那么最好把所有按钮都同时显示出来。

（2）"ADD TO CART"等行动按钮要醒目，按钮的颜色、字体和大小都要考量，要让这些按钮容易被看到且不让人感觉突兀和奇怪，如图 10-23 所示。

（3）建议加入支付信任图标，提高客户对独立站的信任感，如图 10-24 所示。需要提醒的是，信任图标中的服务必须是独立站支持的，如果独立站不支持却显示，那么反而会降低客户的信任感。

图 10-22

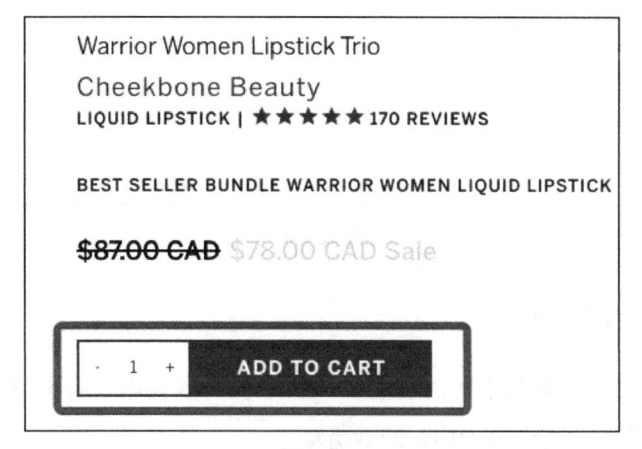

图 10-23

图 10-24

（4）要适当地给客户增加赶紧付款的紧迫感，比如放入倒计时，如图 10-25 所示。因为这里是图片，所以你看不到倒计时的效果，图中的 08:25 其实对客户来说一直在倒计时中，增强了客户的紧迫感。

图 10-25

10.3.3 运费优化

（1）不要设置太复杂的运费规则，否则客户看着很累，而且你在发货时也容易出错。

（2）要尽量让客户觉得运费在正常区间，并且随便选择一种运费都没有压力，如图 10-26 所示。

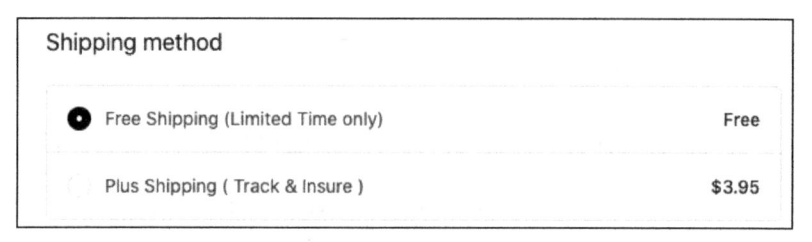

图 10-26

10.3.4 付款优化

（1）不建议加入索取小费的功能。一般来说，欧美国家给小费主要出现在餐厅或者酒店服务的场景，如图 10-27 所示。

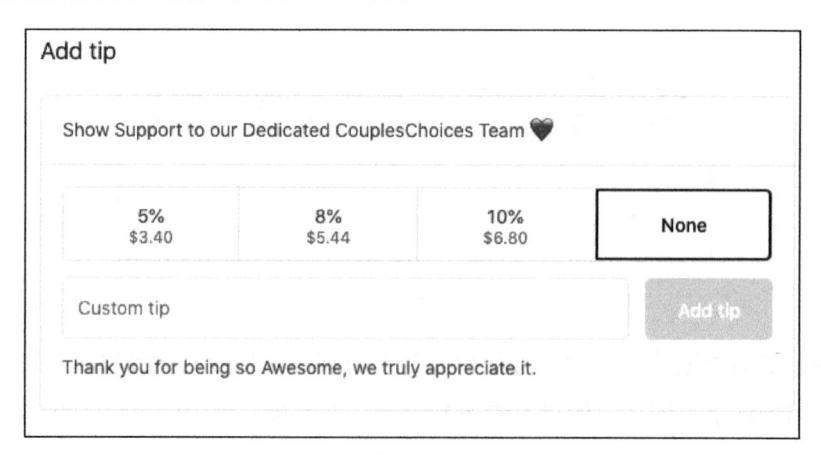

图 10-27

（2）付款工具要尽量使用 PayPal+Stripe 和 PayPal+Shopify Payments 这两个客户体验最好的组合，如图 10-28 所示。

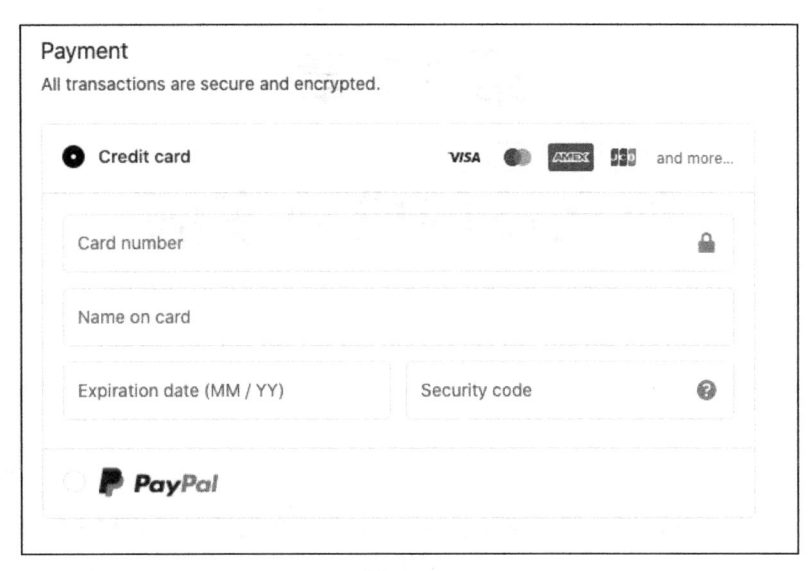

图 10-28

（3）对于定价较高的产品，在有能力的情况下可以加上 afterpay（一个新兴的分期付款工具）这样的收款工具，这可以让客户更无压力地支付，如图 10-29 所示。

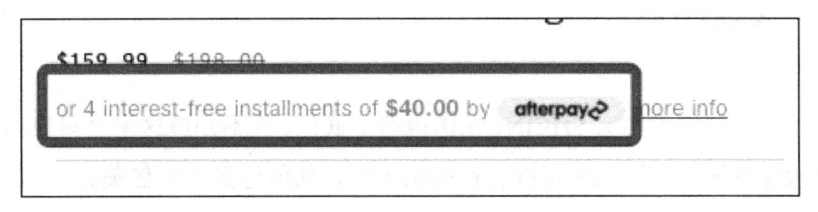

图 10-29

第 11 章

独立站的成功案例

2020 年是全球跨境电商快速发展的一年,国内的独立站卖家越来越多,其中不乏很多做得非常成功的卖家。下面选取一些比较有代表性的独立站进行案例分析。

11.1 估值近千亿元的跨境电商独立站大卖家——SHEIN

跨境电商圈的大卖家 SHEIN,在国内非常低调,你不知道这家公司也很正常。很多金融媒体报道,这家公司准备在美国上市,估值达到 150 亿美元。

这家总部位于南京的跨境电商公司,成立于 2008 年 10 月,以快时尚女装为业务主体,涵盖产品设计、仓储供应链、互联网研发、线上运营等,主要面对欧美、中东、俄罗斯、印度等消费市场,业务遍及全球 220 多个国家和地区。据 SHEIN 官方披露的信息显示,SHEIN 在 2019 年的收入已经超过 200 亿元人民币。

SHEIN 主要有两个独立站,分别如图 11-1 和图 11-2 所示。

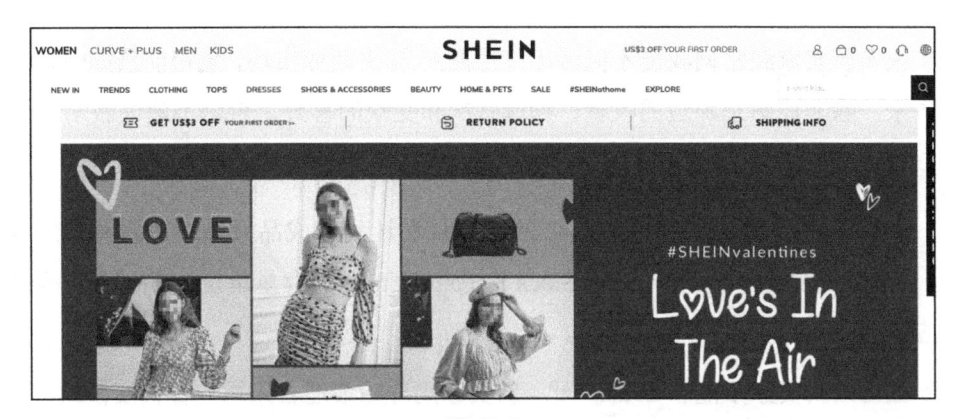

图 11-1

图 11-2

首先，SHEIN 的成功归功于它用互联网方式把传统的服装生意盘活了。

你可能对前几年流行的"互联网+"还记忆犹新。不管什么行业，好像只要和互联网扯上关系，都能实现产业升级，其实不然。SHEIN 选择的产品品类并不是"新奇特"产品，也不是技术含量很高，普通人驾驭不了的 3C 类产品，而是非常传统的服装品类产品。

很多卖家一直有以下困惑：在国外，亚马逊的卖家和买家都非常多，我的独立站还有前景吗？已经有了那么多同行甚至大卖家，我还能进入这个领域吗？在国外，不是每个国家都有亚马逊业务，即使在亚马逊业务成熟的美国，美国人也习惯在独立站上购物。竞争激烈在某种程度上代表了需求旺盛，有需求的地方就有市场，就有潜在客户。据说 SHEIN 的客户主要来自北美、欧洲，其余来自中东、印度等。这基本代表目前跨境电商的主要客户来源。

很多新卖家经常问我能不能做印度尼西亚/马来西亚市场，觉得前景如何？在我看来，除非你熟悉那边的收款、物流状况和受众的喜好，否则不建议做。

其次，SHEIN 的独立站运营策略值得学习。

据行业内的人士透露，SHEIN 的新品从设计到出成品只需短短的两三周时间，1 年能开发超过 1 万个 SKU（Stock Keeping Unit，库存量单位），并且现在全球供应链做得很成熟，库存压力不大。

独立站新卖家不能和 SHEIN 比，新卖家刚开始最适合采用一件代发模式。这样不用压货，完全不用考虑库存压力。SHEIN 的"上新"速度快，定价低。据我所知，SHEIN 的很多供应商都说 SHEIN 可以做到订单稳定，不拖欠货款。

再次，SHEIN 的引流策略也值得借鉴。

SHEIN 成功的很大一部分原因是依靠了"网红"，刚开始"网红"营销的投资回报率高达 300%。后来，"网红"的流量红利逐渐下降，如它合作过的一位 YouTube "网红"，在 2015 年以前的合作费用只要 30 美元，而现在已飙升到 5 万美元。现在，SHEIN 仍然在做"网红"营销，并在主流的营销平台上投放大量广告。它的 Instagram 账户吸引了超过 1200 万个粉丝，如图 11-3 所示。它的 Facebook 账户吸引了超过 1700 万个粉丝，如图 11-4 所示，并且这些社交媒体的粉丝数量都在稳步上涨中。

图 11-3

你如果不知道 SHEIN 的广告是什么样的，那么可以去看看，如图 11-5 所示。

SHEIN 在 Facebook 上不仅发帖多，而且与用户互动频繁。2019 年，SHEIN

在 Facebook 上获得帖文互动共计 245 万次，在 Instagram 上获得互动 6267 万次。

图 11-4

图 11-5

除了社交媒体广告，SHEIN 也投放 Google 广告。广告主要用图片，大量的精美图片是它的法宝。据说，SHEIN 的每一场拍摄都需要从妆容、饰品、服装等方面进行多种变换，每款产品都需要选 5 张图。一位曾负责招聘 SHEIN 摄影团队的人力资源经理说，SHEIN 对摄影师的要求非常高，面试的通过率几乎为 1%，SHEIN 希望摄影师能拍出 INS 风格。图 11-6 是 SHEIN 的广告截图。

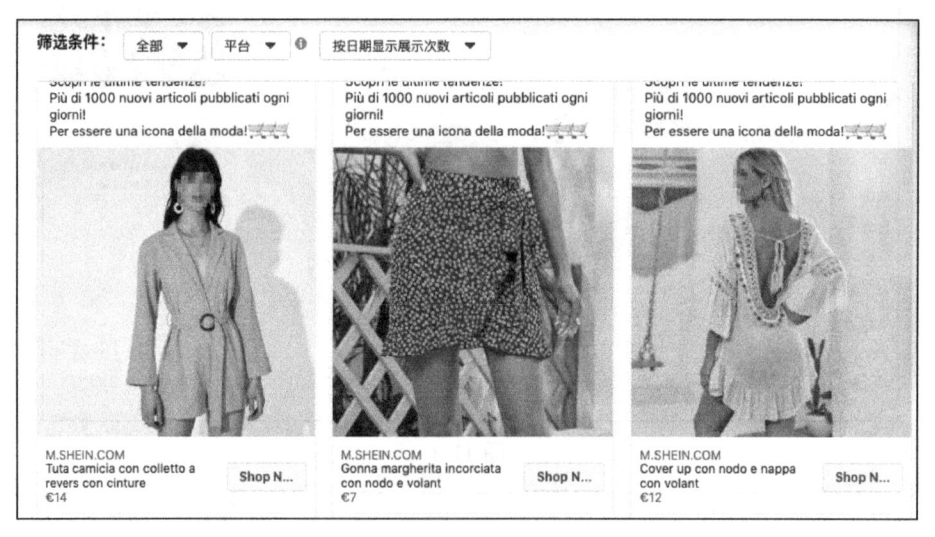

图 11-6

在很多人强调 Facebook 广告主要靠视频的时候，你一定要保持头脑清醒，因为不是所有产品都靠视频素材。对于 SHEIN 销售的时尚类目产品来说，产品主要靠设计，产品特色用图片就一目了然，所以打造出符合潜在客户口味的精美图片才是王道。

最后，SHEIN 测品的力度非常大。所以，它压中"爆款"的概率更大。很多新卖家做独立站运营，才做半个月就幻想可以"爆单"，提前操心海外仓发货的事情。请先回想一下，你测品的力度如何？SHEIN 都在大规模地测品，为什么你就可以一测就爆？

11.2 浅析这家流水超过千万美元的独立站大卖家——Gymshark

不管是做过跨境电商的卖家，还是新入行的学员，都不约而同地表示选品很难，都想知道那些做得好的独立站都卖什么、怎么装修。

下面以目前 Shopify 独立站排名第二的网站为案例进行分析。有的卖家可能会说为什么你不分析排名第一的 OKP 呢？主要有两个原因：第一，OKP 的网站我没法访问。第二，OKP 是做汽车零配件的，对绝大部分做 Shopify 独立站的个人卖家来说没有太大的参考意义。

至于怎么找到这些独立站的排名，其实很简单，在 Google 中输入 "myip Shopify"，搜索出来的结果如图 11-7 所示。

No	Web Site	Website IP Address	IP Reverse DNS	Web Hosting Company / IP Owner
1	okp.com	23.227.38.65	zagat.ssl.shopify.com	Shopify, Inc
2	gymshark.com	23.227.38.65	zagat.ssl.shopify.com	Shopify, Inc
3	whitefoxboutique.com.au	23.227.38.65	zagat.ssl.shopify.com	Shopify, Inc
4	onlyny.com	23.227.38.32	23-227-38-32.shopify.com	Shopify, Inc
5	blacktailor.store	23.227.38.65	zagat.ssl.shopify.com	Shopify, Inc

图 11-7

为什么 Gymshark 可以这么火？有哪些值得我们学习的地方呢？

Gymshark 的独立站主页如图 11-8 所示。

图 11-8

这是英国的一个健身服装品牌。这个健身服装品牌在 2012 年由 19 岁的英国阿斯顿大学学生 Ben Francis 创立。目前，Gymshark 在 Instagram 上拥有超过 519 万个粉丝，如图 11-9 所示。

图 11-9

Gymshark 在 YouTube 上的粉丝为 28.8 万人，如图 11-10 所示。

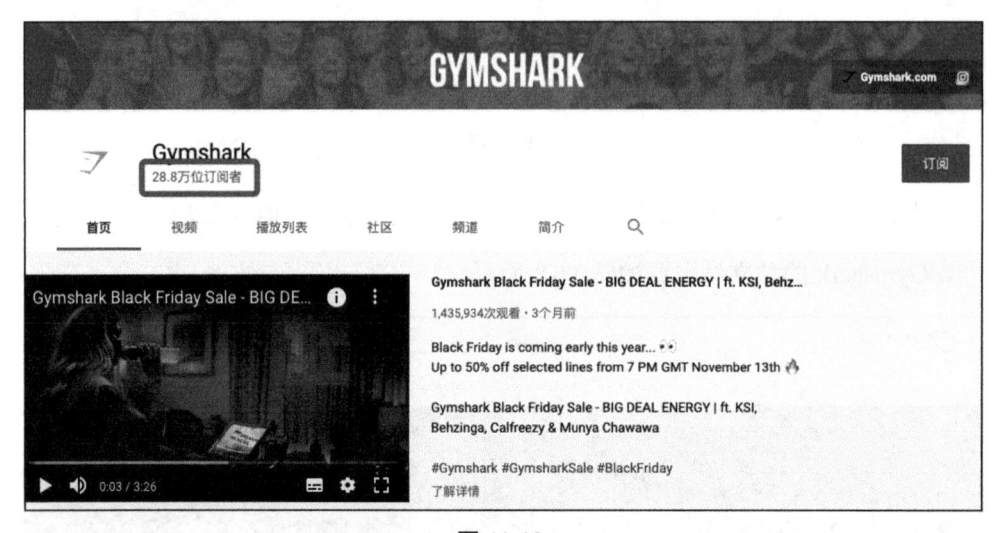

图 11-10

Gymshark 在 Facebook 上的粉丝超过 189 万人，如图 11-11 所示。

可以看到，Gymshark 的这三个社交媒体的粉丝数超过了 700 万，这是一个社交媒体运营得非常成功的 Shopify 独立站。

通过一个流量监测工具可以看到，Gymshark 的每个月的网站访问量超过 400

万次，独立站的月流水超过 1000 万美元，如图 11-12 所示。

如图 11-13 所示，高达 56%的流量来自搜索，28%的流量来自直接访问，剩下的流量来自社交媒体、联盟、邮件营销。

图 11-11

图 11-12

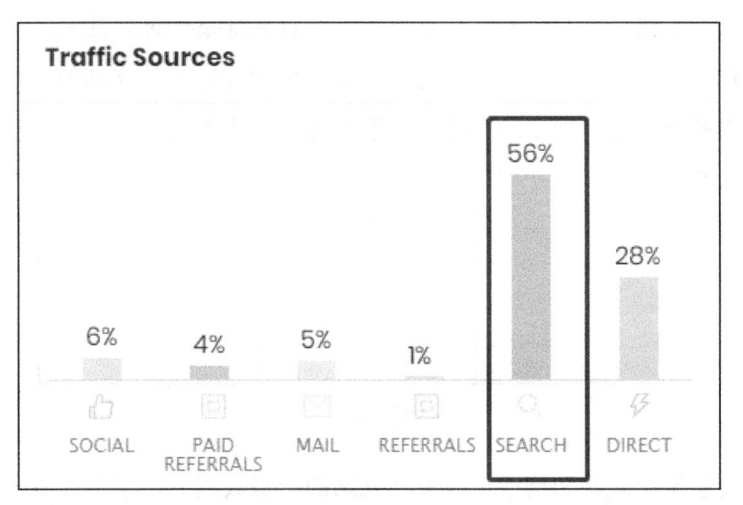

图 11-13

从流量来源和分布来看，通过品牌前期的"网红"营销和网站本身的搜索引擎优化，现在 Gymshark 这个品牌词已经做起来了，受众更多的是直接搜索品牌词查询，如图 11-14 所示，在 Google 中搜索"gymshark"，在搜索结果中排名第一的就是它的独立站。

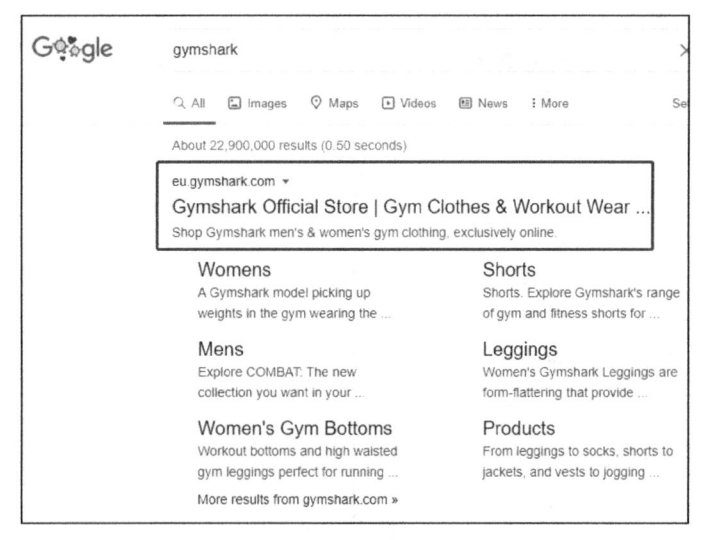

图 11-14

通过 SimilarWeb 来分析一下这个网站的综合指标，包括平均访问停留时间、每次访问页数和跳出率，如图 11-15 所示。从这 3 个指标综合来看，Gymshark 的内容做得非常不错。客户来到这个独立站都会认真地逛一逛。注意：不是瞄一眼就走了。你做独立站运营，也要把内容做好，尽量让来到独立站的客户的停留时间长、跳出率低，这样独立站在搜索引擎中的排名才会高。

图 11-15

在分析了流量来源和构成，以及独立站的一些数据后，下面来看一看这个独立站的"爆款"有哪些。从监测工具给出的 PAST MONTH（上个月）和 ALL TLME

（历史累计）数据来看，排在前三位的都是女士打底裤，如图 11-16 所示。不知道你是否想起了另外一个靠瑜伽裤起家的品牌 lululemon，虽然它们的定位不同，但都靠这种女生贴身运动裤找到了属于自己的天地，所以你不要觉得某个产品的竞争很激烈就没有机会了。事实上，在你纠结的时候，已经有竞争对手行动起来了，竞争激烈往往说明市场需求大，谁说过同种裤子只能买一条啊？

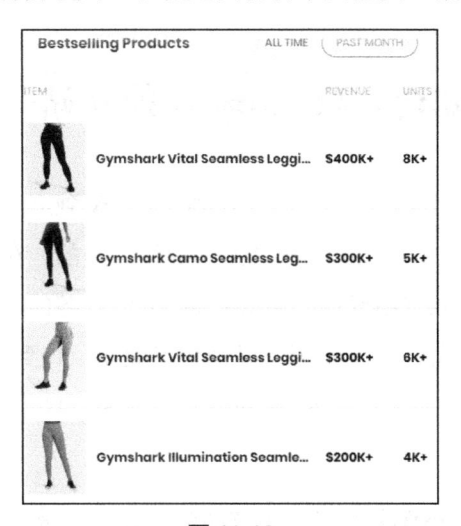

图 11-16

目前，Gymshark 的 Facebook 广告几乎都是轮播图片广告。它们的图片和文案依然具有参考意义，如图 11-17 所示。

图 11-17

和现在市面上的健身服装相比，Gymshark 的产品更有弹性、更合身，也更长一些。最重要的是，人们穿着它逛街会友、去学校甚至去工作都不会显得太突兀，这一点其实是创始人最初做的产品定位：手工制作的、合身的衣服，年轻人还可以穿着它去健身房。定价对于年轻人来说不算贵。虽然现在人们在日常生活中甚至上班时都穿运动服装，但是在 2012 年，这可以说是一个比较超前的想法。

11.3 工业品如何玩转Shopify独立站——YesWelder

经常有卖家问我：做 to B 业务的，能做 Shopify 独立站运营吗？我都坦诚相告：抱歉，我没有做过 to B 业务，无法给出建议。是的，在我和大多数跨境电商卖家的眼中，Shopify 独立站好像天然就是做 to C 业务的，我们都没有认真思考过是否可以做 to B 业务，甚至是否可以销售工业品。直到我无意中看到 Shopify 官方分享了一篇文章——《从 B to B 赛道转型成为 DTC 品牌，专注焊机产品的 YesWelder 做对了什么》。

于是，我索性对 YesWelder 这个工业品牌进行了一番了解。

YesWelder 的独立站主页如图 11-18 所示。

图 11-18

这是宁波的一个焊接品牌，中文名叫叶氏焊接。这个焊接品牌在 2006 年由 5 位合伙人共同创立。目前，YesWelder 在 Instagram 上拥有接近 7 万个粉丝，如图 11-19 所示。

图 11-19

YesWelder 在 Facebook 上的粉丝超过 1 万人，如图 11-20 所示。

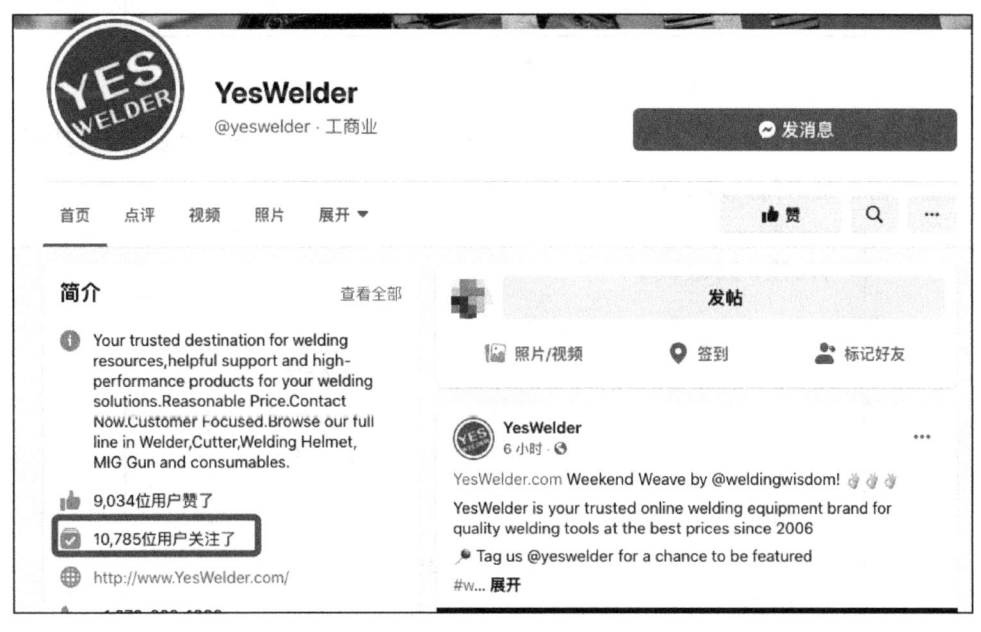

图 11-20

粗略统计，YesWelder 在 Facebook 和 Instagram 上的粉丝总和接近 8 万人，这对于一个运营社交媒体不久的工业品牌来说，已经非常难得了。

下面来看一下 YesWelder 的几个独立站关键数据。

通过一个流量监测工具可以看到，YesWelder 的每个月的网站访问量从 2021 年 1 月开始超过 100 万次，如图 11-21 所示。

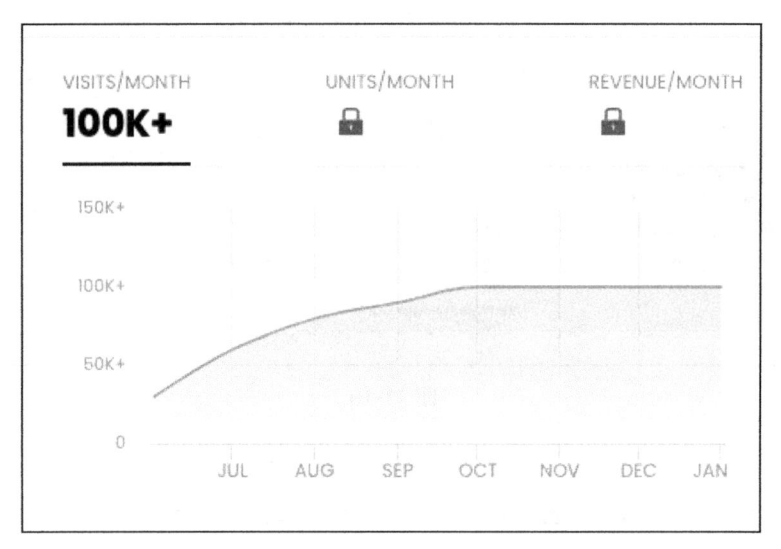

图 11-21

网站的流量来源如图 11-22 所示。其中，高达 44%的流量来自搜索，32%的流量来自直接访问，剩下的来自社交媒体、联盟、邮件营销。

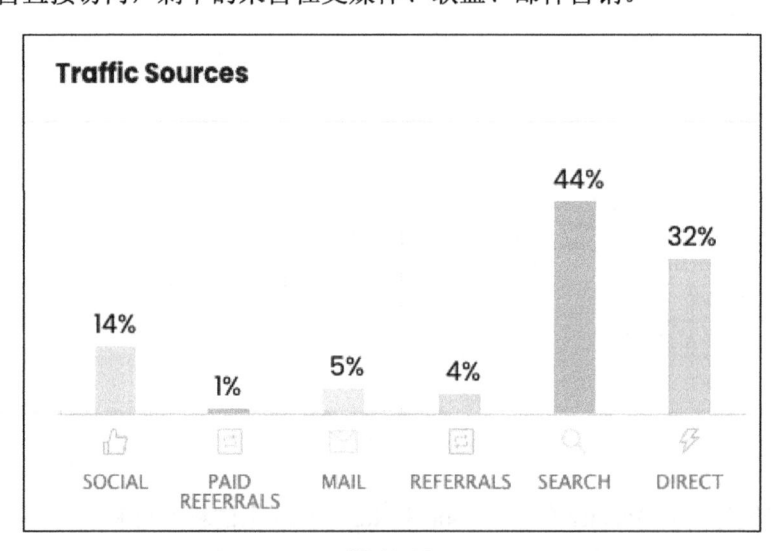

图 11-22

同时，YesWelder 的搜索引擎优化做得不错，如图 11-23 所示。在 Google 中搜索 YesWelder，在搜索结果中它投放的 Google 广告在自然搜索中排名第一。排名第二的同样也是它的独立站。

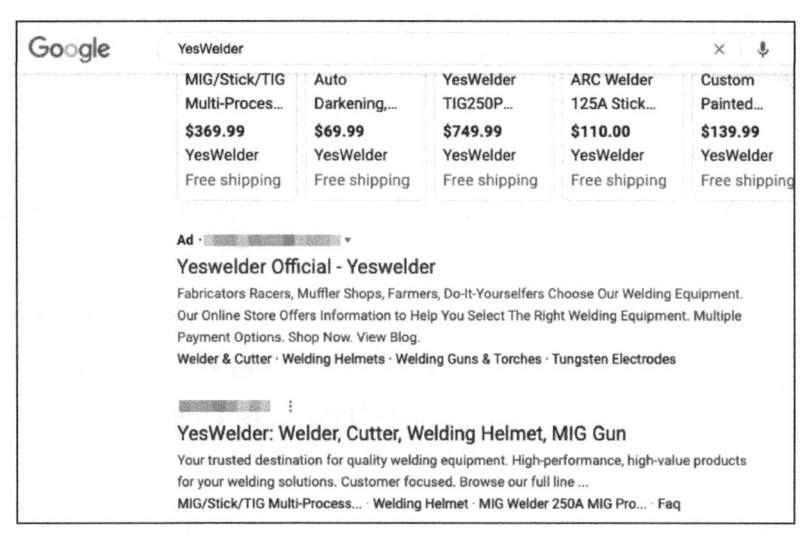

图 11-23

通过 SimilarWeb 来分析一下 YesWelder 独立站的综合指标，包括平均访问停留时间、每次访问页数和跳出率，如图 11-24 所示。从这 3 个指标综合来看，YesWelder 独立站的内容做得非常不错。

图 11-24

从媒体目前对 YesWelder 的报道中可以了解到，在 YesWelder 官网上线之初，负责海外营销的负责人对品牌官网的功能和视觉交互有着完美的追求，导致前期建站耗费了较多时间和精力，希望独立站一上线就可以在功能和视觉交互上尽善尽美，后来意识到一步到位难度太大，于是调整了策略——先实现基础功能，再逐步完善，这个策略转变让 YesWelder 在品牌建设初期跑得更快。这个策略不仅是做工业品值得学习的，而且做 to C 业务的卖家更应该借鉴。很多新卖家一开始想得很多，想把独立站装修得尽善尽美，想做成某个大卖家的样子。在我看来，这不太实用，还浪费时间。我一再强调，新卖家最开始就用 Shopify 建站，并且用官方的免费模板，快速把独立站搭建起来才是最重要的。用 Shopify 建站，对新卖家最大的帮助在于：其提供了简单、实用且成熟完善的工具，给不懂代码的"小白卖家"解决了技术需求。用免费模板，可以让"小白卖家"把更多的时间、精力用在选品和引流上。

分析完流量的来源和构成，以及网站的一些数据，下面看看 YesWelder 的"爆款"是什么。从监测工具给出的上个月和历史累计数据来看，排在第一和第二的都是焊接人员必备的装备——自动变暗的护目镜，如图 11-25 所示。

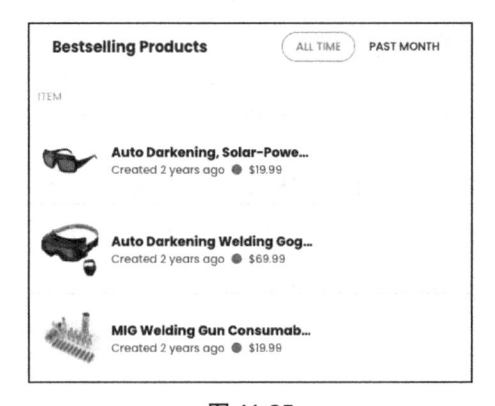

图 11-25

目前，YesWelder 的 Facebook 广告几乎都是 15 秒的视频广告，它们的广告素材对工业品牌有着重要的参考意义，如图 11-26 所示。

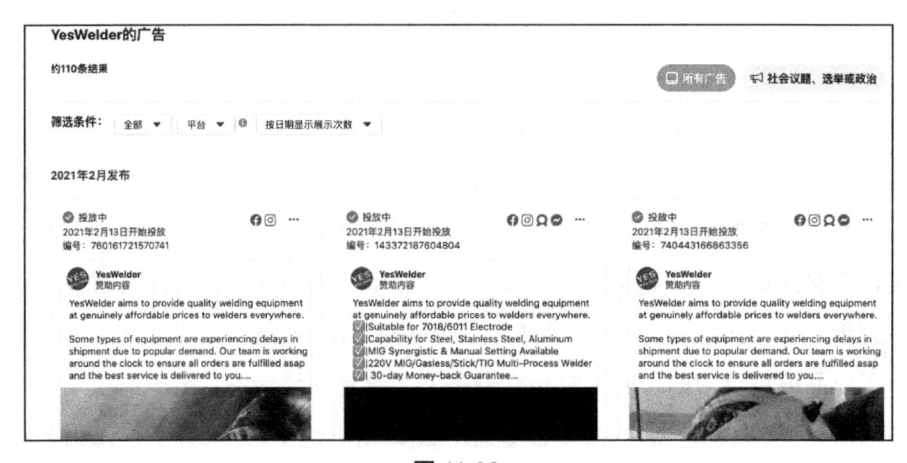

图 11-26

YesWelder 在品牌打造方面的亮点如下：

（1）在产品同质化竞争激烈时，YesWelder 借鉴了服装品牌的做法，邀请艺术家为自家产品进行设计。比如，市场上在售的焊帽大多是单一图案的或者黑色的，YesWelder 联系了曾给摩托车设计车身图案的美国文身艺术家，把画图设计应用在 YesWelder 焊帽上，如图 11-27 所示。这使得 YesWelder 的产品在同类竞品中脱颖而出，并且这种操作也十分契合追求个性化的焊工人群需求。尽管这样做费时费力，但是 YesWelder 敢于尝试，极大地提高了品牌调性。

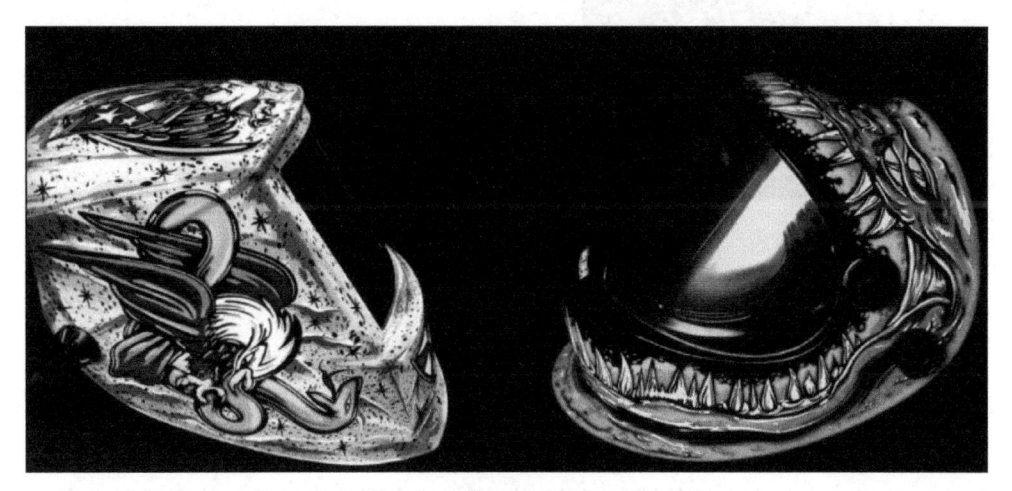

图 11-27

（2）和焊接领域的各大社交媒体博主合作取得了共赢。据了解，YesWelder 经常给 YouTube 博主提供 Freebie（免费赠送的样品），并且不限制其创作内容，博主完全可以用自己擅长或喜欢的方式拍视频或照片。YouTube 博主为 YesWelder 创作的视频，主要是如何使用焊机产品或者技术教学视频，给用户带来有价值的学习内容，视频的播放量很可观，如图 11-28 所示。在海外，许多人把 YouTube 当作学习技能的视频平台，在 YouTube 上专门搜索焊工视频的人通常也是购买意向很强的潜在客户。YesWelder 还发现：一些用户在个人博客上自发撰写的焊机产品测评文章为 YesWelder 带来了很高的流量。焊工是一个非常垂直细分的人群，YesWelder 通过这些博主把品牌植入了潜在用户的品牌意识里，当他们需要购买这类产品时自然会联想到 YesWelder。

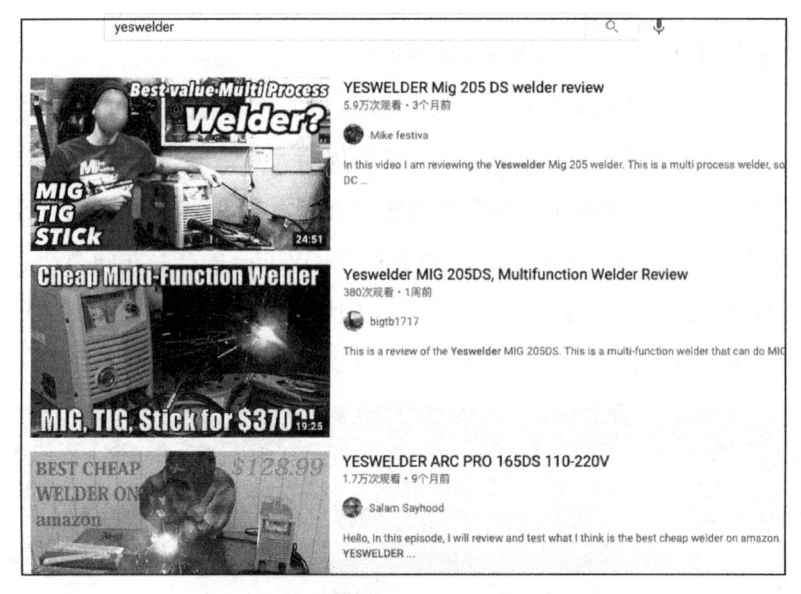

图 11-28

（3）精心打造的博客给品牌注入了灵魂。工业品在很多时候都是冷冰冰的机器、设备、配件等，YesWelder 通过博客，以焊接行业里的人物——焊工，作为主角，讲述焊工的各种故事。比如，有开设焊接工作室的创业者，也有以焊机作为工具的 DIY 爱好者，甚至还有 3 位女性焊工的故事，展现着女性焊工独特的女性魅力。这样一个新奇有趣的博客板块，把焊工这个群体通过各种故事展示出来，既让使用焊接产品的用户产生了共鸣，又给 YesWelder 品牌注入了灵魂，如图 11-29 所示。

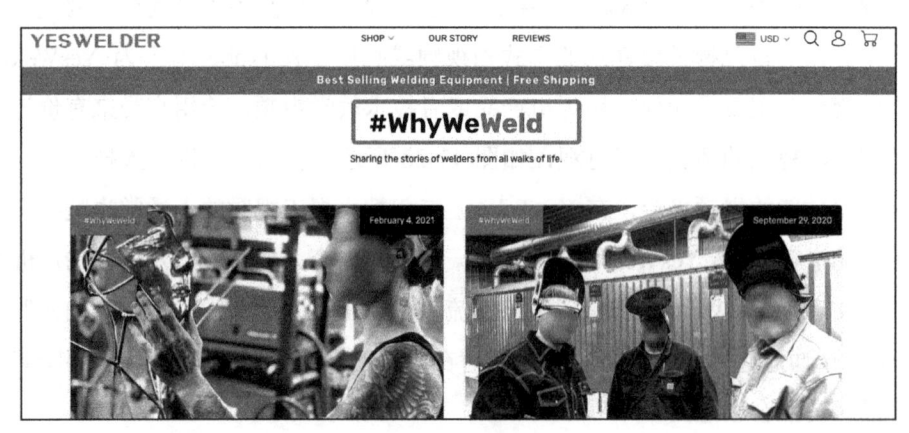

图 11-29

（4）公司化运作需要"专人专事"。据了解，YesWelder 的海外营销团队小而精，有来自英国的博客写手，负责客服的中国团队，来自多伦多的 Facebook 运营人员等。很多时候，做品牌独立站大多是公司化运作的，并且需要合理配置人员。自主品牌更应该向 YesWelder 学习"专人专事"的人员配置，不然为了节约成本，让中国团队写博客，写出来的东西得不到目标市场用户认可，不如不做。

希望 YesWelder 的 Shopify 独立站案例可以给做工业品或者 to B 业务的卖家一些灵感。

11.4 看年轻人靠Shopify单品站引爆西班牙市场

很多时候，大多数 Shopify 独立站卖家都聚焦于北美市场，我也不例外。但我知道，小语种市场是一片很大的"蓝海"，可惜我只会英语，不会小语种。在 2021 年春节期间，我无意中看到 Oberlo 官网上的一篇文章 *DROP SHIPPER ADRIÁN SÁENZ: "I FOCUS ON JUST ONE PRODUCT AND I PUT ALL MY EFFORT INTO IT"*，感兴趣的卖家可以去 Oberlo 官网上阅读这篇文章。

在阅读了这篇文章之后，我决定把文章的精华和给我的启发分享给你。

文章的主人公叫 Adrián Sáenz，如图 11-30 所示，是一个生活在西班牙巴塞罗那的年轻人，他第一次对商业产生兴趣是在 16 岁时，他的高中老师教他如何做一个生意人。他通过 Instagram 带货，试着做一个生意人。一开始，Adrián Sáenz 的商业行动都失败了，这个时候，他的母亲给予了他很大的支持，因为他的母亲就是生意人，很理解起步时的艰辛。

图 11-30

Adrián Sáenz 开始用心运营自己的 Instagram 账户，如图 11-30 所示。他希望通过 Instagram 带货。他一开始靠直觉选品，选择一些自己想要买的产品，后来意识到如果长期做生意，还需要了解客户的需求，而不是自己的喜好。于是，他开始研究细分垂直领域，最后想卖针对特定人群的服装。

我觉得，Adrián Sáenz 在选品方面的观念转变非常有代表性。我的很多学员一开始都对选品一筹莫展，即使之前做过亚马逊或者 eBay 运营，也表示不会选品。确实，选品在做 Shopify 独立站运营中占到约 50%的比重，但是说它的难度大，很多时候其实是我们怕麻烦，不愿花功夫钻研。

Adrián Sáenz 最后选择的产品类目是服装，从整个电商行业来说，这个类目的竞争很激烈，但是对于 Shopify 独立站卖家来说不激烈。为什么呢？主要原因：外国卖家很少选择这个类目，中国卖家选择得也不多。据我所知，国内只有公司化运作的卖家才做服装类目，比如跨境电商大卖家 SHEIN，11.1 节就是它的案例。纵观全球的 Shopify 独立站卖家，基本上个人卖家或者小卖家都不会选择这个类目。服装类目的优缺点都很明显，优点就是需求大，在独立站卖家中竞争相对不激烈，货值低，适合国际运输，有品牌或针对特定人群的服装的溢价空间大。缺点就是服装款式、颜色、尺寸等导致 SKU 太多，一旦产品上量（也就是订单量多起来），对产品品质、客服服务质量、物流运输时效、供应链等要求都很高。所以，Adrián Sáenz 选择服装中的单品站来做。精品店对卖家的各方面要求更高，不建议新卖家尝试。

除了选品困扰过 Adrián Sáenz，选择哪个目标市场也一度困扰过他。他知道全球最大的 Shopify 独立站市场在美国，但同时美国市场的竞争也最激烈。最后，他选择的是自己熟悉的西班牙市场和部分西班牙语国家。事实证明，他的独立站订单的 80%来自西班牙，20%来自欧洲和拉丁美洲的一些西班牙语国家和地区。他在 2019 年 6 月和 7 月两个月中，获得了 16575.86 欧元的流水，如图 11-31 所示。

很多新卖家不知道怎么选择目标市场，我的建议是如果你只会英语，那么北美市场（美国和加拿大），以及英语系国家和地区（主要是英国、澳大利亚、新西兰）肯定是首选。如果你会小语种，且这个小语种国家的人有一定的购买力，那么你可以尝试选择小语种市场。

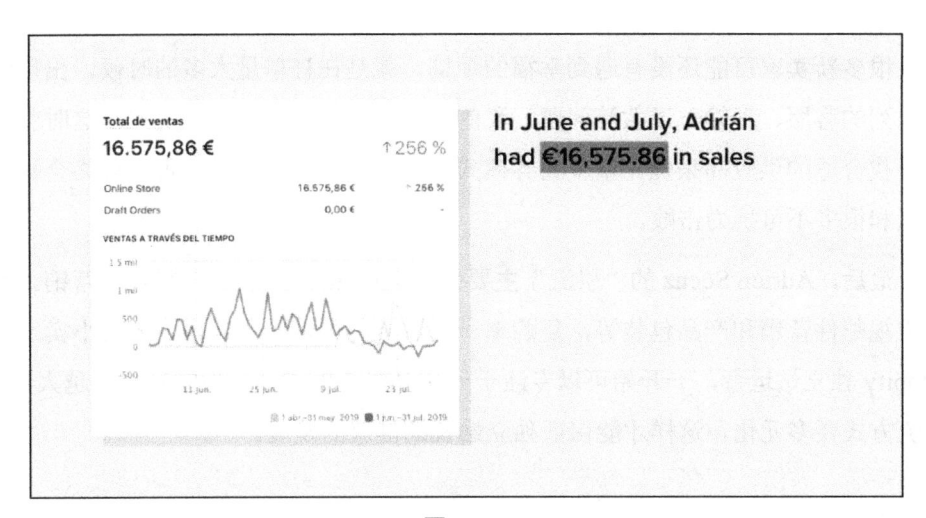

图 11-31

在解决了选品和目标市场问题之后，Adrián Sáenz 又面临物流和囤货问题。他发现 ePacket 或 AliExpress Standard Shipping 都无法满足他希望看到客户签收包裹的信息。这样，他就无法判断包裹是否送到了客户手中。这导致客户抱怨和要求退款等一系列客服问题就没有了判断标准。后来，他找到一家可以解决他的问题的物流商，就开始大批量在海外仓囤货，提高了物流时效。同时，他还个性化地定制了包装，极大地增加了客户对品牌的好感度和复购比例。除此之外，他还雇了 5 个员工。如图 11-32 所示，可以看出，客户的复购比例一度高达 5.16%。

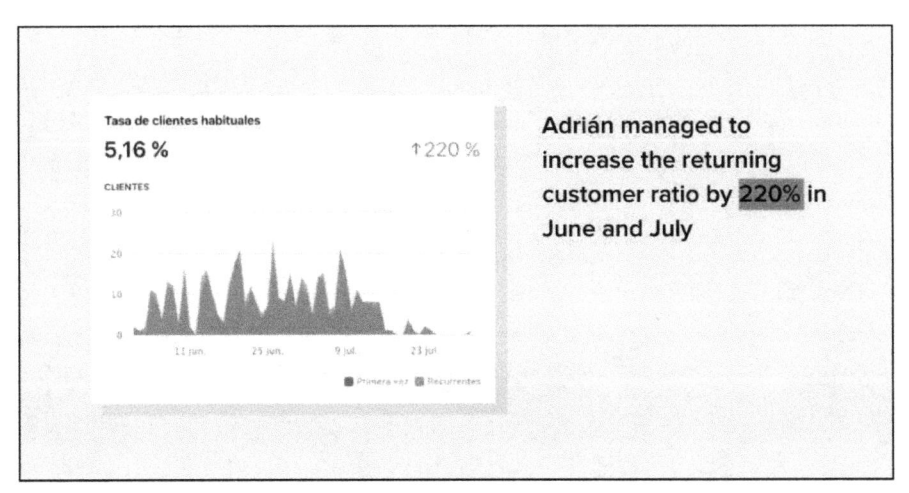

图 11-32

很多新卖家可能还没有遇到幸福的烦恼，就是在订单量太多的时候，出现的一系列的客服、运输、退款等问题。我的建议是，如果你是个人卖家，这时就需要寻找合适的供应商来优化整个业务模式，千万不能一个人做，否则最终会被工作量和很多不可抗力击败。

最后，Adrián Sáenz 的"引流"主要依靠 Instagram 广告和"网红"营销。他很重视邮件营销和产品包装等，复购率一直保持得很好。我认为个人或小卖家做 Shopify 独立站运营，一开始可以专注于一两个引流渠道。在独立站越做越大后，引流方式要多元化，这样才能保证独立站长期健康的发展。